**한국에서
고려인마을을
찾다**

한국에서 고려인마을을 찾다

2023년 12월 10일 초판 인쇄
2023년 12월 14일 초판 발행

지은이 임영상 | 펴낸이 이찬규 | 펴낸곳 북코리아 | 등록번호 제03-01240호
주소 13209 경기도 성남시 중원구 사기막골로 45번길 14 우림2차 A동 1007호
전화 02-704-7840 | 팩스 02-704-7848
이메일 ibookorea@naver.com | 홈페이지 www.북코리아.kr
ISBN 978-89-6324-309-2 (03330)
값 23,000원

한국에서
고려인마을을
찾다

임영상 지음

북코
리아

감사와 바람

2021년 6월부터 2023년 10월까지 2년 4개월에 걸쳐 〈아시아엔〉에 기고한 '고려인마을' 칼럼 기사를 한 권의 소책자로 묶어내면서 감사의 마음을 전할 곳이 많다.

우선, 고려인마을 지도자와 활동가들이다. 어떤 곳은 사전 약속도 하지 않고 방문했는데 환대해 주셨다. 아쉬운 것은 대부분 체류 시간이 짧아서 현장의 소리를 많이 듣지 못한 점이다. 지금까지 광주, 안산, 인천 고려인마을 외에 연구자료가 거의 없는 상태인데, 필자의 짧은 기록을 활용해 동료 연구자들이 고려인동포와 고려인마을에 대한 유익한 연구와 고려인동포와 지역의 상생 발전에 유용한 정책을 제언해주기를 기대한다.

돌이켜보니 필자가 고려인 연구를 시작한 것이 2000년이다. 한국외국어대학교 역사문화연구소와 글로벌문화콘텐츠연구센터에서 만난 젊은 연구자들이 지금도 국내외 대학과 연구기관에서 교수와 연구자로 여전히 고려인 연구도 수행하고 있어 참으로 감사하다. 또한, 모스크바와 볼고그라드에서 삼일문화원을 운영하면서 고려인 연구를 격려해 주시다가 지금은 은퇴한 이형근 목사님께도 감사 인사를 드린다.

고려대학교·서울대학교 서양사학과 교수와 러시아대사를 역임한 이인호 은사님과 안성에 거주하면서 안성 대덕면 내리에 고려인동포들이 많이 살고 있음을 알려주신 용산고등학교에서 세계사를 가르쳐주신 김철수 은사님께도 감사 인사를 드릴 수 있어 감사하다. 두 분 은사님 모두 2023년 올해 미수(米壽)이시다.

2021년 6월~2023년 10월 필자의 고려인마을 탐방은 어떤 프로젝트로 수행한 것이 아니다. 그런 만큼 시간제한을 받는 것은 아니지만, 2022년 12월에 마칠 예정이었다. 그러다가 2022년 10월에 시작된 법무부의 '지역특화형 비자 시범사업'(2022.10.4.~2023.10.3.)을 알게 되었다. 유형1(우수인재) 사업도 중요하지만, 귀환 중국동포와 고려인동포의 한국살이에 유익한 유형2(동포가족) 사업의 진행과 성과를 확인하고 싶었다.

결과적으로 퇴직 후 6년, 현직 시절과 다름없이 너무 바쁜 시간이었다. 그만큼 가족에게 미안했다. 또한, 학술논문만 쓰던 필자가 칼럼 기사를 쓰려니 어려움이 적지 않았다. 특히 제목 정하기가 어려웠다. 거의 매번 독자들이 흥미롭게 읽을 수 있도록 제목을 고쳐 준 〈아시아엔〉 이상기 대표님께 감사드린다.

특별히 아시아발전재단 조남철 상임이사님께 감사드린다. 2018년 5월 안산 고려인지원센터 미르에서 만났을 때 아시아발전재단을 소개해주셨고, 2018년과 2019년 여름 두 차례 '공감과 동행' 여름 캠프 프로그램에서 국내외 한민족 대학생들에게 중국동포타운(서울 가리봉동과 대림동)과 고려인마을(안산 선부동)을 안내할 기회를 주셨다.

덕분에 학교 밖 강의를 경험했고, 이후 재단 자문위원으로 2019~2020년 '한국에서 아시아를 찾다' 프로젝트에 참여했다. 또한, 2021년 4월부터 시작한 '한아찾–시니어 탐방단' 활동도 시작할 수 있었다. 그래서 〈아시아엔〉 칼럼 기사의 필자 소개에 한국외대 명예교수·아시아발

한국에서 고려인마을을 찾다

전재단 자문위원을 함께 적었다.

아시아발전재단이 국회의원 엄태영, 〈아시아엔〉과 공동 주최하고 주관한 2022년 10월 국회 토론회에서 만난 김창규 제천시장님께도 감사드린다. 법무부의 지역특화형 비자 사업을 수행한 28개 지자체 가운데 제천시만이 유형2(동포가족) 사업에 남다른 헌신과 노력을 기울였다. 2023년 10월 24일 문을 연 제천시 재외동포지원센터의 성공적인 사업 수행으로 '제천시 고려인동포 주민증'이 당당한 대한민국 주민증으로 바뀔 날을 기다린다.

'의병의 고장' 제천이 '고려인의 고향' 제천으로 고려인동포의 한국살이에 어떻게 도움을 줄 것인지? 제천의 성공은 89번째 인구감소지역에 포함된, 제천에 사는 시민만의 바람이 아니다. 다른 인구감소지역 중소도시들도 선주민과 귀환 고려인동포가 어떻게 함께 잘 살 수 있는 지방시대를 열어갈 수 있을 것인지를 보여줄 수 있기 때문이다.

무엇보다 감사한 것은 필자의 글을 읽어준 고려인마을 활동가(고려인+한국인)와 연구자들, 건강한 노년을 함께 보내고 있는 친구들과 익명의 〈아시아엔〉 독자들이다. 그동안 적지 않은 분들이 필자의 고려인마을 기록이 유익하다고 말씀해주셨다. 고려인동포 사회의 최대 현안인 자녀교육(청소년의 진로와 취업 포함)과 손자녀를 돌봐온 노인세대의 복지 문제가 합력(合力)하여 선(善)을 이루기를 바랄 뿐이다.

"이제 일은 그만하라"라고 걱정한 가족에게도 무사히 탐방을 마쳤음을 알릴 수 있어 감사하다. 끝으로 짧은 시간 내에 애써 책을 잘 만들어준 북코리아 편집부 여러분에게도 감사드린다.

2023년 12월
한국외국어대학교 사학과 명예교수 임영상

서설
고려인동포의 '귀환'과 고려인마을

● **어떻게 고려인마을을 찾아 나섰나?**

2021년 3월 아시아발전재단 지원으로 『한국에서 아시아를 찾다 : 위키백과와 연결된 스토리 가이드북』(김용필·임영상 외)이 나왔다. 한중문화학당 연구팀이 2019년과 2020년 2년에 걸쳐 수도권의 귀환동포·외국인집거지와 지방의 고려인마을을 탐방·조사한 기록이다.

책을 함께 펴냈으나 직접 방문하지 못한 안성시 대덕면 고려인마을을 찾은 것이 2021년 6월 11일이다. 그 후 재외동포재단이 지원하는 재외동포 이해교육 특강과 재외한인학회(찾아가는 재한동포간담회, 학술회의)와 경북대 사회과학연구원(학술회의) 행사 등의 기회를 활용해 지방의 고려인마을을 찾았다. 탐방 중에 승용차편을 제공한 동학(이영범, 함영준, 조호연, 윤애숙, 윤정숙, 최영배, 채예진, 김지영, 김가은)과 고려인마을 활동가(황원선, 장성우)의 도움에 감사드린다.

'한아찾–시니어 탐방단'의 작은 현수막을 준비했다. 인생 2막 혹은

3막을 준비하거나 맞은 시니어 친구들과 함께 다니고 싶었다. 꼭 시니어가 아니어도 상관이 없었다. 마침 2021년 봄학기(6주) 구로구청 평생교육 강좌로 '한국에서 아시아를 찾다' 주제로 강좌를 맡게 되었다. 5

주 동안 매주 금요일 온라인으로 수도권의 중국동포타운 강좌를 마치고 6주째인 4월 21일(금) 구로구 가리봉동을 시작으로 한아찾 탐방을 시작했다. 직장에 다니는 분들을 고려해 4월 22일(토) 안산 원곡동 다문화특구(중국동포타운) 탐방을 연속으로 가졌고, 5월과 6월에도 각기 부천 심곡본동 중국동포타운(펄벅기념관), 수원 고등동과 매산동, 지동까지 수원 중국동포타운을 함께 찾았다. 토요일 11시에 만나 약 1시간 외국인·동포 집거지를 함께 걷고 이주민의 음식을 먹고 이주민의 한국살이를 들었다. 2021년 가을부터는 인천 연수동, 안산 선부동 등 수도권의 고려인마을을 찾았으며, 2022년 5월 화성 병점동·향남읍을 끝으로 토요 탐방을 마쳤다. 매번 빠짐없이 참여해준 김홍록 전 강남중학교 교감과 윤정숙 하나요양원 대표께 감사드린다.

생각해보니 필자가 가리봉동 중국동포타운을 처음 방문한 것이 2011년 2월이다. 그 후 2013년 한국외대가 재외동포재단의 '재외동포 이해교육' 대학으로 지정되면서 2017년까지 봄(4월)과 가을(9월) 가리봉동과 대림동 중국동포타운, 그리고 안산 선부동 땟골 고려인마을을 주말현장탐방 수업으로 찾았다. 2018년 2월 퇴직 후에도 세계의 한민족 교양강좌 팀티칭으로 4학기 동안 현장탐방수업을 가졌는데, 이때 부천과 수원, 시흥 중국동포타운, 인천 고려인마을 탐방으로 탐방 지역이 확대되었다. 또한, 아시아발전재단이 주최한 전 세계 한민족 대학생들을 초청한 '공감과 동행' 여름 캠프 행사로 2018년과 2019년 여름에 버스를 빌려서 이른 아침부터 선부동(원곡동) 고려인마을에 이어 가리봉동·대림동 중국동포타운을 하루 코스로 찾았다.

전세버스로 가야만 하는 광주 월곡동 고려인마을은 재외한인학회 행사(2016)와 한국외대 대학원 수업(2017)으로 다녀왔다. 광주 고려인마을은 그후 여러 번 다녀왔는데, 2022년 11월 용산고등학교 친구들과 남도여행을 마치고 돌아오는 길에도 들렀다. 수도권 고려인마을의 중심으로 부상한 인천 연수동 고려인마을은 2017년 첫 방문 후에 아마 가장 자주 방문한 곳이다. 10차례가 넘을 듯하다. 한아찾 탐방 및 용산고등학교 삼이회와 하나인 모임 등으로 방문하였다.

● **대체 '고려인'인 누구인가?**

'고려인'은 오늘날 독립국가연합(CIS)에 사는 한민족을 지칭하는 용어다. 스스로 '고려사람' 혹은 '고려인'으로 칭하고 있다. 그러면, 1860년대 전반 이후 살길을 찾아 러시아 연해주로 이주한 한인이 언제, 어떤 배경 아래 '소비에트 고려사람(Soviet Korean)'이 되었는가?

제정러시아 시기 러시아 연해주/극동에서의 한인의 삶은 역경과 고난의 삶이었다. 그러면서도 연해주는 1905년 을사늑약 이후 해외 한인 의병의 중심이 되었다. 안중근의 하얼빈 의거(1909년)도 1908년 동의회(同義會)를 세운 연해주 한인사회의 지도자인 최재형(시베리아의 '페치카')의 지원 덕분이었다. 한인사회는 두만강 건너 포시에트에서부터 우수리스크까지 확대되었다. 연해주의 수도인 블라디보스토크에는

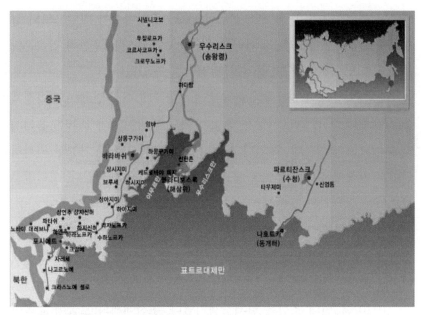

한인(고려인)의 러시아 연해주 정착촌 지도 (제작 한국외대)

1873년경부터 해안가에 한인촌(개척리)이 형성되었는데, 1911년 콜레라가 창궐하자 제정러시아 정부는 한인들에게 시 외곽 산기슭으로 이주하라고 명령했다. '새로운 한인 마을' 신한촌(新韓村)이 형성되었고, 독립운동에 투신한 애국지사들이 찾은 신한촌은 초기 해외 독립운동의 중심지가 되었다. 1919년 3.1 만세 시위운동이 3월 17일 연해주 우수리스크와 블라디보스토크에서도 일어났으며, 1920년부터 매년 한인사회는 3.1운동 기념식을 개최했다.

1917년 러시아혁명에 이은 내전이 종식(1921)된 이후 소비에트 체제가 들어선 1920~30년대 연해주 고려인의 삶은 특별했다. 모국어를 공용어로 배웠고, 모국어 문학을 쓰고 즐겼으며, 모국어 노래를 불렀다. 직접 출판한 모국어 신문을 읽었고, 모국어로 조국의 미래를 걱정했고,

조국의 독립운동을 도모했다. 물론 1937년 중앙아시아 지역으로의 강제이주로 끝나버렸지만, 그 이전까지 연해주 고려인은 조선의 민족문화를 러시아 땅에서 배우고, 즐기며, 발전시킬 수 있었다.

소련은 사회주의 정책의 하나로 소수민족에 대한 민족어 교육정책을 시행했다. 사회주의 사상은 종교가 아닌 과학이기에 교육을 통해서만 이해되고 받아들일 수 있다고 생각했다. 그래서 소통 가능한 최적의 언어로 민족어를 적극적으로 활용하는 정책들이 시행되었다. 고려말로 가르치는 교육기관(사범대학까지)의 설립, 공공기관에서의 민족어 사용, 교과서와 신문 등 민족어로 된 다양한 인쇄물 발간이 진행되었다. 이는 결과적으로 소수민족의 민족어 교육 및 보급, 공동체 의식 함양에 크게 이바지했다.

1920~30년대 조선은 일제강점기였다. 조선에서의 모국어 교육이 통제되고 금지되던 시기였다. 그러나 소련에서는 조선어 교육이 적극적으로 권장되고 지원되었다. 조선어가 탄압받던 한반도 현실과 달리 소련에서는 조선어의 전통을 잇는 고려말이 잉태되고 발전했다. 연해주 고려말 발전의 주역은 고려인 신문 〈선봉〉이었다. 1923년 3월 1일에 창간되어 1937년 고려인 강제이주 직전까지 발행된 〈선봉〉은 단순한 소식지가 아니었다. 고려인의 민족 정체성을 만들고, 유지하고, 발전시키는 사령탑이었다. 고려말 교육과 문화에 미친 영향은 절대적이었다. 〈선봉〉이 없었다면, 고려말을 중심으로 응집한 고려인 특유의 공동체 문화 발전은 불가능했을 것이다. 특히 〈선봉〉은 고려인 문학 발전에 크게 이바지했다. 그 덕분에 1920~30년대 고려인은 조국이 아닌 타지에서 창작자와 독자로서 모국어 문학을 누릴 수 있었다. 조선인 문학은 일제에 의해 탄압받던 시대였다는 사실에서 고려인 소비에트 문학의 시대적 가치는 특별하다 할 수 있다.

한국에서 고려인마을을 찾다

고려말은 고려인의 대표적인 극예술집단인 원동고려극단의 출현과 발전에도 지대한 영향을 미쳤다. 원동고려극단은 1932년 블라디보스토크에서 창립되었다. 고려인 연극인들로 구성된 극단은 고려말로 고려인 창작극을 공연했다. 조선 창극인 '춘향전'과 '심청전'도 각색, 상연되었다. 일제강점기 조선에서 불가능한 모국어 극예술에 심취해 열광하는 연기자와 관객이 소련의 연해주에는 존재했다.

주민의 90% 이상이 고려인이었던 연해주 포시예트 지역의 관청들은 고려말로 업무를 수행했다. 소련 정부는 고려인의 문맹퇴치를 위해 광범위한 캠페인과 함께 각 촌락에 센터를 개설해 성인들을 교육했다. 그래서 1930년대 초반 고려인 대부분이 문맹에서 벗어날 수 있었다. 반면, 그 당시 조선인 문해율은 고작 22%에 불과했다. 소련의 고려인들은 러시아어가 아닌 모국어로 읽고 쓰는 능력을 배웠고, 이는 조선어의 명맥을 타국에서 유지하게 하는 아이러니한 상황을 낳았다.

그러나 1937년 중앙아시아 지역으로의 고려인 강제이주는 고려인 사회의 고려말 문화 환경을 바꾸어버렸다. 1938년 민족어 학교는 러시아어 학교로 개편되었고, 고려말 교육을 위한 기존 기반환경은 완전히 사라졌다. 그러나, 다행히도 〈선봉〉 신문은 〈레닌기치〉(다시 〈고려일보〉로 개칭)로 그 명맥을 유지했고, 원동고려극단 역시 고려극단으로 그 활동을 유지했다. 그러나 〈레닌기치〉와 고려극단은 모국어로 자유롭게 소통할 수 있는 독자와 관객을 잃은 일방통행의 신문과 극단이 되어버렸다.

● **고려인, 왜 한국으로 '귀환'하는가?**

1957년 스탈린 사후 일제의 스파이 누명이 벗겨진 고려인은 거주 이전의 자유를 얻고 소련의 전역으로 흩어졌다. 농촌 콜호즈(집단농장)를 벗어나 소련의 도시 사람이 되어갔다. 1985년 고르바초프의 페레스토로이카 정책이 진전되고, 1988년 서울올림픽으로 대한민국을 알게 된 고려인은 소련의 소수민족 가운데 가장 먼저 민족어와 전통문화의 회복을 위해 노력했다. 1990년 한국과 소련의 국교수립 이후 한국정부도 고려인동포의 한국어와 민족문화 회복을 지원하고자 한국교육원을 세워나갔다. 1991년 소련의 해체와 뒤이은 15개 공화국의 독립으로 고려인은 러시아 고려인, 우즈베키스탄 고려인, 카자흐스탄 고려인, 키르기스스탄 고려인, 우크라이나 고려인 등으로 분리되었다.

중앙아시아 민족주의 대두와 타지키스탄 내전 등으로 우즈베키스탄과 타지키스탄 고려인은 다시 재이주의 길을 떠나야 했다. 강제이주의 길을 되돌아서 부모의 고향인 연해주로 귀환하기도 했고, 계절 농사인 '고본질'을 다니던 러시아 남부와 우크라이나로 떠나기도 했다. 러시아와 긴 국경을 맞대고 러시아인이 많은 사는 카자흐스탄에서 일자리를 찾기도 했다.

중국 조선족과는 달리, 결혼이주여성으로 한국에 들어온 고려인 여성은 자신을 '외국인'으로 생각했다. 한국어도 상실하고 생활문화도 달라졌으나, 고려인의 코리안드림이 시작되었다. 한국교육원과 민간단체의 한국어와 한국문화 부활 노력에 이어 한국교회의 선교 활동, 한국기업의 진출, 한국의 대중문화유입, 한국인과 만남 등을 통한 '동포 기대' 감정이 더 크게 작용했다. 그밖에도 고려인사회에 공유되는 한국의 특별한 의미, 즉 고려인들에게 한국이 연해주와 더불어 역사적 뿌리와 사회적 연고라는 의미가 부여되었다.

2004년 재외동포법의 개정으로 중국조선족과 고려인도 '재외동포'가 되었다. 그러나 이들은 코리아(Korea)에서 코리안(Korean)이 아니라 외

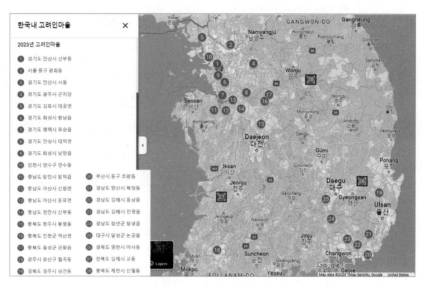

한국 내 고려인마을 지도(붉은색 테두리는 조성 중) (제작 한국외대)

국인일 뿐이었다. 2007년 방문취업(H-2) 비자 제도의 시행과 점차 재외동포(F-4) 비자 취득이 완화되면서 한국 취업이 수월해졌고 '정착'이 트렌드가 되어갔다. 처음에는 돈을 벌기 위해 왔으나, 이제 '귀환' 동포로 조상의 나라 한국에 살기 위해 오고 있다.

한국어 소통이 가능한 중국동포는 서비스산업 등에도 종사하면서 수도권을 중심으로 중국동포타운을 형성했다. 반면에, 러시아어가 모국어가 된 고려인동포는 경기도 안산 선부동과 광주 광산구 월곡동 등을 시작으로 전국의 주요 산업단지(제조업) 주변에서 고려인마을을 형성해 나갔다. 필자가 직접 땅을 밟은 곳만 28곳이다. 충남 서산과 경북 경산에도 고려인들이 모여 사는 데 가지 못했다.

- **지역특화형 비자 유형2(동포가족) 사업, 지방 중소도시 고려인마을 어떻게 만들 수 있을까?**

2021년 6월 안성 대덕면 고려인마을을 다녀오면서 〈아시아엔〉에 4~5장의 사진을 포함한 15매 칼럼을 쓰기 시작했다. 2022년 12월이면 끝날 수 있을 것으로 기대했다. 그러나, 2022년 10월 27일 국회에서 가진 〈지역특화형 비자 유형2(동포가족) 사업과 고려인 콜호즈 토론회〉 이후, 고려인마을 조성을 희망하는 경북 영천과 전북 김제, 충북 제천 등까지 찾았다. 덕분에 2023년 10월에야 전국의 25개+3개(미래 고려인마을) 28개 고려인마을 방문을 마쳤다.

지역특화형 비자 유형2(동포가족) 사업이 주는 비자 특례 등을 고려해 수도권의 중국동포사회도 지방의 중소도시로 이주할 수 있을 것이다. 그러나 우선 지방의 거점 도시에 형성된 고려인마을과 연계해 인근의 인구감소지역 중소도시에 동포(고려인)마을을 어떻게 만들 수 있을까?

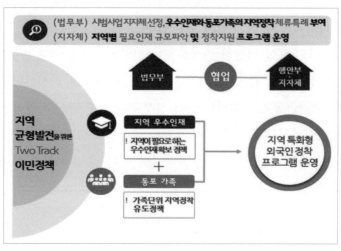

법무부의 지역특화형 비자 사업 안내

〈아시아엔〉에 고려인마을 탐방기를 연재하면서, 2023년 3월 충청북도 외국인정책 자문위원이 되었다. 6월 23일에는 충북도·충북도의회가 공동 개최한 〈고려인 정착지원 정책 토론회〉에서 "고려인 정착 지원 방안"을 발표했다. 6월 29일에는 전북도의회가 주최한 〈지역특화형 비자 사업과 전북의 경제생활인구 증대 방안 정책토론회〉에서 "지역특화형 비자 유형2(동포가족) 사업, 어

'고려인 콜호즈' 토론회 포스터

떻게 추진할 것인가?" 주제로 발표했다. 또, 10월 13일 전남 진도군의회가 개최한 〈진도군 청년 농·어업인 유입 및 양성 포럼〉에서 "진도군의 고려인 동포 가족 초청, 어떻게?"를 주제로 발표했다.

　　2022년 10월 법무부가 시작한 지역특화형 비자 사업은 중앙부처-지자체 협업으로 인구감소지역 외국인 주민 확보와 외국인 정착 프로그램 운영을 지원하는 정책이다. 지금까지 한국정부는 우리 산업에 필요한 인력으로 일할 수 있는 '개인'을 받아들였으나, 이제 '가족 정주'를 고려하는 적극적인 '이민정책'으로 전환한 것이다. 유형1(우수인재) 사업은 지역이 필요로 하는 우수인재(유학생) 확보책으로 한국에서 살 수 있는 체류비자(F-2) 특례를 준다. 유형2(동포가족) 사업은 비자 특례와 함께 지자체의 정착지원 정책이 수반되기 때문에 힘든 한국살이 중인 고려인 동포에게는 중요한 비자 정책이다. 그래서 2022년 10월 27일 국회에서

긴급 토론회를 가진 것이다.

　아래는 인구감소지역인 지방 중소도시에 고려인마을을 조성하려는 경북 영천과 전북 김제, 그리고 충북 제천의 노력을 살펴본 필자의 결론이다. 우선, 법무부의 지역특화형 비자 유형2(동포가족) 사업의 방문동거(F-1) 비자 특례가 긍정적으로 개선되어야 한다. 현재 동포 배우자 중에 상당수가 불법 취업 상태다. 안정적인 한국살이, 아니 때에 따라서는 생존을 위해 일했다. 따라서 인구감소지역 중소도시로 이주한 경우에는 범칙금을 대폭 감면해주고 사회통합프로그램 교육을 성실하게 이수하는 것으로 대체해야 한다.

　다음으로, 고려인동포가 지역사회의 발전에 꼭 필요한 한국인으로 살아갈 수 있도록 지방정부는 '유치'가 아니라 '초청'의 마음으로 동포를 받아들여야 할 것이다. 최소한 아래 네 가지를 준비해야 한다.

① 지자체의 지역특화형 비자 사업 담당자가 유형2(동포가족) 사업도 수행해야 한다.
② 고려인 등 재외동포 주민 지원 조례를 제정해야 한다. (제천시 사례)
③ 센터장과 사무국장, 직원 등 최소한 3인이 일할 수 있는 동포지원센터를 설립하고 인근 고려인마을과 협력 체제를 구축해야 한다.
④ 러시아어/학 전공 퇴직 교수나 선교사 등 러시아어 소통에 어려움이 없는 장기근무 경력자가 센터를 맡아야 하고, 또 이중언어가 가능한 고려인 1명이 동포지원센터에서 일할 수 있어야 한다.

차례

I
수도권의 고려인마을
(서울, 경기, 인천)

II
지역의 고려인마을
(광주, 경상, 충청)

III
지역특화형 비자 사업과
고려인마을

서평

I
수도권의 고려인마을
(서울, 경기, 인천)

1
서울(중구)의 고려인마을

● **[서울 광희동①] 고려인동포의 첫 삶터 광희동**
   고려인마을(중앙아시아거리)

배명숙의 연구(「동대문 고려인 커뮤니티의 현황과 변화」, 2017)에 따르면, 서울에서 100명 이상의 고려인이 사는 지역은 중구(820)와 동대문구(229), 용산구(162)와 관악구(118)다. 중구에서도 특히 광희동에 많이 사는데, 지하철 동대문역사문화공원역 5번 출구를 나오면 바로 만나는 중앙아시아거리가 중심이다. 서울에 처음 오는 고려인들은 광희동과 장충동 인근의 보증금이 없는 고시원에 들어간다. 그러다가 보증금 300~500만 원에 월세 30~50만 원 원룸에 들어간다. 원룸에는 부엌과 욕실이 있어 부부나 가족이 살 수 있다. 동국대 등 주변의 대학생과 동대문 시장에서 일하는 상인 등 한국 사람들이 많이 사는 곳이다.

광희동보다는 동대문이 더 친숙한 '동대문 고려인 커뮤니티'는 1990년 한러 수교 후 러시아어를 사용하는 무역상들이 오기 시작하면서 시장과 가까운 지리적 이점 때문에 형성되었다. 러시아어 거리 간판

광희동
중앙아시아거리
관광안내도

이 늘어났고, 기초적인 한국어를 구사할 수 있는 고려인들은 동대문 평화시장 의류도매상 등에서 일하면서 러시아어 통역으로 일했다. 2000년대 초반까지는 한국 의류의 품질이 좋아 장사가 잘되어 자신의 가게를 차린 고려인들도 나왔다. 그러나 중국 제품의 품질이 점차 좋아지고 한국 제품의 가격 경쟁력이 떨어지면서 러시아 무역상들이 철수하고 러시아회사 주재원들도 떠났다. 대신에 러시아어를 사용하는 중앙아시아 사람들과 고려인들, 같은 키릴 문자를 사용하는 몽골 사람들이 늘어났다. 중앙아시아거리·몽골타운으로 변모되어갔다.

━ 고려인마을에서 만나는 임페리아푸드(IMPERIA FOODS)

고려인들은 처음에는 한국인과 동업을 하거나 한국인 배우자와 사업을 같이 하는 경우가 많았으나 장기체류가 가능한 재외동포(F4) 비자를 취득하면서 사업주가 될 수 있었다. 한국에서 사업을 하는 경우 세금 신고만 제대로 하면 구소련에서와 같은 괴롭히는(감독) 기관이 없는 점이 너무 좋았다. 동대문 고려인 커뮤니티의 형성은 고려인 가족이 운영

〈원곡동 사람 이야기〉 김넬리 편

하는 러시아 식품도매상의 출현으로 확인할 수 있다. 미국에서도 한인
이 운영하는 대형 식품점이 생기면 한인타운이 형성되었음을 알 수 있
는데, 2019년 필자가 〈원곡동 사람 이야기〉에서 만난 김넬리 가족이 운
영하는 임페리아푸드(IMPERIA FOODS)가 그러하다.

  우즈베키스탄 고려인 3세 김넬리 씨가 한국에 첫발을 디딘 것은
2000년으로 가족을 대표해 먼저 한국에 왔다. 한국이 어떤지 생활해보

고 가족도 나오게 할 생각이었다. 한국에 와서 처음 거주한 곳이 바로 서울 동대문(광희동)이다. 고려인, 러시아, 우즈베키스탄 사람들이 모여 산다고 들은 것이다.

한국식당에서 설거지 일을 했다. 대학을 졸업하고 병원, 법원 등에서 일해온 그녀에게 식당 일은 결코 쉬운 일이 아니었다. 말도 통하지 않았고 너무 스트레스를 받아 장충동 남산 아래로 가서 홀로 운 적이 한두 번이 아니었다. 이어서 남편 바실리가 넬리의 만류에도 불구하고 11살짜리 막내아들과 함께 한국에 왔다. 부부는 동대문 두산타워 빌딩 10층에 있는 한국식당에서 일했다.

여관비조차 아끼는 등 생활비를 줄이려고 찜질방에서 서로 떨어져 지냈다. 2003년 투자(D-8) 비자를 받고 합법적인 신분이 된 부부는 마침내 2006년 광희동에서 최초의 러시아 식당을 열었다. 오늘날 광희동의 명소가 된 사마르칸트 식당은 훨씬 후에 생겼다. (《동포세계신문》 2019-6-26 「[원곡동사람] 고려인 제1호 기업 임페리아(IMPRERIA) 그룹 김넬리 가족 이야기」)

'넬리-바실리' 식당에 사람들이 줄을 섰다. 양꼬치 샤슬릭이 아주 맛있다는 소문이 났다. 안산의 고려인들이 소문을 듣고 모두 동대문에 올 정도였다. 인천에서도 많이 왔다. 식당이 아주 잘 되었다. 그런데 2~3년 만인 2010년 보증금까지 다 까먹고 광희동을 떠나 안산시 원곡동으로 들어갔다.

아들 4형제와 함께 넬리 부부는 상가 2층 작은 공간을 얻어 임페리아(IMPERIA) 상호를 붙이고 물만두를 빚고 레표시카(лепёшка)를 만들어 팔기 시작했다. 2층인데도 손님이 끊이지 않았다. 임페리아는 온라인 상점, 카페 베이커리, 주류 수입, 항공편 및 여행 등으로 비즈니스를 확장했다.

매장 이름도 임페리아푸드(IMPERIA FOODS)로 바꾸고 전국의 고려

인마을로 매장을 확대해 나
갔다. 러시아/중앙아시아 사
람들이 즐겨 찾는 식품과 술
과 음료 등을 판매하는 편의
점 기능을 갖추었다. 레표시
카 등 주요 제품은 전국 어디
에서나 똑같은 맛이다. 날마
다 냉동 생지(生地)를 전국의
임페리아푸드 매장에 보급
하기 때문이다. 반죽 상태이
니 각 매장에서 굽기만 하면
된다.

광희동 임페리아푸드

지하철 4호선 동대문역
사문화공원역 5번 출구를 나
서면 중앙아시아 여러 도시
이름의 이정표 기둥을 만난
다. 중앙아시아거리·몽골타
운을 찾는 사람들이 사진을
찍는 곳이다. 또 얼마 전에는
즉석에서 레표시카와 삼사
(Самса, 페이스트리 안에 고기

광희동을 찾은 '한국에서 아시아를 찾다' 탐방단.
왼쪽부터 정성철, 이현지, 양지윤, 아지르 수렝.

를 넣어 구운 만두) 등을 구워 판매하는 탄드르(화덕) 빵집도 생겼다. 우즈
벡 청년이 만드는 레표시카를 사가는 주 고객은 고려인이다. (《아시아엔》
2023-10-19)

● **[서울 광희동②] 광희동, 한국 도착 고려인이 가장 먼저 찾는 곳**

　근래 고려인 가운데는 인천공항에 도착 후 바로 연고지가 있는 전국의 고려인마을로 간다. 그래도 광희동은 변함없는 '고려인의 정거장'이다. 특히, 처음 한국에 오는 고려인은 먼저 광희동 동대문외국인정보센터(센터장 김준태)에 들려 비자 문제를 해결하고 전화를 개통한다. 이어서 일자리를 알아본 후에 지역의 고려인마을로 이동한다.

　물론 광희동과 이웃 장충동에서 사는 고려인들도 1천여 명에 이른다. 광희동 중앙아시아거리·몽골타운은 사실은 '광희동 고려인마을'이기도 하다. 2023년 10월 10일 연휴 다음 날 김준태 소장은 점심도 거른 채 온종일 고려인과 사할린 한인의 비자 상담에 응해야만 했다.

　광희동은 처음에 러시아 무역상들이 왕래하던 '러시아타운'이었다. 국민권익위원회 외국인고충처리 담당 업무를 수행하던 김준태 조사관은 러시아 유학을 다녀왔다. 김준태 조사관은 중국동포와 달리 고려인동포는 한국어를 상실해 상담요청도 하지 못하는 것이 안타까웠다.

　2014년 김준태 조사관이 광희동 주민센터를 빌려 외국인(고려인)을 위한 주말한글학교를 시작한 배경이다. 러시아를 전공하는 교수와 학

고려인들과 상담 중인
동대문외국인정보센터
김준태 센터장

생 등 자원봉사자들의 도움을 받아 2년 정도 한글교실을 운영했다. 어려움이 많았다. 장기체류자보다는 유동인구가 많아 수준별 한국어학습을 진행하기가 쉽지 않았다. 고려인을 위한 한글교실과 정보센터 운영을 위해 그는 국가공직도 사임했다.

한국어교실 운영 시절의 김준태 조사관
(사진 김준태 제공)

(사)동북아평화연대가 2018년 8월 서울 지역 200명 고려인을 대상으로 시행한 설문조사에 따르면, 고려인들의 한국 이주 목적은 첫째가 돈 벌기 위해서(58.8%), 둘째가 한국에 정착하기 위해서(16.5%), 셋째가 공부하기 위해서(15.2%) 순서였다.

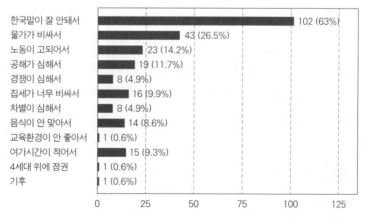

0-3. 현재 한국생활에서 가장 힘든 것은 무엇입니까? (응답 162개)

- 한국말이 잘 안돼서: 102 (63%)
- 물가가 비싸서: 43 (26.5%)
- 노동이 고되어서: 23 (14.2%)
- 공해가 심해서: 19 (11.7%)
- 경쟁이 심해서: 8 (4.9%)
- 집세가 너무 비싸서: 16 (9.9%)
- 차별이 심해서: 8 (4.9%)
- 음식이 안 맞아서: 14 (8.6%)
- 교육환경이 안 좋아서: 1 (0.6%)
- 여가시간이 적어서: 15 (9.3%)
- 4세대 위에 정권: 1 (0.6%)
- 기후: 1 (0.6%)

2018 (사)동북아평화연대 설문조사 (자료 〈이주 고려인의 서울 정착을 위한 대책〉, 26쪽)

이미 고려인동포가 '귀환' 동포 상태임을 알 수 있다. 그런데 같은 조사에서 고려인동포에게 한국생활에서 가장 힘든 점이 한국어 소통으로 63%나 차지했다.

이에 (사)동북아평화연대도 2018년 9월 9일 동대문외국인정보센터 사무실 맞은 편에 동대문고려인한글학교를 개교했다. 특히, 연해주 독립운동가들의 독립운동을 돕다가 희생되고 중앙아시아로 강제이주 당하고 소련 해체 후 다시 불안하게 떠돌며 살아온 고려인들의 선조들을 추모하고 아픔을 위로하는 추모제를 매년 9월 9일(1937, 강제이주 시작일)에 지내기로 하여 2018년 제2회 추모제 봉행과 함께 동대문 고려인 한글학교 개교식을 연 것이다. 그러나 아쉽게도 코로나19로 인해 한글학교는 문을 닫았다.

━ 광희동에도 고려인지원센터 절실

2017년 10월 20~21일 중구청은 광희동 일대에서 '서울 실크로드 거리축제'를 열고 중앙아시아거리를 일반인에게 널리 알렸다. 우즈베키스탄, 카자흐스탄, 키르기스스탄, 투르크메니스탄과 러시아, 몽골까지 6개국 사람들이 참여했다. 서울시 주민참여 예산사업으로 '서울의 중심, 중앙아시아를 즐기다' 주제로 열렸는데, 이후 광희동은 중앙아시아와 몽골을 경험할 수 있는 서울의 명소가 되었다. 필자도 우즈벡인이 운영하는 사마르칸트와 몽골타운 건물에 있는 울란바타르 식당 등을 소개했다.

그러나 광희동의 주체는 고려인이다. 광희동에도 아리랑 등 고려인 식당이 세 곳 있었다. 아리랑 식당도 2014년 문을 열었다고 한다. 고려인 주인에게 물었다. "이름이 무엇인가요?" "우리는 외국인입니다." 가족이 모두 한국에 왔고 한국에 살고자 하는데도 아직도 자신을 '외국인'이라고 하는 고려인. 이제 고려인동포 스스로 자신의 정체성에 대한 자

광희동 아리랑 식당과 메뉴

각과 '한국인'으로 살겠다는 자신감을 가져야 하지 않을까?

광희동에서 10년 일해온 동대문외국인정보센터 김준태 센터장과 아리랑 식당에서 고려국수와 양고기 꼬치구이(샤실릭)로 점심을 같이했다. 고려인의 정거장인 광희동에도 한글교실을 운영하면서 '고려인동포들을 위한 원스톱 서비스를 제공할 수 있는 고려인지원센터'가 필요하다는 데에 김준태 센터장도 동의했다. 아니 그가 준비하고 있었다. 필자는 광희동주민센터 등 공공기관의 유휴공간을 활용할 수 있지 않을까 제안했다. (《아시아엔》 2023-10-20)

2
경기도의 고려인마을

● **[안산 선부동①] "그곳에 또 가고 싶다"**

스탈린 치하 러시아 연해주 고려인의 중앙아시아로의 강제이주 첫 기차가 떠난 날이 1937년 9월 9일이다.

2021년 6월 칠순잔치를 인천 연수동 고려인마을에서 가진 서울 용산고등학교 삼이회(三利會)는 그날에 맞춰 9월 모임을 귀환 고려인동포의 고향인 안산 선부동에서 갖기로 했었다. 코로나 상황으로 연기돼 10월 7일에 성사되었다.

우리는 오전 10시 안산역에 모였다. 지하철 4호선 안산역 1번 출구로 나와 큰길을 건너면 원곡동 다문화마을특구가 펼쳐진다. 1990년대 초까지만 해도 원곡동은 전국에서 온 내국인 노동자들이 주를 이루었다. 그러다가 1980년대 후반 이래 저임금노동을 꺼리는 현상이 두드러져 한국인 노동자들이 떠나고, 외국인들이 들어왔다. 외국인 노동자들은 초기에는 저렴한 집값과 편리한 교통여건 때문에 원곡동에 정착했지만 시간이 지나면서 다문화 인프라 때문에 원곡동에 모이게 되었다.

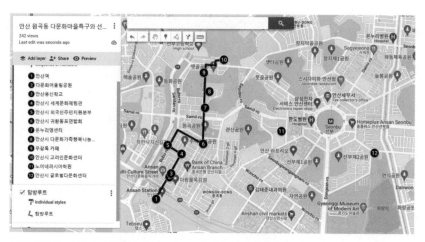

안산 원곡동 다문화마을특구와 선부동 고려인마을 탐방용 구글문화지도

안산시가 2008년 2월 전국 최초로 원곡동에 문을 연 외국인주민
센터(외국인주민지원본부로 개명)는 365일 연중무휴로 창업과 구직, 다문
화 공동체사업, 생활 관련 상담을 하고 정보를 제공한다. 원곡동은 이제
한국의 다문화·국제화 마을의 대표가 되었다. 2009년 5월 다문화마을
특구가 지정되고, 다문화음식거리, 다문화어울림공원(만남의 광장), 안산
세계문화체험관 등이 만들어졌다. 서울 이태원보다 색다른 거리 모습을
보고, 다양한 나라의 음식을 먹고, 한국에 정착한 이주민의 한국살이를
들을 수 있는 세 가지 이점(利點)이 풍부한 '한국 속의 작은 세계'다.

한국어를 상실한 고려인동포도 단순노동 일자리가 많은 반월/시화
공단을 찾았다. 원곡동은 이미 중국동포와 동남아 등에서 들어온 이주
민으로 만원이었다. 또, 월 30만 원의 월세도 버거웠다. 그래서 고려인
동포는 원곡동에서 큰길을 건너 뗏골 선부2동으로 들어갔다. 월 20만
원이면 원룸을 얻을 수 있었다. 2010년 무렵 뗏골에 고려인마을이 형성
되었다.

고려인들이 정성스레
마련한 칠순 잔칫상에
앉은 삼이회 회원들

　10월 7일 정오. 땟골 입구 고려인마을의 사랑방인 우갈록 카페. 석
제냐(카자흐스탄 출신, 1951년생), 이예다(우즈베키스탄 출신, 1951년생), 이타
마라(우즈베키스탄 출신, 1954년생), 텐타마라(러시아 출신, 1955년생) 등 네
분의 고려인이 기다리고 있었다. 고려인지원단체 (사)너머 김영숙 사무
처장이 코로나 상황으로 '너머 제비봉사단' 고려인 중에 네 분을 참여하
도록 한 거였다.

　2021년 칠순을 맞은 삼이회 회원 5인(김종부, 백종한, 송재욱, 심윤수,
임영상)과 안산 아름다운교회 정철옥 목사(뉴욕 김명식 동문 대신 참석) 6인
이 우갈록 카페에 들어섰다. 특별히 고려인동포 사회를 돕고 있는 정철
옥 목사의 따뜻한 권면의 말씀과 기도로 삼이회 땟골 칠순행사가 시작
되었다. 심윤수 반장이 삼이회의 작은 정성을 텐타마라 회장께 드렸다.
네 분 고려인의 짧은 한국살이 이야기도 들었다.

　고려인 제비봉사단원들이 준비한 생일케이크와 러시아어로 부른
생일축하 노래는 감동의 깜짝 이벤트였다. 고려인들이 즐겨 먹는 잔치
국수는 언제 먹어도 맛있지만, 특별히 정성을 다해 만든 깔룹쯔(다진고기

　　I. 수도권의 고려인마을(서울, 경기, 인천)

와 야채, 쌀이 들어간 양배추 만두)는 담백하면서도 맛이 일품이었다.

우즈베키스탄에서 온 이예다 할머니는 2011년부터 땟골에 살고 있다고 했다. 벌써 11년째 한국살이다. 2022년 한국과 우즈베키스탄/카지흐스탄 수교 30주년에 더 많은 삼이회 회원이 땟골을 다시 찾기로 했다.

고려인 특유의 다진고기와 야채, 쌀이 들어간 양배추 만두 깔룹쯔.

"고려인동포 어르신 여러분! 자녀, 손자녀들과 함께 이 땅에서 건강하고 편안하게 행복한 삶을 보내기 바랍니다."(《아시아엔》 2021-10-29)

● **[안산 선부동②] '상전벽해' … 땟골마을 도시재생 10년새 이렇게**

2013년부터 2018년까지 한국외국어대학교 학생들과 함께 '세계의 한민족' 주말현장탐방 수업으로, 또 2019년에는 아시아발전재단 후원으로 안산시 선부동 고려인마을 등 수도권과 지방의 고려인마을을 찾은 바 있다. 2021년 7월, 동아노인복지연구소 일행과 다시 선부동 땟골 고려인마을을 찾았을 때 마을소개 안내판이 눈에 확 들어왔다.

선부2동 행정복지센터가 2019년 주민참여예산 청소년예산정책 제안대회를 통해 선정되어 세운 것이다. 안내판은 한국어와 러시아어로 표기해 고려인과 지역주민 모두 쉽게 볼 수 있도록 제작되었다. 고려인

땟골마을을 찾은 서울 용산고
삼이회 회원들. 왼쪽부터
김종부, 백종한, 심윤수, 송재욱.

소개와 정착 배경, 땟골 안내도 등이 들어 있다. 서울 용산고등학교 삼이회 친구들도 안내판을 배경으로 기념사진을 찍었는데, 선부동 땟골마을의 변화에 새로운 이정표가 될 것이다.

2011년 4월 땟골 삼거리 지하방에서 고려인지원센터 (사)너머가 고려인야학을 시작할 당시에는 땟골은 안산시에서 가장 낙후된 지역 중의 하나였다. 땟골이 도시재생의 현장이 된 것은 수년 동안 고려인동포를 지원해온 (사)너머를 비롯한 안산 시민단체들의 노력 덕분이다. 2012년 초기만 해도 땟골은 선주민(임대인)과 고려인 사이에 임대 기간과 언어소통 문제 등으로 생긴 오해와 갈등, 분리수거 등 갈등이 심각한 상태였다. 자칫 소수민족 이주민이 모여 사는 게토(ghetto)가 될 수도 있었다.

(사)너머는 2014년 5월, 안산시 평생학습관과 MOU를 체결하고 '땟골 좋은 마을 만들기' 사업을 추진하기 시작했다. 7월에는 지역의 선주민과 고려인들이 함께 하는 아나바다(아껴 쓰고 나눠 쓰고 바꿔 쓰고 다시 쓰고) 알뜰시장인 '땟골 달(月)시장'이 열렸다. 선주민과 고려인이 함께 참여하는 마을운영위원회가 구성되고 월1회 마을회의를 진행하면서 마

을텃밭가꾸기, 바자회, 음식교류활동(한국 국수와 고려인 국수 등), 마을청소, 주민 대상 고려인 이주역사/ 마을공동체/ 협동조합 강의, 마을리더 교육 등이 이루어졌다.

마침내 2015년 7월, 뗏골마을의 커뮤니티 공간인 고려인카페 우갈록이 경기도와 안산희망재단의 지원으로 만들어졌다. 우갈록은 단순한 커뮤니티 공간 이상이었다. 달시장으로 토대가 마련된 안산 고려인마을의 선주민과 이주민인 고려인 사이의 공존 노력이 확고해질 수 있는 계기가 되었다. 한국사회와 선주민들의 배려에 고려인들이 감사함으로 응답한 것이다.

2016년 4월 5일 한류열풍사랑 후원으로 고려인카페 우갈록에서 개최된 한식(寒食) 명절 행사 또한 고려인의 마음을 묶어준 계기가 되었다. 한식은 소비에트 시기 고려인을 고려인답게 해준 고려인에게는 가장 중요한 단순히 세시풍속 이상의 가족 행사다. 한국에 와서 한식을 제대로 치르지 못한 고려인은 선주민이 차려

한식행사 초대포스터

준 한식에 감격하지 않을 수 없었다. 2017년 이후, 한식 행사는 뗏골의 고려인들이 서로 협력하여 치르고 있다.

2016년 10월, 안산시는 지속해서 증가하는 고려인들의 안정적인 지역사회 정착지원을 위해 고려인 밀집지역인 선부동 뗏골 지역(단원구 지곡로 6길 37)에 지하 1층, 지상 2층, 연면적 360m² 규모의 건물을 리모

안산 고려인문화센터에
부착된 각종 안내판

델링해서 '고려인문화센터'를 준공했다.

현재 안산시 고려인문화센터는 (사)너머가 위탁 운영하고 있다. 지하 1층에는 고려인들의 이주역사를 한눈에 볼 수 있는 전시관과 다목적 회의실, 지상 1층에는 사무실과 상담실, 소회의실, 지상 2층에는 안산시가 시행하는 다함께돌봄센터인 선부가치키움터 공간으로 활용되고 있다. 그만큼, 선부동 땟골 고려인마을에서 일하는 전임 및 파트타임 활동가들의 참여도 활발해지고 있다.

안산의 가장 낙후지역 중의 하나인 땟골 고려인마을이 외형뿐만 아니라 삶의 온기가 느껴지는 동네로 도시재생이 이루어졌다. 땟골 삼거리 한국인 수퍼마켓의 매출이 많이 늘어났고, 땟골을 찾는 외부 방문객들도 즐겨 찾는 식품점을 겸한 임페리아푸드 카페, 러시아인이 즐겨 먹는 케이크인 토르트 맛으로 소문난 마리나 카페(인천 연수동에 지

레표시카(둥근빵)를 구워내는
탄드르(화덕)

점까지 개설), 우즈벡 사람들의 주식인 레표시카와 삼사(고기, 감자만두)를 즉석에서 구워 파는 탄드르(화덕)를 설치한 상점 등도 성업 중이다. (〈아시아엔〉 2021-11-4)

● **[안산 선부동③] 〈상록수〉의 최용신 선생이 지금 안산에 오신다면**

2022년 10월 1일 토요일, 안산시 상록구 본오동 최용신기념관에서 '샘골에서 상록수로'라는 주제로 제9회 상록수문화제가 열렸다. 코로나19로 3년 만에 열린 것인데, 과거에는 9월 제3주 토요일 추석을 전후로 열리곤 했다. 최용신기념관은 심훈의 〈상록수〉에 나오는 여주인공 채영신의 실존 인물인 최용신(1909~1935) 선생을 기리기 위해 2007년에 세워진 공립박물관이면서 국가보훈처 지정 현충 시설이다. 최용신은 소설 『상록수』가 국어책에 실려 있어 많은 한국인이 알고 기억하고 또 존경하는 인물이다.

2009년 최용신 탄생 100주년 기념 국제학술회의(주제: 최용신 기억

소설 "상록수"

아랫반에서 '〈가〉자에 ㄱ하면 〈갹〉하고, 〈나〉자에 ㄴ하면 〈난〉하고' 하면서 아이들은 제비 주둥이 같은 입을 일제히 벌렸다 오므렸다 한다. 그러면 윗반에서는 "농민독본"을 펼쳐 놓고 '잠자는 자 잠을 깨고, 눈먼 자는 눈을 떠라.' 하며……. - 심훈, "상록수"

심훈의 "상록수"는 1935년에 발표된 작품으로, 영신과 동혁이 어린아이들에게 한글을 가르치고 농민들을 일깨우는 데 헌신하는 내용이 큰 줄거리이다. 주인공들은 일제의 탄압과 사람들의 배신으로 어려움을 겪지만, 희망을 잃지 않고 농촌 계몽의 의지를 다진다. 이 소설을 통해 우리는 당시 우리 민족이 처한 현실과 희망을 찾을 수 있다.

◎ 상록수 표지와 심훈

중학교 국어 교과서에 나오는 심훈의 『상록수』 작품 소개

속에서 아시아로 걸어 나오다) 토론에서 필자는 "최용신 선생이 지금 한국사회(안산)에 다시 오면 무슨 일에 열정을 쏟았을까?"라고 질문했다. 1930년대 농촌계몽운동으로 안산 샘골에서 야학을 운영한 최용신 선생은 두말할 것도 없이 한국어를 상실한 채 조상의 나라를 찾은 고려인동포 한글 야학교실을 열었을 것이라고 했다.

2021년 4월 원곡동 다문화특구/중국동포타운 탐방 때에 원곡동 다문화특구에서 36년째 운영 중인 안산용신학교(교장 김경옥)를 처음 알았다. 반월공단 근로자를 위한 야학교실을 열면서 최용신 선생의 이름을 교명으로 정한 것이다. 36년 전에 최용신 선생이 안산에 다시 온 셈이었다. 그래서 2022년 가을 안산 고려인마을 탐방은 최용신기념관에서 시작해 선부동 땟골 고려인마을, 원곡동 안산용신학교 세 곳을 찾기로 했다. 4호선 상록수역 3번 출구에서 만나 최용신 거리를 걸으면서 최용신 선생과 제자들의 사랑 이야기를 담은 조형물(만남, 이끔, 향함, 안김)을 하나하나 음미하면서 최용신기념관으로 향했다.

기념관 전시실에서 최용신 선생의 생애, 특히 샘골강습소 운영 시기를 주의 깊게 살핀 다음에, 기획전시가 열리는 기념관 뒷마당으로 갔

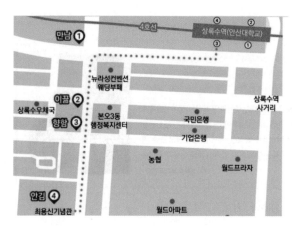

최용신 거리와
최용신 조형물 위치

I. 수도권의 고려인마을(서울, 경기, 인천)

최용신기념관을 찾은 한아찾 탐방단. 왼쪽부터 이형복, 임영상, 문민, 김홍록, 윤정숙, 곽승지.

다. 처음 강습소로 사용된 (샘골)교회와 최용신이 심은 향나무와 옛 샘골 강습소 주춧돌이 눈에 들어왔다. 마당에 최용신 선생의 생애와 당시 모습 사진이 전시되어 있었다. 의자에 앉아 있는 최용신 선생과 함께 기념사진을 찍고, 선생의 묘지로 내려가 고인을 기리는 묵념을 올리고 기념관을 나섰다.

　이어서 선부동 고려인문화센터에 도착했다. 고려인 역사관이 닫혀 있었다. 센터 사람들 모두 원곡동에서 열리는 제6회 고려아리랑 행사에 참여 중이었다. 다행히 땟골에서 10년 동안 고려인동포를 위해 봉사했던 한국외대 러시아어과 출신 김진영 이사(인천 새꿈학교)를 만나 역사관을 볼 수 있었다.

　중국동포타운이든 고려인마을이든 찾을 때마다 역사/전시관이 없다는 점이 아쉬웠다. 새 삶터를 일구는 동포 자신도 자신의 정체성을 확인하고, 지역주민과 외부 방문객도 "동포들이 왜, 언제 한반도를 떠나 어떻게 살다가 다시 대한민국으로 귀환했는지?" 쉽게 알 수 있는 전시

2. 경기도의 고려인마을

원곡동 안산용신학교를 찾은 탐방단. 왼쪽부터 이형복, 김홍록, 문민, 조남철, 윤정숙, 김채화, 곽승지.

자료가 필요하다. 이 점에서 선부동 뗏골 고려인마을은 행운이다. 반지하 작은 공간이지만, 고려인동포의 이주사와 삶을 한눈에 볼 수 있는 지도와 사진 자료 등이 전시된 (고려인) 역사관이 있기 때문이다.

　　마지막 여정인 원곡동 안산용신학교에 도착했다. '한국 속의 작은 세계', 원곡동 다문화특구의 중심인 다문화어울림공원 끝에 안산용신학교가 있다. 1987년 설립 이래 제도교육의 기회를 놓친 청소년 성인들을 위한 평생교육을 실시해 오다 2014년 경기도안산교육지원청 지정 학력인정(초·중등과정) 교육기관으로 프로그램을 운영하고 있다. 또한, 안산시 위탁사업으로 외국인 주민을 대상으로 한국어 교육 프로그램과 법무부 지정 사회통합프로그램도 운영하고 있다. 최용신 선생이 기뻐할 것은 의심의 여지가 없다. 특히 요즘에는 고려인동포가 많이 참여하고 있다고 한다. (〈아시아엔〉 2022-10-14)

● **[안산 선부동④] 국내 거주 고려인도 '노인복지' 시급**

　　근래 영주(F-5) 비자를 가진 고려인동포가 늘어나고 있다. 그런데 한국국적 취득은 쉽지 않다고 한다. 일정 정도의 연간 수입도 필요하고 또 한국인도 어렵다는 '시험'에 합격해야 하기 때문이다. 생각해보니 손주를 돌보기 위해 들어온 노인들이 국적을 취득하는 일은 사실상 불가능하다.

　　국적이 없으니 경로당도 이용할 수 없다. 물론 중국동포도 그러하지만, 고려인동포도 경로당에서 한국 노인들과 아울리기 쉽지 않다. 한국어 소통에 어려움이 적은 영주 귀국 사할린 한인동포도 마찬가지다. 살아온 문화가 다르기 때문이다. 땟골 고려인마을에서 제비봉사단 활동을 하는 고려인 여성들은 어떻게 살고 있을까?

　　2023년 8월 26일 용산고교 친구들과 먼저 땟골 고려인마을 고려인문화센터를 찾았다. 이런저런 사정으로 10명이 넘는 봉사단 중에 이예다(73) 씨와 이타마라(69) 씨 두 사람만이 우리를 맞이했다. 역사관을 둘러본 후, 2015년 선주민과 고려인 주민이 함께 만든 땟골 삼거리의 모퉁이(우갈록) 카페를 찾았다. 땟골의 사랑방인 셈이다. 그동안 고려인 청소년 카페로 사

땟골 모퉁이(우갈록) 카페 앞에서. 왼쪽부터
필자, 이예다, 강신의, 김홍록, 최안기,
이타마라, 신철준.

용되기도 했는데, 지금은 손주를 다 키운 제비봉사단 고려인 여성들이 상설 나눔 바자회를 운영하면서 뗏골을 찾는 손님들에게 고려인 음식도 만들어 대접하곤 한다.

우리 친구들이 71세, 72세이니 50년 전 그룹 미팅 생각이 났다. 고려인 식당에서 고려국수와 샤슬릭, 샐러드 등 고려인 음식을 나누면서 대화했다. 두 사람 모두 우즈베키스탄 타슈켄트 출신으로 2012년 뗏골에 왔단다. 놀랍게도 타슈켄트에서는 만난 바가 없는데, 바로 뗏골에서 만나 의지하며 친자매처럼 지내고 있다.

> "처음 뗏골에 왔을 때 거리에 쓰레기도 많았어요. 동네가 조금 무서웠어요. 지금은 그렇지 않아요. 마을이 깨끗해졌어요. 손주들도 다 크고 조금 넓은 곳으로 이사하려고 해도 너무 비싸서 어려워요. 이제 뗏골은 우리의 '고향'이나 다름이 없어요."

이예다 할머니는 손주가 고려대학교에 다니는 것이 너무 자랑스럽다고 했다. 그러나 한편으로 늘 마음이 불안하다. 손주가 한국사회에서 전문직업인으로 성공할 수 있을까? 아니 자신이 아프고 병들면 짐이 될

뗏골 고려인마을 행사 포스터. 이예다(73), 이타마라(69) 씨는 "10월에 오시면 잘 대접하겠다"며 꼭 오라고 몇 차례나 얘기했다.

까 더 걱정이다. 그래서 건강관리에 더 신경 쓰고 있다. 제비봉사단에 나와서 함께 일하고, 특히 한국인 방문객을 만나는 일이 그래서 더 좋을 수밖에 없다. 사실 근래 봉사단원 한 명이 병원에 입원했다. 자녀는 일하러 공장에 가야 했다. 자연스럽게 제비봉사단 여성들이 병원에도 가고 간호도 해주고 있다. 건강한 노인이 몸이 아픈 노인을 돌보는 '노노(老老) 돌봄'이 고려인마을 땟골에서 이루어지고 있다.

2021년 7월 6일 (사)동아노인복지연구소 김익기 소장과 땟골에서 멀지 않은 곳에서 하나요양원을 운영하는 윤정숙 대표와 함께 땟골 고려인문화센터를 방문했다. 당시 김영숙 센터장이 땟골에도 고려인 어른이 많아졌으며, 요양보호사의 정기 방문을 받는 고려인 어른도 있다고 했다.

땟골 고려인문화센터 역사관에서 고려인 노인복지와 관련한 대화를 나누었다. 왼쪽부터 필자, 김영숙, 윤정숙, 김익기.

노인복지가 중요해져 요양보호사가 필요함을 많이 절감해온 하나요양원이 부설 동아요양보호사교육원을 시작했다. 전철 4호선 안산역과 정왕역 사이에 있는 신길온천역에서 2분 거리다. 근래 수도권에서도 요양보호사를 구하지 못해

땟골에서 멀지 않은 곳에 하나요양원과 동아요양보호사교육원이 있다.

좋은 시설에 적은 인원만을 수용하고 있다. 실제 시설 수용인원 2.3명당 1명의 요양보호사 필요하다.

평소 고려인의 한국 정착에 관심을 기울여온 윤정숙 대표가 요양보호사가 되려는 고려인동포에게 수강료 혜택을 주겠다고 한다. '가족돌봄' 전통이 특별한 고려인사회에서 근래 부모의 병간호를 위해 일을 접고 출국한 사례도 있다고 한다. 50대 고려인 여성 중에서 요양보호사 일에 관심을 가지면 좋을 듯하다. 물론, 240시간 교육 후에 시험에 합격해야 요양보호사가 될 수 있다. 국적을 취득하지 못한 중국동포 노인을 위한 요양시설을 운영하기 위해 사회복지사가 되려는 수원시중국동포협회 노순자 회장도 있다. (《동포세계신문》 2022-3-1 「사회복지사 도전하는 노순자… 소외된 조선족 노인문제에 관심」)

요양보호사 일은 힘든 직업이다. 그러나, 지금 한국사회에서 꼭 필요한 일이다. 일자리가 많다. 무엇보다 고려인 어른들을 돌볼 수 있다는 점에도 의미가 있다. 앞으로 고려인 어른들은 고려인 요양보호사가 일하는 요양원을 찾을 것이다. (《아시아엔》 2023-9-10)

● **[안산 노아네러시아학원①] 학생·교사·학부모 100여 명 공동체 생활**

2023년 6월 5일 재외동포에 관한 사무를 관장하는 대한민국의 중앙행정기관으로 공식 출발한 재외동포청. 그 전신은 1997년 설립된 재외동포재단이다. 재외동포재단이 '재외동포' 신분인 중국과 CIS 지역 출신 재한(在韓) 중국 및 고려인동포 사회에 깊은 관심을 기울이기 시작한 것이 2015년부터다.

한국체류 동포에 대한 조사연구사업뿐만 아니라 재단의 임직원들이 서울의 중국동포타운과 안산·광주의 고려인마을을 방문하고 현안을 청취하기 시작했다. 법무부가 2014년 4월 재외동포(F-4), 2015년 4월에는 방문취업(H-2) 동포에게 가족동반을 허용하면서 중도입국 동포자녀들이 많이 들어오게 된 시기와 일치한다.

한국에 온 중국동포 청소년들은 가족 상봉의 기쁨도 잠깐, 학교생활 적응에 어려움이 많았다. 중국에서 조선족학교에 다닌 학생들은 그나마 언어적 어려움이 덜했다. 그러나 중국에서 한족(漢族)학교를 다닌 동포자녀들은 중국인과 다름없었다.

2014년 9월 '중국동포의 수도'인 영등포구 대림동에 서울국제학원이 설립되었다. 중국에서 교사를 역임하고 한국에 들어와 한국외대 중국어과, 서울대 대학원 교육학과를 졸업한 문민 원장은 학원 설립 당시 상황을 이렇게 설명했다.

"학원이 마치 '한국어 응급실' 같았어요. 당장 내일 학교에 가야 하는데 자기 이름을 쓸 줄도 모르고, 인사할 줄 모르는 학생들이 있었어요. 그래도 다행인 것은 동포자녀들의 학구열이 대단했어요. 습득이 빨랐고 한국 학교생활에 대한 만족도가 높았어요."

서울국제학원에서는 해마다 교육 일기를 모아『서울국제학원

서울국제학원 아홉 번째 이야기책

이야기』 소책자를 발간하고 있다.

2024년 개원 10주년을 맞아 서울국제학원 열 번째 이야기 소책자를 준비 중이다. 매번 100권을 인쇄하여 주로 학부모께 드린다고 한다. '한국어 응급실'로 시작한 서울국제학원은 10년을 맞아 600여 명의 학생이 공부했고 현재 60여 명이 재학 중이다. 중학교 시절에 한국에 와서 국내 대학에 입학한 학생들도 계속 늘고 있다.

> "우리가 한국에서 살고 싶지만, 아이들이 언제 다시 러시아로
> 돌아갈지 몰라요. 지금 우리에게 가장 필요한 것은 러시아어로
> 아이들을 가르칠 수 있는 학교가 필요해요."

위는 경기도 파견으로 러시아 볼고그라드에서 한국어를 가르친 임현숙 원장이, 2015년 안산에서 다시 만난 볼고그라드 고려인들의 요청으로, 고려인 중도입국 학생을 위한 노아네러시아학원을 설립한 배경이다. 안산교육지원청에 '러시아학원'으로 등록했지만, 러시아 학력인증을 받는 러시아학교다.

월요일부터 금요일까지 러시아에서와 똑같이 러시아 정규교과과정을 전일제로 수업하고 있다. 한국어 담당 한국어 교사 외에 모두 러시아와 중앙아시아에서 교사를 역임한 고려인과 러시아인 교사가 가르친다. 한국에 있는 러시아교육기관이다. 9학년과 11학년에 주한러시아대사관 혹은 러시아 현지 초중등통합학교에서 시험을 치른 후 러시아중학교와 고등학교 졸업장을 받는다. 안산의 노아네러시아학원 외에 서울과 수원, 인천, 부산에도 러시아학교가 있다.

2023년 9년째를 맞이한 노아네 러시아학교는 초·중·고생 100여 명과 14명의 교사가 고려인 요리사가 준비해주는 급식을 먹으며 공동

러시아와 중앙아시아 교사
출신 노아네학교 교사들

체로 살고 있다. 교육을 위해 학생과 교사와 학부모가 하나가 되는 공동
체를 지향하다 보니 자연스럽게 한 가족이 되었다. 사실 고려인 학부모
들이 역사적 조국인 대한민국에 와서 자녀교육을 위해 러시아학교를 선
택하기는 하지만 대다수는 한국학교를 선택한다.

　　전국의 고려인마을마다 고려인 학생이 50%가 넘는 초등학교가 여
러 곳이다. 이제 중학교도 고려인 학생 수가 빠르게 늘고 있다. 선부동
소재의 한 중학교는 20명 한 반에 12~15명이 고려인 학생이다. 고려
인 학생들은 수적으로 많아도 부족한 한국어와 문화의 다름에 어려움
을 겪고 있다. 그래서 노아네러시아학원에서는 고려인 학생들의 한국생
활, 문화적응을 돕기 위해 '다문화청소년문화클럽 방주'를 설립했는데,
2021년에는 '방주' 산하에 한국학교에 다니는 학생들을 위한 방과 후
교실도 열었다.

　　방과 후 교실에서는 한국학교 수업을 끝내고 온 학생들이 모여 국
어, 영어, 수학, 체험학습 등을 하면서 지낸다. 경제적이나 문화적으로
국내의 학원이 익숙하지 않은 학생들이 주로 모인다. 또 '방주' 산하에는
한국어센터가 있어 성인들을 위한 한국어와 한국어능력시험(토픽) 과정
이 개설되어 있다.

공동체로 생활한 9년의 세월 동안, 한국생활에 익숙해진 고려인 교사들과 한국인 교사가 협력하여 한국어를 가르치고 있다. 노아네러시아학원은 서울의 남포교회와 안산의 교회, 안산시 법무부청소년범죄예방위원회의 후원을 받고 있다. 중앙대·한국외대 HK＋ 접경인문학연구단(한국문화교육 외 후원), 경희대 후마니타스칼리지(세계시민포럼 후원) 등과도 협력하고 있다. 또

노아네 점심 급식 메뉴

한, 2022년부터 11학년 학생 1명에게 1년씩 독립운동가 최재형기념사업회·아시아발전재단에서 장학금을 주고 있다. (《아시아엔》 2023-10-2)

● **[안산 노아네러시아학원②] 고려인 청소년 진로·취업이 '핵심 과제'**

2019년 1월 법무부는 "4세대 고려인동포 등이 재외동포로 인정받지 못하여 국내 체류 중인 부모와 헤어지는 아픔을 해소하기 위해 '재외동포의 출입국과 법적 지위에 관한 법률 시행령' 개정을 추진한다"라고 발표했다. (그해 7월 공식 통과) 고등학교에 재학 중인 고려인 4세 청소년 문제가 제기되었는데, (《연합뉴스》 2017-8-27 「"할아버지 나라에 정착하러 왔는데" 체류 위기 고려인 4세들」) 이제 더는 '동포' 범위에서 제외되었던 청소년들이 부모와 헤어질 필요가 없이 한국에서 공부하고 살 수 있게 되었다. 또한,

러시아/중앙아시아로 돌아
갈 것도 대비해 노아네러시
아학원 등 '러시아학교'에 다
니는 고려인 학생들에게도
영향을 끼쳤다.

2023년 1월 10일 서울
국제학원 문민 원장과 노아
네러시아학원을 방문했다.
문민 원장에게 임현숙 원장
을 소개해주고 싶었다. 두 원
장은 자연스럽게 대학 진학

2023.1월 노아네러시아학원에서. 왼쪽부터
필자, 임현숙 원장, 서울국제학원 문민 원장.

이야기를 나누었다. 노아네러시아학원에는 2015년 개원 첫해부터 11
학년으로 들어온 학생이 있었다. 지금까지 러시아대학에 6명이 진학했
다. 한국대학에 입학한 학생도 3명이고 준비 중인 학생들도 여럿이다.

특히, 2019년 고려인 4세도 동포 자격을 얻게 되면서 한국대학에
진학하려는 학생이 늘어났다. 물론 노아네러시아학원도 처음부터 한국
어 수업을 필수 교과로 운영하고 있다. 한국대학에도 진학해 공부할 수

중앙대·한국외대 HK+
접경인문학연구단 지원
고려인 비전 캠프

있도록 한국어능력시험(TOPIK) 3급 자격을 졸업 전에 받도록 지도해왔다. 생활 속에서 한국어도 익히고 한국 역사 및 문화 지식과 경험을 쌓을 수 있도록 '다문화청소년문화클럽 방주'를 운영한 이유이기도 했다.

러시아대학보다 한국대학 진학 희망이 늘어나면서 노아네러시아학원에서도 학생들의 진로·취업 교육에 더 관심을 기울이고 있다. 2016년부터 중앙대·한국외대 HK＋ 접경인문학연구단이 학생들의 다양한 써클활동(연극, 베이커리, 토픽, 과학실험 등) 및 체험학습 답사를 지원해주고 있다. 2022년부터는 러시아 교과과정 외에 특별히 세계시민교육(경희대 후마니타스칼리지 지원), 환경문제, 그리고 진로지도도 힘써왔다.

2022년 50년 전통의 전문대학인 안산대학교와 협력 관계를 맺고, 안산대학교 입학팀이 노아네러시아학원에 와서 '정원외 특별전형 재외국민 및 외국인전형' 입학설명회를 개최했다. 안산대학교는 학력은 국내 혹은 외국에서 우리나라 초등과 중·고교 교육에 상응하는 교육과정을 전부 이수한 졸업(예정)자를 대상으로 했는데, 노아네 졸업생은 지원에 어려움이 없었다. 어학 요건은 한국어능력시험(TOPIK) 2급 이상을

노아네러시아학원생 초청 안산대학교 입학설명회

I. 수도권의 고려인마을(서울, 경기, 인천)

요구해 역시 문제가 없었다.

2023년 3월 노아네러시아학원 학생 중에 3명이 장학금을 받고 안산대학교 호텔경영학과에 입학했다. 2022년 2월 우크라이나 전쟁 이후 학생이 많이 늘어 2023년 9월 마침내 초·중고등학교 과정에 100명이 넘었는데, 이번에는 11학년 학생이 13명이다. 그만큼 노아네 학생들의 국내 대학 진학지도가 중요해졌다. 2023년 10월 5일 안산대학교 견학을 겸한 입학설명회에 11학년뿐만 아니라 10학년과 9학년 총 34명 전원과 교사 3명이 참여했다. 물론 노아네 졸업생 중에는 한국외대에 입학한 학생도 있다. 2022년 최재형기념사업회 장학생은 인천대에, 2023년 장학생은 고려대 진학을 목표로 하고 있다. 그러나 노아네러시아학원에서는 취업에 유리한 전문대학 진학을 더 추천하고 있다.

한국에 사는 고려인동포 부모들 생각은 거의 한결같다. 자신들은 공장에서 미숙련노동자로 고생하지만, 자녀들은 전문직에 진출하기를 바라고 있다. 당연한 바람이다. 필자는 서울국제학원과 노아네러시아학원 모두 설립 초기부터 주목하면서 성원해왔다. (《경기신문》 2018-1-11 「[숨n쉼]서울국제학원과 노아네러시아학원」) 귀환 중국동포와 고려인동포 사회의 최대 현안이 자녀교육이기 때문이다.

필자는 노아네러시아학원 임현숙 원장과 대화했다. 러시아학제를 마친 고려인 학생들이 한국대학에 들어가 한국학생들과 대등한 경쟁을 하는 것이 어려운 것이 현실이다. 고생하는 부모를 위해서라도 취업에 유리한 전공에 장학금과 기숙사비 지원을 받는 조건을 찾아야 할 것이다. 특히 인구감소지역 지방 대학(전문대학)의 취업에 유리한 제조기술(뿌리산업) 및 의료(보건사업) 전공 등을 선택한다면, 장차 한국의 주류사회로 살아가는데 좋을 것이라고 조언했다.

임현숙 원장은 필자 의견에 동의하면서도 학생들이 수도권 대학을 희망한다고 밝혔다. 부모들이 일하는 안산에서 통학할 수 있기를 바라기 때문이다. 그러면서도 임현숙 원장은 수도권이든 지방이든 대학과 전문대학 입학 관계자들이 노아네러시아학원에 와서 장학조건 등 입시 설명회를 개최해 주기를 바라고 있다. (〈아시아엔〉 2023-10-7)

● **[안성 대덕면①] "그곳에 행복이 싹트고 있다"**

경기도가 2018년부터 시행 중인 경기 행복마을관리소는 생활밀착형 공공서비스 제공·취약계층 일자리 창출을 목표로 택배보관, 공구대여, 환경개선 등 주민생활 불편사항 처리를 위해 구도심 지역의 빈집이나 공공시설, 유휴공간 등에 조성된 일종의 마을관리소다. 2021년 현재 경기도 31개 시군 76개소에서 운영 중인데, 안성시 대덕면 행복마을관리소는 2020년 9월부터 사업이 시행 중이다. 내리 대학인마을 원룸촌에 가건물을 지어 행복마을사업을 펼치고 있다.

2021년 6월 11일 〈한아찾−시니어 탐방단〉 첫 방문지로 안성의 '이태원'이 되려는, 행복마을관리소 사업을 시행 중인, 안성시 대덕면을 찾았다. 대덕면사무소에서 대덕면 행복마을관리소 현황을 들으면서, "아! 참 대단하구나. 저런 사업들까지… 대덕면 고려인마을은 가히 행복마을로 달려가고 있구나!" 감탄하지 않을 수 없었다.

대덕면 주민자치센터

먼저, 다문화 대덕면을 상징하는 벽화를 주민자치센터 입구에 그렸고, 관내에 고려인을 포함해 러시아어를 사용하는 구소련 출신 외국인이 많은 것을 고려해 러시아어 통역도우미로 고려인 김이리나를 직원으로 채용했다. 또한, 2명의 사무원과 8명의 마을지킴이가 지키는 행복마을관리소도 실질적인 사업 장소인 내리 대학인마을 원룸촌 한가운데 비록 임시건물 상태이지만 번듯하게 세워졌다.

대덕면 행복마을관리소는 공통사업으로 아파트관리사무소 역할을 하면서 자체사업으로 지역주민이 행복을 체감할 수 있는 현장중심 사업을 수행하고 있다. 담배꽁초 수집기를 14곳 설치한 결과 바닥에 꽁초가 크게 줄었다. 버려지는 현수막으로 앞치마, 마대자루, 에코백을 만드는 재활용 사업이 고려인 주민들에게도 좋은 반응을 받았다.

공모사업도 활발히 참여해 주민의 호응을 받고 있다. 시민동아리 사업인 '언어교환교실' 프로그램으로 고려인에게 한글교실을 열고 있다. 1인가구가 많은 원룸촌 지역에 맞게 '1인가구공동체부엌' 프로그램으로 다문화가정 요리교실, 어르신 영양 반찬 배달 서비스, 로컬푸드 요리경연대회 등을 개최했다.

행복마을로 달려가는 안성시 대덕면 대학인·고려인마을! 대덕면사무소와 내리 대학인마을 행복마을관리소 방문 후 느낌이다. 물론 대학인마을을 '대학인·고려인마을'로 바꾼 것은 필자 생각이다. 사업 기간이 불과 9개월이니 너무 성급한 평가가 아닐까? 그렇지 않을 것이다. 전국의 많은 이주민집거지를 방문했지만, 이런 마을이 또 어디 있을까?

2020년 11월 7일 내리 대학인마을에서 처음으로 개최된 마을축제에 참여한 안성시장과 대덕면장의 치사에서 이미 내리의 비전을 읽을 수 있었다. "이번 행사를 계기로 서로 인정하고 이해하며 내리에서 태어나 살아가고 있는 작은 천사들의 귀여운 모습, 미소가 언제나 이어지길

내리의 글로벌 상점 문화지도

바란다."(김보라 안성시장) "대덕 행복마을이 거주민들과 소통하는 징검다리가 되었다. 내리 거주민의 절반 정도가 외국인이며, 이들도 안성시민이다."(최승린 대덕면장) (《시사 안성》 2020-11-10 「즈드랏스부이쩨! 내리 러시아의 날 축제!」)

　대덕면 인구는 안성시의 8.5%에 해당하는 1만 5,617명이다. 그중에 등록 외국인은 3,191명(미등록 외국인을 합친다면 4천 명이 훨씬 넘는다)인데, 외국인 대부분이 고려인이다. 또 2019년부터 경기교육청이 운영하는 다문화 국제혁신학교인 내리 광덕초등학교의 2020년 학생 수는 유치부를 포함 192명인데, 다문화 학생이 142명이고 그중에 고려인 학생이 105명(73.9%)이다. 러시아어 교육을 담당하는 원어민(고려인) 보조교사도 2명이다. 고려인 학생의 독서지도를 위해 2020년 5월 러시아대사관으로부터 러시아어 교과서 5종 등 총 71권을 기증받기도 했다. 내리의 대학인마을이 고려인마을로 변한 것은 이미 현실이 되었다. (《아시아엔》 2021-6-23)

　　　　I. 수도권의 고려인마을(서울, 경기, 인천)

● **[안성 대덕면②] 행복마을 6월 26일 다문화가족축제**

　마을이 달라지고 행복마을 지킴이를 보는 주민의 시선이 달라졌다. 광덕초교 옆의 내리공원1호와 단골 마을행사장인 내리공원2호가 선주민과 이주민의 어울림이 어우러지는 광장이 되었다. 대덕면 행복마을관리소는 마을 소식을 전하는 SNS 홍보(인스타그램, 페이스북, 네이버블로그, 밴드) 활동에도 적극적이다. 마을신문을 발간하고 유튜브 채널도 운영 중이다. 특별히 신문은 지역주민의 사랑을 받을 수 있다는 점에서 주목받고 있다.

　이제 여기에 행복마을관리소 지킴이뿐만 아니라 내리 대학인·고려인마을을 사랑하는 모든 사람(연구자, 학생, 시민)이 참여할 수 있는 공유플랫폼인 위키시스템 방식에 따른 〈안성 내리 대학인·고려인마을 위키백과〉가 구축되면 더할 나위 없겠다. 내리에서도 영화 〈미나리〉의 스토리가 나올 수 있도록 스토리텔링의 자원화가 필요하기 때문이다. 위키교육은 주 1회 2시간 2~3회면 충분하다.

━ 안성시 대덕면 대학인·고려인마을, 미래 비전은?

　30년째 안성시 대덕면 삼한리 주민인 김철수 전 경원대 겸임교수의 지적대로 대덕면 내리는 교통, 병원, 교육 등의 생활편의시설이 개선되어야 한다. 특히 공도읍과 평택시로 가는 버스노선 등 중앙대 학생이 많이 거주해온 내리 대학인마을 원룸주택단지는 이미 귀환 고려인동포의 새 삶터가 되었다. 광덕초등학교 전체 학생의 절반 이상이 고려인 학생으로 그 수는 더 늘어날 전망이다. 따라서 안성시와 경기도는 고려인동포를 비롯한 외국인 이주민이 새로운 안성시민과 경기도민으로 열심히 그리고 행복하게 살 수 있는 정책을 추진해야 한다. 김포시(2016)와 안산시(2018)에 이어 안성시도 고려인 주민지원 조례를 제정하는 게 필요하다. [마침내 2023년 6월 황윤희 의원의 발의로 〈안성시 고려인 주민 지원 조례〉가 제정되었다.] 아울러 함영준 단국대 교수(러시아학 전공) 의견대로 선주민과 고려인 사이에 상호문화 이해를 도울 수 있는 노력이 필요하다. 크게 두 가지 방향이다.

첫째, 외국인지원센터/고려인문화센터의 건립이다. 현재의 행복마을관리소는 내리 원룸주택단지의 '아파트관리사무소' 사업을 잘 수행하고 있다. 다만, 행복마을 사업은 경기도 행정의 일시적인 공모사업이다. 따라서 고려인(외국인) 지원사업을 수행할 수 있는 외국인지원센터 건립이 필요하다.

둘째, 고려인(외국인) 주민도 행복할 수 있는 상호문화 이해사업이 필요하다. 한국에 사는 외국인(이주민)은 한국의 생활환경에 대부분 만족해한다. 하지만 행복한 것만은 아닐지도 모른다. 한글교육을 제외하고, 한국의 지자체와 지원단체의 대부분 사업이 한국문화의 일방적인 주입에 치우쳐 있기 때문이다. 이주민의 언어와 문화를 포용하고 함께 즐길 수 있는 사업 및 활동이 필요한 이유다.

현재 대덕 행복마을은 격주 1회의 주간 한국어교실을 운영하고 있는데, 러시아어교실과 고려인음식문화교실 등을 운영해달라는 한국인 주민모임도 활성화되어야 한다는 점이다. 2020년 11월 대덕 행복마을이 '러시아인의 날' 축제를 개최한 것은 고려인 주민에 대한 배려였다. 2021년에도 다섯 차례에 걸친 다문화가족 축제를 기획하고 있다. 2021년 6월 26일 행사 포스터와 행사일정이 나왔다. 공연행사는 지역의 선주민(주민자치위원회, 중앙대 학생)과 고려인(광덕초등학교 학생, 로뎀나무국제대안학교 고려인 학생)이 함께 참여하는 대학인·고려인마을 축제를 지향하고 있다. 그런데 체험행사와 전시행사도 다음부터는 상호문화 이해에

적합한 행사가 기획될 수 있
으면 좋겠다. 예를 들어, 고려
인은 누구인가? 고려인의 역
사문화 이해를 돕는 전시회
와 마을강연회, 한국 국수와
고려인 국수를 함께 만들고
시식하는 체험교실 등이면
바람직하겠다.

맛있어 카페 앞에서. 윗줄 중앙 김철수 교수와
그 옆 오른쪽 함영준 교수. 필자는 아래쪽 왼쪽.

　지난 6월 11일 〈한아찾-
시니어 탐방단〉은 내리 대학
인·고려인마을을 둘러보면
서 행복마을 사무원·지킴이, 지역주민과 러시아 블라디보스토크에서
온 고려인상인회 회장인 유세르게이가 운영하는 맛있어 카페 앞에서 기
념사진을 찍었다. 6월 26일 2021년 다문화가족 축제에도 지역의 선주
민과 고려인(외국인) 주민뿐만 아니라 참여자 모두가 기록자가 되면 좋
겠다. 특히 이번 축제에 전국의 고려인마을에서 온 공도읍 로템나무국
제대안학교(오전 한국어공부, 오후 직업기술을 배우는) 고려인 학생 K-POP
공연단도 참여한다. (〈아시아엔〉 2021-6-23)

● **[안성 대덕면③] 고려인마을 돌봄센터, 4일 어린이날 행사**

　2021년 7월 안성시 인구가 20만 명을 넘었다. 한국인은 아직 19
만 명이 채 안 되지만, 외국인 주민이 1만 명을 넘어섰다. 그런데 대덕면
에 26% 이상이 거주하고 있다. 특히 중앙대학교 후문 근처 원룸촌인 내

리 '대학인마을'에 집거하
고 있다. 이미 대학생은 많
이 떠나고 그 자리를 주변
의 소규모 공장에서 일하
는 러시아와 중앙아시아에
서 온 고려인동포가 다수
를 차지하고 있다. 그래서
이제 '대학인마을'은 '대학

내리 마을회관 2층에 만들어진 돌봄센터

인·고려인마을'로 바꾸어 부를 수 있을 정도가 되었다.

　　2021년 4월 29일 단국대 러시아학 전공 학생들과 내리 고려인마을 현장탐방수업을 가졌다. 대덕면 행복마을관리소 이용준 사무원의 안내로 먼저, 2020년 11월에 문을 연 안성시 다함께돌봄센터 1호점을 찾았다. 다함께돌봄센터는 방과후 초등돌봄으로 내리마을 광덕초등학교 학생들이 주로 이용하고 있다. 그래서 한국어가 부족한 광덕초등학교 '이주 배경'(다문화) 학생들을 위해 한국어교실이 무료로 운영되고 있다. 고려인 학생을 포함한 20명의 초등아동을 대상으로 학습지도 외에 미술, 신체 활동, 놀이 체험 등 다양한 프로그램을 시행하고 있다. 내리 마을주민과 어르신들이 마을회관·경로당 2층 유휴공간을 내어주고, 안성시가 리모델링해 학습실, 활동실, 상담 및 사무실, 화장실을 갖추었다. 안성시 다함께돌봄센터 1호점은 한국어교육부터 시켜야 하는 '귀환' 고려인동포 아동을 위한 '마을학교'인 셈이다.

　　돌봄센터 박진숙 센터장은 센터를 방문한 단국대 러시아학 전공 학생의 참여를 환영한다면서, "(고려인)아이들이 특히 보드게임을 좋아하고 윷놀이도 가르쳤더니 좋아했다. 겨울방학에는 아이들 운동을 시키기 위해 탁구대를 갖다 놓기도 했는데, 3월 개학이 되면서 다돌만화방으로

돌봄센터를 방문한 단국대 러시아학 전공 오형석 학생과 필자(왼쪽). 김봉민 학생과 박진숙 센터장(오른쪽).

만들었다."라고 소개했다. 아직 책이 많지 않은데, 대부분 한국어 동화책과 만화책이다. 대부분의 이용 아동이 고려인 학생들이니 러시아어책도 필요하지 않을까? 러시아 전공 연구자들이 소장하고 있는 '아동용 책'을 기증하면 좋겠다는 생각이 들었다.

2021년 12월, 지역기업인 (주)지산그룹의 후원으로 성탄절에 산타할아버지가 찾아왔다. 한국 어린이라면 "가짜다!"라고 했겠지만, 고려인 아동들은 진짜 산타가 왔다고 좋아했다. 산타를 본 것이 처음이었다. 돌봄센터가 2022년 안성시 어린이날 행사 운영 공모로 선정된 "탑승하라! 내리마을 2호!" 어린이날 행사도 물론 처음이다. 5월 4일 수요일 오후 1시부터 시작된다. 이날 아이들은 딱지치기, 제기차기, 공기놀이, 달고나게임, 투호 등 5개 미션을 수행하는데, 한국의 놀이를 모르는 고려인 아이들에게 즐거운 첫

어린이날 행사 포스터

번째 체험의 시간이 될 것이다. (《아시아엔》 2022-5-3)

● **[안성 로뎀나무국제대안학교①] 고려인 청소년의 숨터·꿈터**

"부모 따라 중도입국한 고려인 청소년들이 갈 곳 없어 방황할
때 '쉬면서 원기를 회복할 수 있는 공간'이 필요하다."

2019년 8월 안성시 공도읍에서 청소년목회를 하던 소학섭 목사가
로뎀나무국제대안학교를 시작하게 된 배경이다. 학교는 겨우 만 2년이
지난 상태이다. 아는 사람도 많지 않다. 로뎀나무학교는 정규 한국학교
공부를 보충하는 광주광역시 광산구의 다문화대안학교인 새날학교와
다르다. 학생도 고등학교 나이인 10대 중후반부터 20대 중반까지다. 러
시아 학제로 수업을 하는 경기도 안산시(선부동)의 노아네러시아학원에
도 들어갈 수도 없는 청소년
들이다.

로뎀나무학교의 교과목
은 특별하다. 당장 한국살이
에 필요한 한국어공부가 중
심이다. 오전 시간은 등급별
로 한국어수업에 집중한다.
오후 시간은 사회에 나가 바
로 사용할 수 있는 미싱, 가
구디자인, 바리스타, 제과제
빵 등 기술교육을 배우고 있

현장수업에 참석한 고려인 학생들
(사진 로뎀나무국제대안학교)

1970년 2월 졸업한 용산고 제21회 3학년 2반 출신들이 회원인 삼이회. 아랫줄 왼쪽부터 소학섭 이사장, 이관배 스테파노 신부, 김철수 은사님 내외, 윗줄 송재욱, 김종부, 공수영, 백종한, 임영상, 양철배.

다. K-POP, 수공예, 밴드 등 다양한 동아리활동도 열심히 참여하고 있다.

경기도가 주관하는 '고려인동포 정착 지원사업'에도 선정되었다. 학생들은 더 많은 한국어 수업과 폭넓은 교외 활동을 지원받게 되었다. 학생들은 늘 한국어 현장수업을 기대한다. 2021년 6월에는 인근 대덕면 내리 고려인마을 다문화 축제에 참여해 K-POP 공연도 펼쳤다.

2021년 로템나무학교의 총 입학생은 42명이다. 3월에 입학한 학생이 24명, 나머지는 9월에 입학했다. 이 중에 코로나19 위험으로 3명이 자진 휴학했고, 1명은 출신국에서 학업을 마치고 다시 온다는 마음으로 잠시 학교를 떠났다. 현재 38명이 수업하고 있다. 모두 로템나무학교를 만난 것에, 또 '지역주민'으로 받아주고 있는 안성시에 감사하고 있다.

2021년 4월 8일 용산고등학교 출신 삼이회 회원들과 함께, 안성 대덕면에 사시는 김철수 은사도 찾아뵙고 동기동창인 금광면 던지실성당 이관배 주임신부도 만날 겸해서 안성에 갔다. 로템나무학교도 찾았다. 대부분 현업에서 물러난 칠십 인생들이나, 로템나무학교가 고려인 청소년의 한국살이에 큰 힘이 될 수 있기를 기원했다. 로템나무학교를 다녀간 며칠 후, 이관배 신부는 소학섭 목사 앞으로 금일봉을 보내기도 했다.

2021년 4월 29일 천안 단국대 학생들의 고려인마을 탐방 수업 일

로뎀나무학교 영화감상
동아리 학생들과. 현수막을
든 단국대 러시아학 전공
오형석(왼쪽)과 전봉민
학생(오른쪽). 뒷줄
오른쪽이 필자.

환으로 로뎀나무학교를 찾았다. 마침 점심식사를 마치고 동아리 활동시간이었다. 얼마 안 있어 학생 20여 명이 로뎀나무학교의 25인승 미니버스를 타고 읍내 탁구장 등으로 이동했다. 막 수업이 시작된 영화감상과 K-POP 동아리 학생들에게 양해를 구하고 함께 기념촬영을 가졌다. 이후 교무부장 선생님 안내로 학교 소개를 받고 강의실 등을 둘러보았다.

　로뎀나무국제대안학교의 학생은 대부분 고등학교 학생과 그 이상의 연령대다. 기숙사를 운영하기 때문에 인근 안성과 평택, 아산과 천안 등 경기남부와 충남북부 외에 멀리 인천에서도 오고 있다. 25세가 되어야 정식 취업이 가능한 고려인 청소년이 할 수 있는 일은 학교 공부뿐인데, 한국학교에도 갈 수 없었다. "제가 한국에 와서 가장 잘한 일은 소학섭 목사님을 만난 일이에요." 로뎀나무학교 학생들의 고백이 이어지고 있다. 한국살이가 막막한 고려인 청소년에게 '원기'를 주는 로뎀나무 그늘이 된 것이다.

　2022년 로뎀나무국제대안학교는 학교설립 3년 만에 공식적으로 대안학교의 기능을 수행할 수 있게 되었다. 경기도교육청이 로뎀나무학교에서 6개월 공부한 학생에게 학적(學籍)을 부여하기로 한 것이다. 중앙아시아에서 학교에 다니던 많은 고려인 학생이 여러 사정으로 현지

학교에서 학적 관련 서류 등을 준비하지 못한 채 한국에 들어왔다. 당연히 서류 미비로 한국의 고등학교에 편입할 수도 없는 실정을 경기도교육청이 배려한 것이다. (《아시아엔》 2021-11-25, 2022-5-10)

● **[안성 로뎀나무국제대안학교②] 체육대회와 잔잔한 울림 '고려인 토크콘서트'**

2022년 5월 20일 세계인의 날을 맞아 로뎀나무국제대안학교는 5월 19일 오전 9시부터 오후 2시까지 평택 소사벌 레포츠타운 인조축구경기장에서 재학생과 학부모, 지역주민 80여 명이 참석한 가운데 교내 체육대회를 열었다. 경기도 고려인동포 정착지원 사업의 하나로 그동안 코로나19로 인해 교외활동을 할 수 없었던 고려인 청소년들에게 답답했던 실내에서 벗어나 체력증진과 화합을 위한 자리였다.

사단법인 청소년미래연구의 소학섭 이사장은 "우리 로뎀나무국제대안학교 학생들이 경기도 고려인동포 정착지원사업을 통해 청소년으로서 지덕체를 겸비한 세계화 시대의 주역으로 성장하는 토대를 마련하는 기회가 된 것 같다"라며 "학교에 운동장이 좁아 다양한 스포츠 활동을 할 기회가 많이 없었는데, 이렇게 큰 축구장에서 열심히 뛰는 학생들을 보니 앞으로 이런 자리를 더 마련해야겠다"라고 했다. 그는 "우리 고려인 청소년들이 믿음, 성실, 도전 정신으로 한국사회의 당당한 구성원으로 지역주민들과 화합하는 인재로 성장하여 많은 사람에게 도움을 주었으면 좋겠다"라고 덧붙였다.

고려인청소년체육대회를 위해 각 지역 협력으로 안성시 학교 밖 청소년지원센터 꿈드림에서 점심시간에 맞춰 치킨과 샌드위치를 공수하

로뎀학교 체육대회 (사진 로뎀나무국제대안학교)

여 고려인 청소년과 학부모, 지역주민 등에게 푸짐하게 제공했다. 또, 안성 양진초등학교 정수희 교사는 식수와 햄버거를 준비했다.

재학생 마리아의 아버지 학부모 아르쫌 씨는 "오늘같이 우리 아이가 재미있고 행복하게 뛰는 모습을 보니 너무나 가슴 벅차고 이런 체육대회를 열어준 이사장님과 로뎀나무국제대안학교 선생님들에게 감사하다"라고 인사했다.

2022년 8월 28일 오후 2시 로뎀나무국제대안학교 소강당에서 고려인 청소년·학부모 초청 '고려인 청소년, 미래를 향한 진로 네트워크'를 주제로 고려인 토크콘서트가 진행되었다. 이날 150여 고려인동포와 지역주민들이 참석하여 자리를 빛냈는데, 특히 발표자로 참석한 7명은 경기도 고려인동포 정착지원사업으로 로뎀나무국제대안학교가 제공한 한국어교육과 진로프로그램을 통해 한국사회에 정착한 고려인 청소년이다.

토크콘서트는 '나의 한국생활', '나의 비전', '나의 대학생활'이라는 세 주제로 진행되었다. 첫 번째 주제 '나의 한국생활'은 한국에 이주해

오면서 겪었던 실질적인 어려움을 이야기하며 많은 이들의 공감을 자아 냈다. 특히 발표자 마유리(Magay Yuriy), 김영광(Kim Vladislav), 강제니(Kan Yevgeniya) 씨가 이구동성으로 강조한 것은 낯선 환경에 적응해야 한다는 필연적인 압박감이 자신들을 괴롭혔다는 것이다.

두 번째 주제 '나의 비전'에서는 한국에서의 낯선 생활에 적응한 후 미래를 위해 어떤 노력을 했는지, 어떤 희망을 품고 한국생활에 임하는 지에 대하여 얘기했다. 발표자 송하은 씨는 "다양한 경험을 통해 부딪 치는 것이 오히려 적응에 도움이 되었다. 처음에는 힘들었지만, 지금은 TOPIK 6급의 한국어 실력을 갖추고 있다. 미래를 위해 지금부터 설계 를 시작해야 한다"라고 말했다. 발표자 이서현 씨는 부모님의 관심과 사 랑을 한 번 더 강조한 후 "대학진학을 목표로 미래를 설계하고 있다"라 고 했다.

세 번째 주제 '나의 대학생활'에선 한국의 장학제도와 입시에 필요 한 서류 준비와 관련한 정보를 제공하였다. 발표자 이아라(서울과기대 1년) 학생은 "미래에 대해 분명한 뜻이 있다면 그에 맞는 전공을 살려 대학에 가는 것이 옳은 선택"이라며 "이때 부모님의 관심과 응원도 매우 중요하

안성로뎀나무대안학교
토크콘서트
(사진 로뎀나무국제대안학교)

다고 했다. 그는 특히 "한국어 실력을 늘려 대학에 진학하면 좋겠다"라고 말했다.

발표자 김나야(아주대 1년) 학생은 이렇게 발표했다. "대학에 갈 때 가장 중요한 것은 서류 준비와 끈기다. 본인이 원하는 학교에서 어떤 서류를 원하는지 알아볼 필요가 있고, 그에 따라 적절한 서류 준비가 필요하다. 이 과정에서 목표에 대한 확신을 잊어서는 안 되며, 끈기가 필요하다. 나는 현재 어려운 상황 속에서도 원활한 한국생활과 대학생활을 위해 노력하고 있다. 여러분도 용기를 잃지 않았으면 좋겠다."

한편, 마리아 학부모님은 "우선 우리 학생들을 위해 애쓰는 모든 분에게 감사하다. 이번 행사를 통해서 우리 자녀들, 더 나아가 고려인 청소년들의 미래에 대해서 생각해보는 계기가 되었다. 앞으로 이런 자리가 더 자주 마련되었으면 한다"라고 말했다. (《아시아엔》 2022-5-20, 2022-9-5)

● **[안성 로뎀나무국제대안학교③] '2022 고려인청소년의 밤' 대성황**

2022년 11월 6일 2시부터 안성 로뎀나무국제대안학교에서 고려인 청소년의 밤 한바탕 흥겨운 잔치가 벌어졌다. 200명이 넘는 학부모와 내빈들이 방문하여 고려인 청소년 70여 명이 그동안 배워 온 한국어 실력을 보여 준 학예발표회를 함께 즐겼다.

올해 3회를 맞은 학예발표회는 1부, 2부로 나눠 시종 뜨거운 반응 속에 2시간이 빠르게 흘러갔다. 1부는 학교의 야외무대에서 70여 학생들에게 턱없이 부족한 화장실, 교실을 증축하고자 소학섭 이사장과 선생님, 전교생들이 발 벗고 나서 먹거리 장터 모금을 했다. 이에 닭꼬치, 햄버거, 닭강정, 솜사탕 등을 학생이 직접 준비하여 학예회에 방문한 이

고려인 청소년의 밤 행사를 마치고 모든 참석자와 함께 (사진 로뎀나무국제대안학교)

들에게 판매하였고, 이런 마음에 공감이라도 한 듯 방문자들은 선뜻 학교를 위해 기부하는 행렬이 이어졌다.

본격적인 2부 순서로 (사)청소년미래연구 소학섭 이사장의 개회사가 있었다. 소학섭 이사장은 "오늘 오신 많은 학부모님과 내빈 모두를 축복합니다, 감사합니다"라고 벅찬 감격을 전하였다. 이어서 2020년부터 물심양면으로 고려인 청소년을 돕는 합정종합사회복지관 이재오 관장은 "안성, 평택 지역의 고려인 동포들이 한국사회의 당당한 일원으로 발돋움하기를 기원한다. 고려인 청소년 여러분들을 도울 수 있는 부분은 충분히 도와주겠다"라고 축사를 하였다.

이어 필자는 격려사를 통해 "오늘 여러분을 만나서 너무 기쁘다. 꼭 오고 싶었다. 로뎀나무국제대안학교는 고려인동포의 한국사회 정착을 위해 없어서는 안 될 존재다. 내년에는 좀 더 큰 장소에서 행사를 개최하기 바란다"라고 했다. 대한고려인협회 채예진 부회장은 "작년에 왔을 때보다 행사 규모가 커져서 놀랐다. 날이 갈수록 성장해나가는 로뎀나무

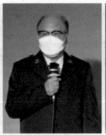

왼쪽부터 소학섭 로뎀나무국제대안학교 이사장, 이재오 함정종합사회복지관 관장, 임영상 한국외대 명예교수, 채예진 대한고려인협회 부회장

국제대안학교를 보니 너무 기쁘다. 오늘 열심히 공연을 준비한 학생들의 무대가 기다려진다"라고 격려사를 마쳤다.

2부 첫 번째 순서는 현재 학교에서 인턴으로 일하며 공부하고 있는 고급반 학생들의 '로뎀뉴스'였다. 이들은 2022년도 학교 주요 사건들을 일목요연하게 정리하여 발표했다. 한국어 초급1반(기초)은 귀여운 율동과 노래인 '아기상어와 바나나차차'로, 초급2반은 '빨간모자' 동화구연으로, 중급반은 한국어로 가사를 개사한 '도레미송'으로 뮤지컬 무대를 연출했다. 고급반 학생들은 두 팀으로 나누어 한 팀은 한국 단편 영화에 한국어 더빙을, 다른 한 팀은 전래동화 '금도끼 은도끼' 연극으로 한국어 실력을 유감없이 드러냈다.

또한, 로뎀나무학교의 한국어 선생님들은 한국어를 배우며 열심히 공연을 준비하는 학생들을 위해 러시아노래인 빅토르 최의 '빠치카 시가렛' 노래를 선보였다. 재학생과 많은 관객이 같이 불러주어 더욱 뜻깊은 무대였다. 축하공연으로는 중앙대학교 전통 예술학부의 판소리, 가야금 병창, 해금 연주가 선보였으며, CCM가수 반애린 씨의 이문세의 '사랑 그렇게 보내네'와 '내 길 더 잘 아시니' 등 아름다운 노래, 배솔지 씨의 라틴댄스, 김건형 님의 색소폰 연주가 이어졌다.

한국어교사들의 러시아노래
공연. 왼쪽부터 주선정,
박소영, 기타반주 데니스
고려인 학생, 김향심, 오필준.

마지막 순서로 로뎀나무국제대안학교 전교생이 윤도현의 '나는 나
비'를 합창하며, 우리는 아직 애벌레처럼 여리고 작지만 언젠가 날개를
활짝 펴고 멋지고 예쁜 나비가 되리라는 소망의 마음을 부모와 관객들
에게 전하였다. 바로 이어서 '당신은 사랑받기 위해 태어난 사람'을 합창
하여 관객들에게 감사와 사랑의 마음을 표했다. 모든 관객은 기립해 힘
찬 박수로 호응했다.

참여 학생 전체의 '당신은 사랑받기 위해 태어난 사람' 합창

"고려인 청소년의 한국 정착은 한국어에 달려있습니다. 경기도의 꾸준한 지원으로 해마다 학생 수가 급증하고 있습니다. 다양한 직업 체험과 고려인에 대한 인식개선이 필요할 때입니다. 그래서 이번에 다문화 감수성을 키우기 위해 지역사회의 동아방송예술대학교 방송 보도제작과(팀장 김나연) 학생들과 함께 코린(러시아어로 뿌리라는 뜻) 영화를 제작 중이며 다음 달 12월 23일에 개봉할 예정입니다."

발표회를 마무리하는 로뎀나무국제대안학교 소학섭 교장의 이야기가 참석자들에게 깊은 공감을 주었다. (《아시아엔》 2022-12-5)

● [안성 로뎀나무국제대안학교④] 고려인 청소년의 한국살이 어떻게?

2023년 9월 6일 안성 로뎀나무국제대안학교에서 '인사 초청 역사 강연 콘서트'가 성황리에 개최되었다. 경기도 고려인동포 인식개선 사업의 일환이었는데, 고려인 청소년 60여 명과 관련 인사 10여 명이 참석했다. 먼저 '고려인 역사이해 강연'으로 필자와 배은경 초빙교수(한국외대 대학원 정보기록관리학과)가 1920~30년대 러시아 연해주 시기를 중심으로 고려인의 삶을 소개했다.

필자는 1860년대 초반 '살기 위해' 한반도를 떠나 러시아 연해주에 정착한 한인들이 이주 초기의 어려움을 극복하고 1905년 을사늑약 이후 의병운동과 뒤이은 해외 항일독립운동을 주도했으며, 당시 한반도의 한인들보다 교육과 문화, 예술 분야에서 수준 높은 삶을 살았음을 소개했다.

경기도 고려인동포 인식개선 역사 콘서트를 마치고 (사진 로뎀나무국제대안학교)

또한, 1909년 안중근의 하얼빈 의거를 도운 '시베리아의 페치카' 최재형(1860~1920)과 같은 자랑스러운 고려인 선조와 고려인 한글문학을 이끈 조명희(1894~1938)를 주목해야 한다고 강조했다. 특히, 1928년 연해주로 망명한 조명희가 한글신문 〈선봉〉(1923년 창간)에 장편 서사시 '짓밟힌 고려'를 게재한 이후 연해주 한인사회에서 '조선'보다 '고려'라는 말이 널리 퍼졌으며, '고려인'의 역사를 알아야 한다고 강조했다. 이와 관련, 고려인동포와 청소년들이 충북 진천 조명희문학관을 방문해볼 것도 권했다.

배은경 교수는 "1920~30년대 고려인의 고려말 문화"를 소개했다. 1917년 러시아혁명에 이은 내전이 종식(1921)된 이후 소비에트 체제가 들어선 1920~30년대 연해주 고려인의 삶은 일제강점기를 살았던 그 어떤 조선인보다도 조선인답게 살았다. 모국어를 공용어로 배웠고, 모국어 문학을 쓰고 즐겼으며, 모국어 노래를 불렀다. 직접 출판한 모국어 신문을 읽었고, 모국어로 조국의 미래를 걱정했고, 조선의 해방운동을 도모했다.

물론 1937년 중앙아시아 지역으로의 강제이주로 끝나버렸지만, 그 이전까지 연해주 고려인은 조선의 민족문화를 러시아 땅에서 배우고, 즐기며, 발전시킬 수 있었다. 고려인 학교에서 사용하는 고려말 교재가 만들어졌.

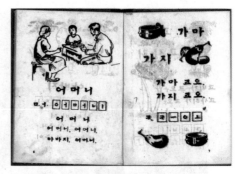

1933년 〈조선어독본〉

고, 현재의 고려극장으로 발전한 원동고려극장(1932년 창단)은 〈춘향전〉, 〈심청전〉, 〈양반전〉 외에 고려인들의 창작 작품도 공연했다.

배은경 교수는 모스크바에서 찾은 사진 자료들을 보여주면서 "고려인의 기록물을 발굴하는 것 또한 앞으로 고려인 청소년 여러분들의 과제가 될 수 있다. 오늘 강연이 여러분들에게 고려인이라는 정체성을 더욱 확립하는 계기가 되었으면 한다"며 강연을 마쳤다.

'한국생활의 미래, 20년을 보다'라는 주제로 진행된 토크콘서트에서는 전국의 고려인마을에서 활동하는 한국인과 고려인 활동가 5명이 패널로 참여했다. (사)청소년미래연구 소학섭 이사장의 사회로 김영숙 센터장(안산고려인문화센터), 이용근 이사(화성 더큰이웃아시아), 김동원 목사(양산 고려인마을), 하상기 목사(광주 운남우리교회), 한예승 목사(인천 God's Glory Church)가 고려인동포 지원에 대한 현황 설명과 고려인 동포의 미래를 이야기했다.

여러 기관의 대표들은 고려인 청소년들에게 미래의 주인공이 될 것을 당부하며 한국어 공부에 대한 강조와 한국 친구 사귀기 등 한국생활에 대한 조언을 아끼지 않았다. 특히, 고려인 한예승 목사의 고백과 조언은 고려인 학생들에게 큰 울림이 되었다.

"나는 우즈베키스탄에서 태어났지만, 우즈베키스탄 사람으로서 인정받지 못했다. 나는 여권에도 우즈베키스탄 사람이 아니라 고려인으로 적혀 있었으며, 학창시절 내내 '너희 나라로 돌아가'라는 차별 속에 살았다. 그래서 학교를 졸업하자마자 더 나은 삶을 위해 대한민국으로 향했다. 하지만 대한민국에서도 여전히 차별은 존재했다. 나는 그저 외국인에 불과했다. 그 어디에도 속할 수 없어서 너무 슬펐다. 그러나 해답을 찾으려 노력했으며, 나 스스로가 대한민국 사람이라고 다짐하며 한국생활에 적응했다. 그 결과 현재는 귀화하여 당당한 대한민국의 국민으로서 살아가고 있다. 여러분들도 여러분들의 인생에 대해서 진중하게 생각해 보길 바란다."

고려인 학생들의 질문과 패널들의 답변이 이어졌다. 김막심(20) 씨는 "대한민국에 고려인들이 많이 거주하고 있고, 그 수도 많이 늘어나고 있다. 앞으로 역사 교육과 한국문화이해를 위한 자리가 자주 있었으면 좋겠다"라고 소감을 전했다.

토크콘서트 패널 참석자들. 왼쪽부터 하상기, 이용근, 김영숙, 김동원, 한예승, 소학섭(오른쪽 아래)

토크콘서트를 마무리하면서, 소학섭 이사장은 "고려인이 대한민국의 역사이자 미래이다. 여러분들은 위대한 고려인이다"라며 고려인 청소년들을 격려했다. 또한, 해마다 증가하는 고려인 청소년들로 로뎀나무국제대안학교는 2019년 개교 이래 학교 건축을 해야 할 만큼 학생 수가 늘었고, 명문 다문화대안학교로 인재 양성에 힘을 쏟겠다는 포부와 열정으로 교육 서비스를 하고 있다고 밝혔다. (〈아시아엔〉 2023-9-7)

● **[화성 병점①] '더큰이웃아시아'를 향한 치밀한 열정**

화성시, '제1의 이주민의 도시'가 될 수 있을까? 2021년 행안부의 지방자치단체 외국인주민 현황에 따르면, 화성시의 외국인주민은 6만 2,542명으로 안산시 9만 4,941명, 수원시 6만 5,885명, 시흥시 6만 4,570명에 이어 4위다. 그러나 화성시는 경기도 기초자치단체 중 지역경제 규모 1위인 도시로, 2016년 기준 총 기업수가 2만 6,176개(9.2%)에 이르

더큰이웃아시아 아시아문화소통센터를 방문한 한아찾 탐방팀. 왼쪽부터 이상기, 로리타, 황한화, 멜로니, 심소영, 야요이, 박주희, 이용근, 양지윤, 이현지, 윤정숙, 김홍록, 채예진.

I. 수도권의 고려인마을(서울, 경기, 인천)

는 등 빠르게 성장해왔다. 외
국인주민 수는 당연히 안산
이 1위 도시지만, 화성시는
다른 이주민 도시와 비교하
면 중국(조선족) 이주민의 비
율이 현저히 낮은 편이다. 태
국인과 베트남인이 전국에
서 가장 많이 거주하고, 필리

더큰이웃아시아 이용근 상임이사

핀인, 네팔인, 캄보디아인, 스리랑카인, 방글라데시인 등 주요 7개 나라
국적의 외국인이 가장 많이 사는 도시도 바로 화성시다.

　　화성시는 2017년부터 사실상 외국인근로자 전국 1위 도시가 되
었다. 2015년에는 안산(3만 1,101명)이 화성(2만 5,977명)보다 많았으나,
2017년 마침내 화성(2만 5,552명)이 안산(2만 4,705명)을 넘어섰다. 코로
나로 전체 외국인주민이 줄어든 상황이지만, 2021년 화성(2만 2,100명)
과 안산(1만 7,344명)의 간격이 더 벌어졌다. 화성시의 외국인주민 자녀
수도 아직 안산에 이어 2위이지만, 그 차이가 줄어들고 가파르게 증가하
고 있다. 2015년 안산(4,695명)의 외국인주민 자녀가 화성(2,835명)보다
1,860명이나 많았으나, 2021년에는 화성(5,407명)이 많이 증가해 안산
(5,980명)보다는 적으나 수원(5,284명)과 시흥(4,962명)을 앞질렀다.

　　화성시의 이주배경아동·청소년지원 지역기관연계 시범사업 주관
기관의 하나인 (사)더큰이웃아시아는 2011년 4월 아시아다문화소통센
터로 출발했다. 2012년 9월 사단법인으로 전환한 센터는 2013년 3월
부터 아시아청소년학교를 개강하고 방과후교실을 시작했다. 그해 6월
에는 아시아문화놀이터를 개강해 기타교실, 타악기교실, 영상아카데미
를 운영했다. 이어 2014년 2월에는 경기사회복지공동모금회 지원으로

외국인가정 아동과 청소년지원 활동에 헌신해온 (사)더큰이웃아시아

세계를 품을 아이들을 함께 키워나가는 마을교육공동체인 차오름공부방을 개설했고 2015년 3월에는 작은도서관 아삭에 독립 공간을 확보했다. 2017년 2월 법인 명칭을 더큰이웃아시아(Big Family Asia)로 변경했는데, 코로나 발생 전인 2019년까지 학교와 지역아동센터 등과 함께 매년 청소년 세계시민축제를 개최했다. 2018년 9월에는 세계마을공작소·세계문화체험관을 개소했고, 2020년 8월에 고려인 집거지인 남양에 남양글로벌아시아센터를 개소하고 이어서 남양글로벌작은도서관 다모아도 개관했다.

⬤ 외국인가정 자녀 100% 무상보육 실현

한국에서 아시아를 찾다'(한아찾) 탐방팀에게 이주민의 도시 화성에서 더큰이웃아시아가 수행해온 일을 소개하던 이용근 상임이사가 뜻밖의 뉴스를 들려주었다. "마침내 2023년 5월부터 화성시가 0세부터 5세 외국인 자녀의 보육료와 유아 학비를 전액 지원하기로 했다."

2022년 지방선거에서 화성시사회복지사협회 이름으로 더큰이웃아시아가 제출한 다문화정책이 마침내 결실을 본 것이다. 사실 경기도는 광역지자체 중에 최초로 2023년 4월부터 외국인 보육료 지원대상을 만 3~5살에서 0~5살로 확대해 월 10만 원씩 지원하게 되었다. 그런데 외국인근로자 제1의 도시 화성이 외국인 아동들에게 어린이집과 유치원 모두 만 5세까지의 보육료와 학비 전액을 지원하기로 하고 추가경정 예산까지 확정했다.

고려인마을을 찾을 때마다 보육료 부담으로 손자녀를 돌보기 위해 자녀를 따라 들어온 고려인 할머니·할아버지들을 만난다. 조부모가 없는 고려인 가정은 남편만 일해야 했다. 따라서, 인천시도 지원을 시작했는데, 경기도가 일부 보육료를 지원하기로 한 데 이어 화성시가 '복지 사각지대 외국인가정 자녀 미취학 아동 보육료 지원'을 선도한 것은 큰 의미를 지닌다.

코로나 예방 백신을 한국인과 외국인 구별하지 않고 제공하듯이, '영유아 돌봄'도 내국인과 외국인가정 차별 없이 지원되어야 했다. 한국에 정착하려는 귀환동포와 외국인주민 가정이 화성을 선호할 것은 자명해졌다. 화성이 일으킨 선한 바이러스가 경기도의 다른 도시뿐만 아니라 한국사회 전체로 퍼질 날을 고대하는 마음이다. (《아시아엔》 2023-5-28)

● **[화성 병점②] "'아시아의 언니들 TV'로 각국 풍습을 한눈에"**

지하철 1호선 병점역에서 걸어서 5분 거리에 있는 (사)더큰이웃아시아 부설 아시아다문화소통센터와 또 바로 이웃에 있는 작은도서관 아삭 방문은 모두 소중한 체험이었다. 사실 한아찾 탐방팀이 화성을 찾은 것은 더큰이웃아시아가 진행해온 고려인동포 정착지원 사업에 관한 관심이었다. 그래서 향남읍 발안과 남양읍 고려인동포 집거지에 있는 남양글로벌아시아센터도 방문코스에 넣었다.

앞서 화성 병점①에서 살폈지만, 더큰이웃아시아의 아동·청소년 사업은 대단히 의미가 있는 사업이다. 그러나 필자는 더큰이웃아시아의 지역연대와 공동체 조직 사업도 중요하다고 생각했다. 사실 아시아는, 기독교 세계(Christendom)인 유럽이 유럽연합(EU)을 만든 것처럼, 하나의 아시아연합(AU)을 이루기가 쉽지 않다.

종교와 문화가 그만큼 다양하기 때문이다. 그런데 지금 한국에서 서로 다름을 존중하면서 함께 사는 아시아 공동체가 한국의 이주민 집 거지에서 나오고 있다. 5월 20일 세계인의 날을 전후로 여러 나라 출신 들이, 함께 모여 즐기는 한 차례의 축제가 아니라, 지속해서 서로를 배우 고 나누는 그런 아시아 공동체 모임이 있다. 바로 화성 병점이다.

더큰이웃아시아의 지역연대 사업 중의 하나인 〈아시아 언니들 TV〉 유튜브 영상콘텐츠 제작이다. 영상물은 다음 채널에 들어가면 다시 볼 수 있다. www.youtube.com/@BigFamilyASIA, www.youtube.com/@ asia-tv. 마침 한아찾 탐방팀이 도착한 5월 13일 오전 11시 방송녹화를 준비하고 있었다. 〈아시아 언니들 TV〉는 코로나로 인해 학교 등 외부

방송녹화를 준비 중인
〈아시아 언니들 TV〉
출연진

교육 활동이 전면 중단됨에 따라 온라인을 통한 교육과 문화다양성을 확산하기 위해 만들어서 보급한 온라인 다문화영상 콘텐츠다. 첫 방송은 2020년 5월 8일에 업로드했다.

화성에 정착한 결혼이주여성으로 이주민들의 멘토가 될만한 자질과 능력을 갖춘 이주민 활동가들이 아시아 공동체의 구성원으로 생생한 삶의 이야기와 전문적인 활동을 영상에 담고 있다. 〈아시아 언니들 TV〉 채널에 들어가 보니 다양한 주제가 나와 있다. 그중에서도 28편이 제작된 〔세계문화소풍〕을 재생해보니 재미와 지식을 모두 갖춘 세계시민교육 프로그램으로 손색이 없다.

"아시아 각 나라에서 온 멋진 언니들과 함께 세계문화 소풍을 떠나요~ 우리 아시아 이주민강사단의 유튜브 도전에 큰 응원의 박수와 함께 "좋아요", "구독" 꾹꾹~ 눌러주세요~~ ^o^" "'아시아 언니들 TV'의 콘텐츠들은 학교나 비영리단체에서 공익적 목적으로 수행하는 교육에서 활용하는 것을 허용합니다."

한국 속의 아시아촌, 전국의 이주민 집거지마다 다양한 아시아 커뮤니티가 형성되고 있다. 특별히 인구감소지역인 지방의 경제 활력과 생활인구 증대를 위한 지역특화형 비자 사업이 본격적으로 시행된다면, 외국인 우수인재 가족과 동포가족의 정착이 늘어날 것이다. 이주민 집거지는 이미 도시의 우범 지역인 게토(ghetto)가 아니라 에스닉 경제의 활성화로 도시재생에 이바지하고 있다. 지역의 아시아 공동체가 발달할수록 한국이 아시아의 중심이 될 것이다.

공동체 조직 사업의 하나인 세계마을체험관도 특별했다. 아시아 각국의 전통의상도 의상이지만, 한쪽 벽면 책장의 아시아 각국의 다양한

화성시 더큰이웃아시아에 있는 아시아 각국의 전통의상. 모국에 대한 향수를 달래며 한국사회 적응도를 높여가는 것도 재한 디아스포라들의 중요한 과제이자 목표이다.

놀이문화 도구는 단순한 전시자료가 아니었다. 한국과 아시아 출신의 아동과 청소년들이 다양한 나라의 놀이문화를 직접 체험하곤 한다. 자연스럽게 살아있는 세계시민교육이 이루어지는 공간이었다. (《아시아엔》 2023-5-30)

● **[화성 향남①] 3.1운동 터전 '향남'에서 만세 기념행사 개최를**

경기 남부에서 가장 규모가 큰 도농복합도시 화성시는 크게 동부(병점, 동탄 등)와 서부로 나눌 수 있다. 서부는 다시 북쪽의 남양읍과 남쪽의 향남읍을 중심으로 나눌 수 있는데, 고려인동포는 향남읍과 남양읍에 많이 살고 있다. 주변 공단이 많기 때문이다.

그런데 아직 고려인동포 자조 단체가 형성되지 못했고 상가 수도 적다. 또한, 다른 외국인 집거지에 비해 화성시에는 전체적으로도 중국동포도 적은 편이다. 그래서 화성 향남의 구도심인 발안만세시장 주변

I. 수도권의 고려인마을(서울, 경기, 인천)

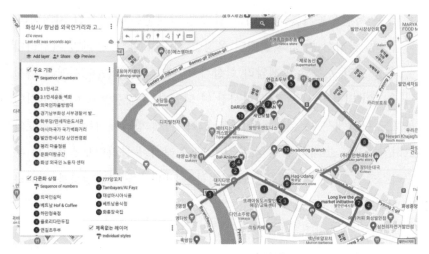

3.1만세교와 향남읍 외국인거리 탐방용 문화지도 (제작 주동완)

은 실로 '아시아촌'이다. 아시아 여러 나라 출신들이 많이 산다.

2019년 10월 탐방팀(김용필, 주동완, 정막래)과 함께 방문했던 향남 발안 만세시장 거리. 3년이 조금 지났을 뿐인데 많은 변화가 느껴진다. 새로운 건물이 들어섰고, 파출소 옆의 만세운동 벽화(파란색 ②)도 없어졌다. 아시아국가 국기벽화거리(파란색 ⑥)와 화성외국인노동자센터(파란색 ⑩)도 사라졌는데, 쓰레기 더미였던 길모퉁이가 평리마을정원으로 바뀌었다.

향남의 3.1만세교는 여전히 1919년 3월 31일 발안장터 만세운동을 기억하고 있는 듯하다. 일제강점기 화성

만세교에서 본 3.1만세운동이 일어난 발안시장 거리

은 많은 독립운동가를 배출하고 활발한 만세운동이 전개된 지역이다. 독립운동 역사상 가장 치열했던 우정면 화수리 항쟁, 송산면 사강리의 3.1운동 그리고 향남읍 제암리 학살까지… 지금 발안(만세)시장은 아시아 출신이 더불어 사는 '아시아시장'이 되었다. 중국동포에 이어 고려인 동포도 향남에서 새 삶터를 이루고 있다. 이제 향남에서는 중국동포와 고려인동포도 초대하는 중국 용정 3.13과 러시아 블라디보스토크와 우수리스크 3.17 반일시위운동도 기억하는 만세운동 기념행사를 개최하면 어떨까?.

━ 향남에서 만난 고려인동포

2023년 5월 한아찾 화성 향남 탐방, 고려인식당 플로리다에서 점심을 먹었다. 6년 전에 만난 고려인 여성 박플로리다와 한국인 이종형 씨. 고려인동포가 많이 사는데 식당이 없었다. 부부는 지역주민과 고려인동포 모두가 이용할 수 있도록 한국 만두와 고려인이 즐겨 먹는 삼사(고기만두) 등을 함께 팔고 있다. 향남의 고려인동포와 지역주민의 사랑을 받았으면 좋겠다.

문화더함공간 '서로' 조정아 서로장께 플로리다에서 점심을 약속

고려인 출신 박플로리다 씨와 한국인 이종형 씨(사진 오른쪽)가 운영하는 플로리다식당(왼쪽). 이곳 만두는 전국으로 배달판매도 된다.

　　　I. 수도권의 고려인마을(서울, 경기, 인천)

하면서 고려인동포도 초대해달라고 요청했다. 경주 최씨로 러시아 국적의 최비탈리 씨가 동석했다. 도시락을 꺼내 특별한 식사(각종 야채)를 준비했다. 식이요법 중이었다. 비탈리는 아내와 발안에서 미용실을 운영하고 있

미디어사람 채예진 이사장(오른쪽)과 대화 중인 최비탈리(왼쪽)

다. 아내는 가끔 통역 일도 하는데, 비탈리는 태권도 선수였다. 몇 년 전에 암 진단을 받고 모든 생각이 바뀌었다. 여러 차례 수술과 항암 치료를 받고 다시 살아났다. 그의 인생이 완전히 바뀌었다. 고려인공동체를 이루어 힘들게 정착하는 고려인동포를 돕기 위해 노력하고 있다. 비탈리 씨가 더 건강해져서 향남의 고려인동포 리더로 지역사회에 뿌리를 내릴 수 있기를 바라는 마음이다. (《아시아엔》 2023-5-30)

● **[화성 향남②] 다시 가고 싶다 … 발안 문화더함공간 '서로'**

　서부 화성의 한 중심인 향남읍에는 화성시외국인복지센터가 있다. 그런데 외국인주민이 많이 사는 향남읍의 구도심은 새로 들어온 이주민 공동체가 형성된 발안만세시장과는 거리가 멀다. 그래서 이미 아시아촌으로 변한 시장(市場) 동네의 문화더함공간 '서로'가 궁금했다. 화성시 향남읍 3.1만세로 1113번지 지하 1층. 문을 열고 들어서니 100명 이상이 모일 수 있는 큰 공간이 나온다. 공유주방과 회의실 등까지 합치면 총

향남 문화더함공간 '서로'에서. 왼쪽부터 남제니아, 조정아, 이상기, 김홍록, 양지윤, 채예진, 묵시나, 이현지, 로리타, 윤정숙, 최비탈리, 김양우.

276.3m² 규모다. 마을주민이 함께 만들고 운영하는 시민단체가 이렇게 큰 공간을? 무슨 일을 어떻게 하고 있을까?

━ 아시아촌으로 변한 발안 만세시장통

향남읍 평리 발안만세시장 주변을 걷다 보면, "아! 이곳은 '아시아 거리'구나"라는 느낌을 받는다. 중국은 말할 것도 없고 베트남, 우즈베키스탄, 미얀마 등 아시아 각국의 상점들을 볼 수 있다. 선주민과 이주민이 경제공동체를 이루고 있다. 그런데 전국의 많은 외국인 집거지에서 이주민이 사실상 분리 상태인데 이곳은 달랐다.

시장상인회와 지역주민들이 함께 만든 만세도서관(2015년 설립)이 특별했다. 만세운동의 만세 외에 '만 명의 스승을 만나는 세상'의 뜻도 담았다는 만세도서관. 특히, 토요일 10시부터 1시까지 한국 어린이와 이주민 어린이가 함께 수업하고 먹고 노는 만세이야기 프로그램이 인상적이었다. 지금도 계속하고 있단다. 만세도서관에서 시작해 2020년 다올공동체가 만들어지고 2021년 5월에 다문화·외국인주민을 위해 마련한 공간인 문화더함공간 '서로'까지 운영을 맡았다.

'서로'가 무슨 일을 했는지는 벽면을 가득 채운 포스터로 짐작할 수 있었다. 실로 외국인주민들의 소통공간이자 또한 함께 모여 커뮤니티 활동을 할 수 있는 문화를 더하는 공간임을 느낄 수 있었다. 다양한 나라의 외국인주민이 각기 공동체를 이루고 각종 소모임을 하고 있었다. 그런데 대체 왜, 공간을 분리하지 않고 확 트인 운동장(소통공간)을 만들었는지? 공동체 활동공간이냐? 지원센터냐? 논의가 많았다. 결국, 아시아촌으로 변화한 지역의 외국인주민 커뮤니티 활동이 활성화되어야 한다는 생각에서 칸막이로 분리할 수 있는 '서로'가 되었다.

베트남 전통 타악기 트룽 연쭈엔 동아리 포스터가 시선을 끌었다. 베트남 결혼이주민(남성, 여성)으로 평일은 일하고 주말에 모여서 연습한다고 했다. 이제 상당 수준에 이르러 베트남공동체 모임은 물론이고 외부 공연도 다닌다. 공연료를 받아 단체복도 구매했다. 지난 2023년 2월에는 문화더함공간 '서로'와 베트남공동체가 함께 준비한 2023 화성베트남공동체 뗏(설날) 함께 즐기기 행사도 성황리에 마쳤다고 한다. 주한베트남대사관 레반홍 1등 서기관, 화성시외국인복지센터 노경신센터장, 다올공동체센터 오현정 대표이사, 화성베트남공동체 응웬티푹 대표

베트남 전통 타악기
트룽 연쭈엔(인연)
동아리 (사진 '서로')

영상을 보면서 지도하는 우슈(쿵후) 동아리 리더 묵시나 (사진 '서로')

와 베트남 근로자, 다문화가족 100여 명이 참석해 행사를 함께 즐겼다. 서로의 문화를 공유하고 즐기면서 지역사회의 상호문화 능력의 증진과 문화 다양성에 이바지하는 '서로'임을 확인할 수 있었다.

만세도서관의 운영위원이던 조정아 '서로'장은 오래전 학교 앞에서 러시아 부모가 소통 부재로 어려움을 겪는 것을 보았다. 그때 만난 러시아에서 온 무비나(2학년), 무슬리마(1학년), 묵시나(5살) 세 자매와 함께 있었다. 이들 세 자매는 만세도서관에 계속 나오면서 한국어도 빠르게 늘고 성적도 좋아졌다.

특히 지금 초등학교 6학년인 막내 묵시나는 운동을 좋아해 '서로'에서 배우는 6명의 우슈를 배우는 아이들의 리더라고 소개한다. 선생님이 오지 않는 날에는 영상을 틀어놓고 동생들을 가르치기도 하는데, 아직 어린 나이이지만, 공동체와 동아리 대표 모임에도 빠지지 않는다고 한다. 묵시나의 우슈 동아리도 널리 알려지면 좋겠다.

▬ 다시 방문하고 싶은 향남의 문화더함공간 '서로'

문화더함공간 '서로'는 화성시 다문화 외국인 주민들의 참여와 성장, 소통과 교류를 북돋기 위한 다양한 사업을 통해 행복한 지역사회를 함께 만들어왔다. '서로'의 조정아 서로장. 참으로 대단해 보였다. "세상에 이렇게 아름다운 곳이 어디 또 있을까?" '서로'를 나오면서 "다시 이곳에 오고 싶다."라는 한

조정아 '서로' 장

아찾 탐방 팀원의 소리가 여기저기 들렸다. 아직 신안선이 개통되지 않아 불편하지만, 사당역에서 1시간 10분이면 도착할 수 있다고 알려준다. (《아시아엔》 2023-9-7)

● **[화성 남양①] 고려인 아동이 행복한 남양글로벌아시아센터**

현재 화성에는 총 5천여 명의 고려인이 살고 있다. 남부권인 향남 일대에 약 2천 명, 서부권인 남양 인근에 약 2,500여 명, 그 외 다른 지역 500여 명이다. 더큰이웃아시아의 고려인 지원사업은 2020년 서부권인 남양에 세운 고려인동포 가족을 위한 남양글로벌아시아센터 설립 때부터 본격화했다. 센터는 2020년 시작된 경기도의 고려인지원단체 지원사업에 4년 연속 선정되어 활발한 지원사업을 수행 중이다. 2021년과 2022년에는 향남 발안만세시장상인회의 협조를 받아 매주 일요일 발안만세시장 고객센터 강당에서 고려인을 위한 한국어교실을 운영해왔다. 2022년에는 남양읍 신백중학교 체육관에서 고려인동포 가족운동회도 개최했다.

2022 남양 고려인동포 가족운동회 참석자들 (사진 더큰이웃아시아)

    2023년 6월 8일 러시아 상트페테르부르크에서 20여 년간 살면서 한국청소년문화센터 '난'을 운영하다가 귀국한 윤희만 전 센터장과 함께 남양글로벌아시아센터를 찾았다. 필자도 처음 방문인데, 남양의 구도심과 신도심의 경계로 남양전통시장에도 속해 있어 구도심 쪽에 사는 고려인동포들이 이용하기에 편리한 교통 요지에 자리 잡았다. 전체 6층 건물의 6층에 마당으로 활용할 수 있는 공간 옥상도 있다. 센터에 들어서자 고려인동포 한국어교실 현수막이 눈에 들어왔다. 한때 50명까지 고려인 아동이 센터를 이용했는데, 현재는 40명 정도가 센터 프로그램에 참여 중이다. 고려인 초등학생과 중·고등학생이 학교수업을 마치고 온다.

    남양센터는 한국어교실이 중심이나 수학 수업도 운영한다. 한국에서 학교에 다니고 상급학교로 진학하기 위해서는 고려인 학생들도 국영수 과목이 중요해서다. 수학은 현재 오전에는 남양초등학교 이중언어 (러시아어) 강사로 근무하고 오후에 남양센터의 직원으로 근무하는 텐리

남양글로벌센터 고려인동포 한국어교실에서 한국어를 배우고 있는 어린이들.
가운데 서 있는 이는 서경아 한국어교사.

디아가 가르치고 있다.

텐리디야는 2021년부터 남양센터에서 일하고 있는데, 현재 남양초등학교에는 110명의 다문화 학생 중에 68명 정도가 고려인 학생이다. 러시아어 강사는 2명이 있다. 텐리디아는 우즈베키스탄 출신으로 모스크바 공과대학을 졸업하고 2014년 한국에 왔다. 처음부터 남양에서 살았는데, 현재 세종사이버대학교 한국어학과에 편입학해서 공부하고 있다.

텐리디아 교사

남양글로벌아시아센터는 설립 때부터 화성시의 작은도서관 사업에 참여하고 있다. 그래서 방과후 교과로 논술 및 글쓰기 교사가 주관하는 도서관 독서문화 프로그램 사업을 운영하고 있다. 고려인 학생들을 위한 주말 역사탐방도 열고 있다. 센터

수시로 거리청소 등 봉사활동을 펼치는 남양글로벌봉사단 (사진 더큰이웃아시아)

는 또 2022년부터 주말 토요 프로그램으로 고려인 어린이합창단의 합
창교실도 운영하고 있다. 합창반 또한 토요일에도 일하는 고려인 부모
를 대신해서 고려인 아이들의 경험치를 넓혀주고 있다.

2023년 6월 25일 남양글로벌아시아센터는 고려인동포가 주축이
된 남양글로벌봉사단(Namyang Global Volunteers)을 창립했다. 고려인동포
외에 다른 외국인도 참여하고 있는데, 자발적인 자원봉사 활동을 통해
이주민에 대한 지역주민들의 이해를 높이려 하고 있다. 이주민과 선주민
이 함께 조화롭고 평화롭게 살아가는 사회환경과 분위기를 통해 더불어
살아가는 건강한 시민사회를 만들기 위해서다. 이날 창립총회에서 우즈
베키스탄 국적의 고려인동포인 에감베르디예브 아크말을 회장으로, 또
부회장과 총무 등 모두 7명의 초대 임원을 선출했다. 남양글로벌봉사단
은 당분간 매월 마지막 주 일요일 오후 3시부터 2시간 동안 남양전통시
장을 중심으로 거리청소 봉사활동을 갖기로 했다. (〈아시아엔〉 2023-7-23)

I. 수도권의 고려인마을(서울, 경기, 인천)

● [화성 남양②] 타지키스탄 고려인 모녀가 섬기는 고려인공동체

타지키스탄에서 온 고려인 고가이 스베틀라나·스텔라 모녀가 운영하는 고려인교회와 학교(학원), 어린이집 또한 남양과 향남에서 고려인공동체를 섬기고 있다. 어머니 고가이스베틀라나는 타지키스탄에서 한국(화성)의 고려인 아동을 위해 파견된 선교사와 다름없다. 한국어가 유창한 딸 스텔라는 SK하이닉스에서 일하면서 어머니를 돕고 있다. 아니 동역자인 셈이다.

타지키스탄 후잔트에서 온 고려인 스베틀라나와 스텔라 모녀

세계의 지붕 파미르 고원의 나라 타지키스탄은 1991년 소련 해체와 함께 독립국가가 되었다. 한때 1만여 명의 고려인동포가 살았으나, 지금은 약 150명이 살고 있을 뿐이다. 후잔트는 수도인 두샨베보다 우즈베키스탄의 수도 타슈켄트가 더 가깝다.

1994년 한국에 남편과 두 아이를 두고 홀로 후잔트에 갔던 이종분

타지키스탄 후잔트 주변 구글지도

선교사. 고가이스베틀라나·스텔라 모녀도 이종분 선교사를 만나 기독교인이 되었다. 이종분 선교사가 타지키스탄과 고려인에게 어떤 영향을 끼쳤는지 그의 사랑을 받은 고려인들은 잘 알고 있다. 이종분 선교사는 태권도 사역을 시작으로 1994년 11월 2년 과정의 복음신학교를 열었다. 또 1997년 9월에는 타지키스탄 최초의 사립 국제학교인 선민학교를 열었다. 그 후 25년이 흐른 2019년, 스베틀라나·스텔라 모녀는 타지키스탄 선민교회와 선민학교를 화성에서 시작했다. 고려인동포가 많이 사는데, 고려인지원센터가 없었기 때문에 화성(남양)을 선택했다고 한다.

고가이스베틀라나는 1994년 11월 이종분 선교사가 세운 신학교 2년 과정을 마치고 목사 안수를 받았다. 이어서 그녀는 1997년 선민학교가 문을 열자 이종분 선교사를 도와 학교 운영을 맡았고 교장까지 되었다. 스베틀라나·스텔라 모녀는 이종분 선교사와 상의했다. 스베틀라나는 한국에서 생활하는 고려인 아이들을 돌봐야겠다고 생각했다. 이종분 선교사와 한국 후원교회의 지원과 기도로 2019년 11월 4일 화성 남양에서 선민순복음교회 창립 예배가 열렸다. 스베틀라나는 타지키스탄 선민

타지키스탄 선민교회 한국(화성) 파송선교사인 고가이스베틀라나 교장
(사진 남양 선민러시아학교)

교회가 파송한 선교사가 되었다.

2006년 5월 후잔트 선민학교를 졸업한 스텔라는 이종분 선교사의 소개로 2007년 2월 포항 한동대학에 입학했다. 그녀는 2011년 대학 졸업 후, 삼성엔지니어링(2011~2016)을 거쳐 SK하이닉스(2016~현재)에 근무 중이다. 스텔라는 2019년 10월 어머니 스베틀라나가 한국에 오자 그해 11월 어머니가 있는 화성 남양으로 왔다.

고려인 부모들은 밤늦게까지 일해야 하고 고려인 아이들은 한국학교를 따라가는 것이 힘들었다. 한국어린이집은 아침 9시에 시작하지만, 고려인 부모들은 7시부터 아이를 맡겨야 했고, 매월 30만~40만 원의 보육료도 문제였다. 어머니 스베틀라나가 러시아 학제로 가르치는 선민러시아학교에 이어 민들레어린이집을 시작하자 스텔라가 어머니를 도와야 했다. 마침 코로나로 온라인 근무가 가능해져 어머니 돕는 데 별 어려움이 없었다.

스베틀라나·스텔라 모녀는 화성에서 러시아학교를 열기 전에 안산 노아네러시아학원을 찾았다. 임현숙 원장에게 협조를 요청했다. 100% 러시아학제로 운영하는데 어려움이 적지 않아 우선, 1학년 학생부터 시작하기로 하고 2019년 9월 선민러시아학교를 시작했다.

한국에서는 '선민러시아학원'으로 등록했다. 두 달 지난 2019년 11월 민들레어린이집을 시작했다. 교회와 학교, 어린이집까지. 이제 기독교 신앙을 가진 남양의 고려인공동체가 한 곳에서 신앙생활과 아이들을 양육할 수 있게 되었다. 오는 2023년 9월에는 향남 선민러시아학교와 향남 민들레어린이집이 문을 연다. 향남의 고려인공동체가 힘을 합친 것이다.

화성시는 2023년 5월부터 만 0~5세 아동으로 90일 이상 화성시에 외국인등록이 되어있는 화성 지역 어린이집 또는 유치원생들에게 지원금을 주고 있다. 외국인 주민에게 차별 없는 보육서비스가 사회통합과 사회 안전망 확보에도 도움이 될 것이라는 정명근 화성시장의 발표는 가족을 동반한 화성의 고려인 가족들에게 큰 힘이 되고 있다.

남양 선민러시아학교 학생들의 부채춤

그런데 스베틀라나·스텔라 모녀가 운영하는 러시아 어린이집(민들레)은 지원대상이 아니다. 고려인이 운영하는 어린이집이기 때문이다. 고려인이 운영하는 어린이집의 어린이는 한국에서 자라는 어린이가 아닌가? 한국에서 일하는 고려인이 외국인노동자가 아니라 귀환 동포로, 조상의 나라에 정착하는 고려인이 외국인이 아닌 한국 국적의 한국인이 될 수 있는 날이 언제일까? (〈아시아엔〉 2023-7-25)

● **[평택 포곡①] 포승읍 자율방범대, 마을봉사단 활동으로 치안 많이 개선돼**

2023년 5월 13일 2년 만에 포승 고려인마을을 다시 찾았다. 평택시 포승읍 도곡리 박준우 이장을 만났는데, 동행한 대한고려인협회 채예진 부회장과 포승 고려인사회의 든든한 후원자인 박준우 이장은 이미 서로 아는 사이였다. 박준우 이장은 우리를 2022년 7월 발족한 푸른 (외국인) 자율방범대 사무실로 안내했다. 한국인과 고려인을 포함해 40명

평택시 도곡리 '푸른 방범소방대'(왼쪽 건물)와 오른쪽 작게 보이는 건물은
설비 중인 고려인봉사단/청소년 모임방

이 참여 중이며, 금요일과 토요일 중점적으로 지역을 순찰하고 있다고
들려준다.

국가산단에서 일하는 젊은 외국인노동자의 거리인 도곡리를 걷다
보면, 많은 유흥업소를 볼 수 있다. 그만큼 치안이 불안정했는데, 자율방
범대가 활동하면서 실제 경찰서로부터 지역 치안이 좋아졌다는 이야기
를 듣고 있다. 방범대가 순찰하면서 좋아진 것이 또 있다. 고려인 가정의
가정폭력 현상이 크게 줄어들었다. 고려인 여성이 신고하는데, 방범대
가 고려인 남성에게 설명한 것이 효과를 보고 있다.

"한국에서는 가정폭력이 중요한 범죄다. 외국인의 경우 바로
추방당할 수 있다."

포승 고려인마을봉사단도 2022년 8월 발족했다. 매월 1회 마을봉
사단이 거리청소를 하고 있는데, 봉사단의 주 구성원이 고려인 청소년
이다. 그래서 방범대 옆에 새롭게 컨테이너를 마련했는데, 봉사단 사무
실 겸 고려인 청소년을 위한 공부/모임방으로 꾸미고 있다. 1800만 원

놀이터에서 크게 부상한 8살 데니스(가운데 누운 어린이)를 구급대원들이
응급처치 하고 있다.

들여서 바닥에 앉아서도 활동할 수 있도록 온돌장치까지 설비했다.

고려인마을 거리로 들어섰다. 고려인동포의 마을 휴식처인 어린이
공원에 도착했는데, 사람들이 모여 있다. 놀이터에서 놀다가 손목이 돌
아갈 정도로 중상을 입은 데니스(8세)가 누워 있다. 구급차가 와서 응급
조치한 후에 응급병원이 있는 안중읍 병원으로 떠났다. 데니스 아버지
가 옆에서 지켰지만, 데니스 아버지도 한국어 소통이 어려워 채예진 부
회장이 통역해 주었다. 나중에 박준우 이장과 통화했다. 데니스의 병원
비가 600만 원이 나왔다는 것이다. 데니스 가족이 보험에 들지 않았기
때문이다.

━ 도곡리에 평택가족센터 분원(돌봄센터) 설치를

근래 경기 남부 평택과 안성에 정착하려는 고려인 가족이 빠르게
늘어났다. 포승읍 도곡리와 대덕면 내리다. 포승 고려인사회는 최근 지
역의 한국인과 고려인이 함께 참여하는 포승 고려인마을 사회적 협동조
합을 만들었다. 현재 등록 절차를 밟고 있다. 그런데 전국의 고려인마을
을 다녀보니 포승 고려인사회의 여건이 아주 불리하다.

안성 내리는 교통은 불편한 편이지만, 중앙대 안성캠퍼스 대학생들이 거주했던 대학인마을이 '대학인·고려인마을'로 변했다. 마을 행사에 중앙대 학생들이 자원봉사로 참여한다. 그런데 포승에는 대학은커녕 고등학

2023년 5월 현재 2482명이 가입한 고려인의 소통공간인 '포승 페이스북'

교도 없다. 평택항은 지척이지만, 평택시청이나 평택대학까지는 버스로 한 시간이 더 걸린다. 안산과 인천 고려인마을의 경우, 대학이 가까운 곳에 있어 대학생들이 고려인 청소년을 멘토로 도와주고 있다. 근래에는 한국에서 3~4년을 생활한 고려인 고등학생들이 동생들도 지도해주면서 부모님들을 위한 통역사가 되었다. 포승의 고려인마을은? (《아시아엔》 2023-5-17)

● **[평택 포곡②] 포승읍 도곡리, 중국·러시아/CIS를 잇는 '동포마을'로**

2023년 지난 5월 13일 오후 어린이공원에서 놀다 부상한 데니스(8) 어린이가 구급차에 실려 병원으로 간 후, 다시 마을투어에 나섰다. 박준우 이장이 먼저 안내한 곳은 2022년 3월 문을 연 벨리시모 디저트 카페였다. 자랑하고 싶은 곳이라고 했다. 우즈베키스탄 출신인 카페의 여주인 주타티아나는 포승 고려인마을 협동조합 감사로 일하는데, 모녀

왼쪽부터 박준우 이장,
벨리시모 디저트 카페
주타티아나 대표,
박넬랴(친정어머니),
김알리사(딸), 채예진
대한고려인협회 부회장, 필자.

3대가 통역봉사를 한다고 자랑한다. 마침 함께 사는 시어머니와 이웃 친정 동생 집에 사는 친정어머니 모두 가게를 돕고 있었고 중학교 2학년 딸 알리샤도 가게로 들어왔다. 함께 사진을 찍었는데, 시어머니는 부끄럽다고 끝내 사양했다.

타티아나 가족이 한국에 온 것은 2011년. 남편이 먼저 왔고 몇 달 후에 그녀도 왔다. 부부는 5년 전에 포승으로 들어왔다. 고려말(한국어)을 잊지 않고 사용하던 부모님 덕분에 타티아나는 한국어도 잘한다. 큰 딸 알리샤도 중학생이 되면서부터 동네 어린이 통역사다. 3대가 통역 봉사자이니 박준우 이장이 자랑할 만했다. 채예진 대한고려인협회 부회장은 미디어사람 채널 '고려사람 이야기' 유튜브에 소개하려고 타티아나와 인터뷰도 했다. 주문한 홍차와 커피에다 직접 만든 쿠키도 가져왔다. 솜씨가 보통이 아니다. 다음에 포승에 올 때는 벨리시모에서 맛있는 고려인 국수도 먹기로 했다.

마을을 돌다 보니 라두가(마트)와 차이코프스키(빵집) 등 러시아어 간판이 연이어 나타난다. 중국동포가 운영하는 동포휴게실도 보이고, 고려인이 운영하는 올리바(꽃집)와 중국동포가 운영하는 양꼬치 집이 길

I. 수도권의 고려인마을(서울, 경기, 인천)

벨리시모 카페

을 사이에 두고 마주 보고 있다. 포승읍 도곡리는 중국동포타운과 고려
인마을이 공존하고 있는 곳이다. 박준우 이장은 "중국동포 상점이 점차
줄어들고 대신에 고려인동포 상점이 늘어나고 있다"라고 했다.

평택시 포승읍 도곡리는 안산시 단원구 원곡동과 닮은 데가 있다.
한국의 대표 다문화도시 안산의 원곡동은 '다문화특구마을'이자 중국동
포타운이다. 그런데 근래 원곡동의 중국동포가 이웃 빌라촌이나 아파트
로 이사하고 그 자리에 고려인동포가 들어오고 있다.

포승의 중국동포도 자녀교육 등 더 좋은 삶의 여건을 찾아 안중읍
등 다른 곳으로 이주하고 있다. 평택시와 시민단체가 더 노력하여 포승
도곡리 이주민 집거지에 관심을 더 기울여야 할 이유이기도 하다. 나아
가 중국동포와 고려인동포가 같은 귀환 동포로 서로 협력하면서 포승의
동포사회를 발전시킬 수 있게 해야 하지 않을까?

1860년대 중반 조선의 함경도가 살기 어려워 두만강을 건넌 한인
들. 그래서 중국동포의 연변말과 고려인동포의 고려말은 어휘와 억양이
거의 비슷하다. 함경도 육진 방언이 뿌리이기 때문이다. 왼쪽 중국으로
간 사람은 조선족이 되고 바로 위 러시아로 간 사람은 고려인이 되었다.

연해주에서 활동한
독립운동가 (KBS1TV)

중국 용정의 명동촌과 러시아 연해주 블라디보스토크의 신한촌은 독립
운동가들이 빈번히 왕래하던 곳이다. 1905년 을사늑약 이후 용정으로
들어가 1906년 근대학교인 서전서숙을 세운 이상설은 다시 연해주로
들어가 구국·항일운동을 전개했다. 1909년 하얼빈역에서 이토 히로부
미(이등박문 伊藤博文) 저격에 성공한 안중근은 연해주의 고려인 지도자
최재형의 도움으로 거사를 치를 수 있었다.

　1919년 3.1운동이 일어나자 중국 용정에서는 3월 13일, 러시아 연
해주 우수리스크와 블라디보스토크에서는 3월 17일 반일 만세시위가
일어났다. 1920년 연변 봉오동 전투의 영웅 홍범도 장군은 러시아에 살
다가 1937년 중앙아시아로 강제이주를 당했다. 2021년 8월 15일 홍범
도 장군의 유해가 카자흐스탄 크즐오르다에서 고국으로 돌아와 지금 대
전 국립현충원에 안장되어 있다.

　포승에서 중국동포와 고려인동포는 수년 동안 어우러져 살았다. 이
제 제2의 고향인 포승에서 함께 삼일절 행사도 기념하고 비슷하면서도
달라진 음식문화도 나눌 수 있을 것이다. 이미 안산 원곡동은 '양꼬치 축
제'도 함께 하고 있다. 귀환동포총연합회(중국)와 대한고려인협회도 평
택항을 품은 포승읍 도곡리가 중국과 러시아/CIS를 잇는 '동포마을'로
새롭게 발전할 수 있도록 협력할 수 있으면 좋겠다. 평택시에만 맡기지
말고. (《아시아엔》 2023-5-18)

고려인과 중국동포 상점이 공존하는 포승읍 도곡리 거리

● [김포 대곶] 대곶에도 고려인지원센터가 절실하다

　　김포시는 전국에서 인구가 가장 빠르게 늘고 있는 도시다. 2020
년엔 전국 인구증가율 1위 지자체가 되었다. 2020년 12월 말 기준 48
만 6,508명의 주민등록 인구에 2만3천 명의 등록 외국인과 외국국적
동포를 포함해 50만 9,508명에 이른다. 이어 2021년과 2022년 연속
으로 인구 50만 명 이상을 유지하면서 '대도시 조건'을 충족했다. 2023
년 8월 김포시 인구는 50
만 7,605명인데, 외국인
주민이 2만 1,576명으로
4.3%를 차지한다. 김포
시에서 외국인주민이 가
장 많은 대곶면의 경우,
전체 인구 9,654명에 외
국인주민이 5,554명으로

김포시외국인주민지원센터

절반을 넘는다.

　김포시 양촌읍에 있는 김포시외국인주민지원센터(센터장 최영일)는 김포 관내 거주 약 2만 2천여 명 (2021년 9월 기준 등록 및 거소신고자) 이주민의 인권보호와 복지증진을 위한 서비스를 제공하는 기관이다. 2022년 10월 전국다문화도시협의회에서 제6대 전국다문화도시협의회 회장으로 선출된 김병수 김포시장은, 2023년 2월 협의회가 주관한 다문화 이주민 정책 포럼에서 '다문화'에서 '상호문화' 도시로의 비전을 제시했다. 이미 이주민과 김포 시민사회가 함께 교류하며 서로에 대한 이해와 배움을 확장해 갈 수 있는 상호문화적인 만남의 공간을 제공하고 있는 김포시외국인주민지원센터에 대한 믿음에서 나온 주장인 듯했다.

　필자는 8월 26일(토), 4년 만에 다시 김포시 대곶면 고려인마을을 찾았다. 그동안 대곶면 고려인마을이 어떻게 변했을까? 2019년 고려인 아이들이 급속히 늘어나 한국어교실을 운영하기 시작한 대곶초등학교가 궁금했다. 그동안 대곶초등학교는 다문화국제혁신학교 및 다문화특별학급 운영학교가 되었고, 2022년 11월에는 대곶마루축제에서 특별학급 학생들이 러시아어와 한국어로 함께 부르는 합창 공연을 발표했다. 화합과 공감의 장이 자연스레 마련된 것이다.

김포 대곶초등학교

　　　I. 수도권의 고려인마을(서울, 경기, 인천)

대곶초등학교 후문으로 가니 대곶이웃살이(대곶이주민센터)와 예담 식당도 그대로다. 2019년 6월 김포시외국인주민지원센터 지원으로 대 곶초등학교에 다니는 고려인 학생을 위한 방과후 교실로 운영되던 대곶 이주민센터가 코로나 이후 중단되었다가 현재 주중 센터를 준비하고 있 다. 물론, 김포시외국인주민지원센터는 대곶초등학교 교사를 통해 고려 인학생들에게 급식을 제공하고 있다. 또, 주말(토요일 밤 7시, 일요일 낮 12 시)에 고려인교회(Церковь Источник)로 고려인동포들이 모이고 있다. 대곶이주민센터는 고려인 학생의 공부방이자 고려인주민들이 모이는 '우갈록'(사랑방)인 셈이다. 또한, 대곶이주민센터는 송마리교회의 선교 사역 현장이다.

송마리교회는 1897년 언더우 드 선교사가 설립한 역사적인 교회 로 1985년 서울서남노회가 서울 서남노회의 어머니교회로 결의했 다. 또, 2007년에는 한국교회대부 흥 100주년기념사업위원회가 100 주년 기념교회로 지정했다. 현재는 주변이 공장지대로 변하고 교인 수

송마리교회 최윤석 담임목사

도 줄어들었다. 언더우드 선교사가 다시 송마리교회로 오신다면? 최윤 석 담임목사는 교회 주변의 외국인들에게 우리말을 가르쳐 주어야겠다 고 생각했다. 대곶초등학교 후문 근처에 대곶이주민센터(대곶이웃살이) 를 연 것도 고려인들의 한국살이를 돕기 위해서다. 현재 송마리교회는 대곶이주민센터뿐만 아니라 송마리교회 본당도 고려인동포들에게 개방 한 상태다.

김포시 대곶면 고려인마을은 4년 전보다 고려인 식당과 빵집 등 상

대곶면 고려인 상점
타슈켄트

점도 많이 늘어났다. 그런데도 아직 이렇다 할 고려인커뮤니티가 형성
되지 못한 상태다. 50만 김포 대도시는 2만 명이 넘는 이주민을 포용하
는 다문화를 넘어 상호문화 도시로 발전하겠다는 비전을 갖고 있다. 그
런데 가족동반으로 김포, 특히 대곶면에 사는 '귀환' 고려인동포에 대한
지원이 부족한 것으로 보인다.

  2015년 기초지자체로서는 안산시보다 먼저 제정된 김포시 고려인
주민 지원 조례는 통진읍 등에 거주하는 사할린 한인동포만 지원하고
있다. 고려인동포도 김포시 지원을 받기 위해서는 대곶고려인지원센터
(가칭) 등이 만들어져야 하지 않을까? 대곶이주민센터에 모이는 고려인
교회와 대곶초등학교의 고려인 학생 가족이 중심이 될 수도 있다. '귀환'
고려인동포가 김포 시민으로 살아가겠다는 의지를 보일 때 김포시도 더
관심을 가질 것이다. 광주시 곤지암읍 고려인마을은 카자흐스탄에서 20
년 선교사역을 마치고 은퇴한 김홍배 선교사가 아우름다문화센터(교회)
를 세우고 고려인동포의 한국살이를 돕고 있다. (《아시아엔》 2023-9-22)

● [광주 곤지암] 은퇴 김홍배 선교사의 눈물과 기도의 '선물'

전국 고려인마을을 둘러보면서 지역 유휴시설이 고려인동포의 한국살이를 지원하는 단체나 기관으로 사용되는 사례를 확인했다. 안성시 대덕면 내리 마을회관·경로당 2층이 광덕초등학교 학생들의 방과후 돌봄서비스 기관인 안성시 다함께돌봄센터 1호점, 또 김해시 진영읍 경남단감원예농협 2층이 중도입국 고려인청소년지원센터인 김해글로벌청소년센터 등이다.

경기도 광주시 곤지암읍 곤지암1리 마을회관·노인정 2층 또한 아우름다문화센터·교회로 곤지암 고려인공동체의 중심이 되고 있다. 선주민과 외국인주민이 어우러질 수 있는 공간으로 피차 유익이 아닐까? 특히, 도·농어촌 복합 지역의 유휴시설이 우리가 함께 사는 외국인주민의 정착을 돕는 시군(위탁기관)이나 민간단체 활동공간으로 사용될 수 있으면 좋겠다.

곤지암1리 마을회관·노인정 2층을 사용하는 아우름다문화센터·교회 앞에서. 왼쪽부터 김홍배, 김지영, 이근영, 반충무, 필자.

충북 진천군 진천읍의 충북외국인노동자지원센터도 진천전통시
장상인회사무실의 일부를 이용하고 있는데 공간 확대가 필요해 보였다.
《《아시아엔》 2023-8-5 「[진천 고려인마을②] 나그네 대접 잘했더니 100개월 연속 인구증가」)

━━ 은퇴 선교사의 아름다운 제2의 선교사역

어떻게 곤지암 소머리국밥거리가 곤지암 고려인의 생활공간이 되
었나? 2013년 20년간 카자흐스탄 선교(교회＋신학교)사역을 마치고 65
세에 귀국한 김홍배 선교사.
파송교회에서 마련해준 곤
지암 선교관에 살게 된 김홍
배 선교사 내외는 "100세 시
대인데 은퇴 후 무엇을 할
까?" 하고 은퇴 2년 전부터
고민하는 중에 한국사회도
외국인 이주민이 늘어나 다
문화가 주요문제가 될 것으
로 생각했다.

카자흐스탄 선교사역을 마치고 곤지암에서 귀환
고려인동포를 섬기는 김홍배 선교사 내외.

당시 다문화 선교사역에 집중하는 한국교회가 잘 눈에 띄지 않았
다. 버스터미널(정류장)에서 러시아어를 사용하거나 외국인처럼 보이는
사람들에게 한국어와 러시아어로 적은 아우름다문화센터 안내지를 나
누어 주었다. 한국인과 결혼한 우즈베키스탄 여성이 운영하는 우즈벡식
당도 찾아가 러시아어로 인사도 나누었다. 러시아어로 통하니 쉽게 마
음을 터놓고 이야기하면서 도움도 주고받을 수 있었다. 중앙아시아에서
온 가족동반 고려인 및 이주민들과 관계를 맺기 시작했다.

주일예배 후의 점심식사. 플롭(볶음밥)과 마르코프차(당근채) 등이 제공된다.

마침 곤지암1리 마을회관·노인정 2층을 저렴하게 임대해 2014년 1월 30일 아우름다문화센터에서 고려인동포들과 첫 만남을, 2014년 4월 20일에는 첫 예배를 드렸다. 지금은 100여 명의 고려인 등 중앙아시아 사람들이 매주 모여 예배를 드린다. 예배 후에 전 교인이 중앙아시아 볶음밥인 플롭과 당근채인 마르코프차 등으로 점심 식사도 함께 나눈다. 학교에 다니는 청소년도 20여 명 된다. 고려인을 사랑하는 한국인들이 자원봉사로 일요일 예배 전후에 한국어교실(초급반, 중급반)도 열고 있다.

━━ 곤지암 고려인들, 이제 스스로 돕는 공동체 만들어

처음에 김홍배 선교사는 고려인동포 가족을 위해 공항 마중부터 주택과 일자리 소개, 학교 편입학과 은행구좌 개설 등까지 궂은일을 마다하지 않고 고려인의 한국살이를 도왔다. 아무래도 카자흐스탄 20년 선교사역 덕분일까? 카자흐스탄 고려인이 많은데, 곤지암 고려인공동체도 벌써 10년째다. 코로나19 이후 줄었다가 다시 서서히 늘고 있다. 이

곤지암 고려인들이
애용하는 소머리국밥
거리 러시아 마트

제 한국어도 잘하는, 먼저 자리 잡은 고려인동포가 새로 들어오는 동포를 위해 온갖 서비스를 도맡아 하고 있다. (〈아시아엔〉 2023-9-29)

3
인천(연수구)의 고려인마을

● **[연수동 함박마을①] '귀환' 고려인 동포 집단 거주**

─ **자동차 모양 인천 연수동 함박마을에 고려인 6,500명 이상 거주**

　인천광역시 연수구 연수1동 연수 4단지 함박마을은 원래 고급 주택단지로 계획되었으나 난개발로 인해 저가의 빌라와 원룸들이 들어섰다. 집값이 싸자 형편이 어려운 대학생과 남동공단 외국인노동자 등이

자동차 모양의
연수동 함박마을
(함박마을 도시재생 지도)

2021년 6월 3일 함박고려인마을을 찾은 〈한아찾-시니어 탐방단〉. 왼쪽부터 필자, 심윤수, 공수영, 백종한, 송재욱.

많이 사는 연수구의 가난한 동네로 변했다. 2017년경부터 싼 집을 찾아 고려인들이 몰려오자 상가건물이 작은 원룸으로 개조되어 더 많은 고려인이 살 수 있게 되었다. 2020년 기준 고려인과 러시아어를 사용하는 CIS 출신 이주민이 7천 명, 90% 이상이 고려인이다. 자동차 모양의 '함박고려인마을'은 전국에서 면적 대비 고려인 밀집률에서 가장 높은데, 함박마을을 넘어 고려인의 삶터가 확산 중이다.

자녀를 돌보기 위해 들어온 노부모와 함께 3세대가 사는 고려인 가족도 많아졌다. 문남초등학교는 고려인 학생 비율이 39%이며 한국어를 가르치는 이중언어교사가 7명이다. 한국인 교사의 1, 2학년 수업에는 보조교사가 들어가 러시아어로 설명해주고 있다. 고려인 중학생과 고등학생도 많아졌다. 연수구 교육 여건이 좋기 때문이다.

2021년 4월 17일 국내 최초로 고려인마을주민회가 연수구 함박종합사회복지관에서 발족했다. 인천고려인문화원의 관심과 지원으로 가능했지만, 고려인 주민들은 2020년 5월부터 자신들의 의견을 대변할 고려인자치회가 필요하다는 의견을 모아왔다. 이미 자체 활동 중인 고

2021년 함박마을 고려인주민회 창립행사 (사진 너머인천고려인문화원)

려인 할머니봉사단, 엄마들 모임, 상인회와 청년회 등이 주축이 되었다.

이날 행사에 이용한 함박마을공동체 회장, 김재석 함박마을상가번영회장, 리빅토르 함박마을고려인주민회장 등 지역 주민대표와 박찬대 국회의원, 고남석 연수구청장, 이정미 정의당 연수지역위원장, 김국환·김준식·김희철·조선희 인천시의원, 노알렉산드르 대한고려인협회장 등이 참석했다. 리빅토르 고려인주민회장은 함박마을 주민과 협력해 고려인의 권익 보호와 마을발전을 위한 활동을 펼칠 예정이라고 밝혔고, 이용한 함박마을공동체회장도 마을주민과 이주민이 서로 상생해 발전하는 마을이 되자고 화답했다.

2018년 8월 디아스포라연구소 소장인 박봉수 박사 안내를 받아 처음으로 함박마을을 찾았다. 10월에는 인천고려인문화원 창립식에 앞서 한 시간가량 함박마을을 걸었다. 안산과 광주 고려인마을에서 보지 못한 레표시카(主食用 빵집), 멜니차(방앗간-식품점)와 아쏘티(모든 종류의 빵집) 상점이 눈에 들어왔다. 구소련 러시아문화를 느낄 수 있는 간판

함박마을 레표시카 빵집과 아쏘티 레스토랑의 탄드르(화덕)

이다.

　2019년 한국외대 '세계의 한민족' 수강생의 주말현장수업으로 연수동 함박마을을 추가했다. 2019년 3월 30일 토요일 오전, 아직 손님이 없는 상태에서, 학생들과 함께 2018년 12월 문을 연 ASSORTI(아쏘티) 레스토랑에 들어갔다. 특별했다. 별도의 웨딩홀과 4개의 작은 방과 식사 후 춤을 출 수 있는 홀, 그리고 아이들이 놀 수 있는 놀이방과 숯불을 사용하는 커다란 황토 화덕까지 보였다.

　아쏘티 레스토랑은 우즈벡 출신이나 러시아 모스크바에서 온 김엘리자베타 사장이 한국인 남편과 함께 운영하고 있다. 그동안 인천뿐만 아니라 서울과 김포, 화성 등 수도권 고려인들의 결혼식, 돌잔치, 환갑잔치가 이곳에서 열렸다. 한꺼번에 많은 인원을 수용할 수 있어서였다. 상견례 장소로도 많이 이용되는데, 한번 파티에 참석한 사람들은 다시 찾는다. 한국식의 친절한 서비스에 가격도 한국예식장이나 뷔페의 절반 정도로 책정한 덕택이라고 한다. (〈아시아엔〉 2021-6-27)

● [연수동 함박마을②] 고려인 할머니와 용산고 삼이회 합동 칠순 잔치

　　삼이회(三利會) 2021년 6월 모임을 '칠순 잔치'로 인천 함박마을에서 고려인동포와 함께 가지면 어떨까? 삼이회는 1970년 서울 용산고등학교 졸업생들이 2017년 만든 3학년 2반 반창회 모임이다. 백종한(2017~18년), 심윤수(2019~20년)에 이어 필자가 2021년 반장을 맡았다.

　　인천 함박마을에서 '귀환' 고려인동포를 섬겨온 박봉수 디아스포라연구소 소장께 연락했다. "사정이 가능한 백종한, 심윤수, 송재욱, 공수영, 임영상 등 퇴직자 5명과 고려인 연구자인 고가영 교수(한국외대 역사문화연구소) 등 총 6명이 참석하는데, 고려인문화원 강의실에서 '고려인동포가 만든 음식'으로 칠순을 함께 축하할 수 있을지?" 물으니 가능하다고 했다. 마침 칠순인 마안나(카자흐스탄)와 조병수(러시아) 할머니, 그리고 음식 솜씨가 좋은 석이리나(러시아) 세 분이 고려인의 잔치음식인

함박마을에서 2021년 6월 3일 함박마을에서 열린 칠순 잔치에 고려인과 용산고등학교 1970년 3학년 2반 졸업생 모임인 '삼이회' 회원들이 함께했다. 왼쪽부터 고가영, 공수영, 송재욱, 임영상, 마안나(카자흐스탄), 석이리나(러시아), 조병수(러시아), 백종한, 심윤수, 박봉수.

플롭(복음밥)과 고명이 가득한 고려 국수, 당근채 등을 손수 준비했다.

그날 오전 11시에 만나 1시간 남짓 마을을 둘러보았다. 전선의 지중화(地中化)로 전봇대가 없고 간판도 잘 정비된 함박마을! 한때 학생과 외국인노동자가 많이 사는 슬럼화된 원룸촌이었지만, 지금은 고려인 상점만 50곳이 넘는 수도권의 대표적인 고려인 삶터가 되었다. 러시아어로 쓰인 레표시카(빵), 멜니차(방앗간), 차이하나(차를 마실 수도 있는 식당) 등 무슨 물건을 파는 곳인가를 알 수 있는 간판을 보면 러시아와 중앙아시아 냄새가 물씬 풍긴다. '명소'로 떠오른 것이다.

12시 조금 지나 고려인문화원에 도착했다. 백종한 반장이 준비한 음식 비용을 박봉수 소장께 전달했다. 이어서 인천 함박마을에 사는 귀환 고려인동포의 한국살이(박봉수 소장)와 러시아와 중앙아시아 고려인동포 이야기(고가영 교수)를 들었다. 한국어를 상실해서 고려인동포의 삶을 직접 들을 수 없는 것이 아쉬웠다.

박봉수 디아스포라연구소 소장이 함박마을 고려인 이야기를 소개하고 있다.

손주를 돌보러 오신 고려인동포 할머니의 국수가 아주 맛깔스러웠습니다. 단칸방에 월세로 거주하며, 자녀들이 인력시장에서 노동을 제공하며 살아야 하는데… 말은 통하지 않고, 자녀교육 문제 등 어려움이 많은 것 같습니다. 정책적으로 국가가 아젠다(agenda)로 잡고 해결해야 할 문제라고 생각합니다. 경제적으로 안정이 되고 이분들이 한국에서 행복했으면 좋겠습니다.

이 글은 『폴란드의 사계』, 『올리브 오디세이』 수필집을 쓴 공수영 작가가 함박마을에서 가진 칠순 잔치 후기로 삼이회 단톡방에 올린 글이다. '가족 사랑'으로 대한민국에 들어왔고 형편만 가능하면 정착하고자 하는 귀환 동포 노인의 삶을 다시 생각할 수 있는 시간이 되었다.

한국국제보건의료재단(KOFIH)이 2020년 3월 간행한 『고려인 디아스포라, 우즈베키스탄 아리랑요양원 10년의 기록』(조철현 저)을 최근에 읽었다. 2010년 3월, 한국정부

『고려인 디아스포라, 우즈베키스탄 아리랑요양원 10년의 기록』(조철현 저)

가 타슈켄트주 시온고 고려인마을에 세운 고려인을 위한 요양원이라 반갑고 궁금했다. 돌봐줄 가족이 없는 고려인 홀몸노인을 위한 아리랑요양원은 운영자인 한국국제보건의료재단 임직원뿐만 아니라 타슈켄트를 찾는 한국인 방문객과 우즈베키스탄 고려인 모두에게 '가족'이 되었다.

손자녀를 돌보기 위해 한국에 온 고려인 노인들은 낮에 한국어를 배우거나 봉사 활동으로 시간을 보낸다. 이들은 한국 노인(?) 방문객이 자신들과 함께 칠순 잔치를 갖는다고 하자 너무 기뻐했다. 잔치 날에 나눠 먹는 플롭(볶음밥)에도 고기를 듬뿍 넣었다. 한 끼의 든든한 식사로 많은 고명이 올라가는 국수, 중앙아시아 현지인들도 좋아하는 당근채 김치도 넉넉히 준비했다. 우리가 맛있게 먹자 준비해온 비닐봉지에 남은 음식을 빠짐없이 싸주기까지 했다.

조상의 나라에 다시 돌아온 '귀환' 동포 노인에게 다행히 한국정부

가 출신국을 자유롭게 왕래할 수 있는
재외동포(F4) 비자를 주고 있다. 거동
이 불편한 이에게는 요양센터도 이용
할 수 있게 해주었다. 그러나 한국어
소통이 어려운 고려인동포가 동네 경
로당을 이용하기는 불가능하다. 국적
자가 아니기 때문이다. 고려인마을마
다 동포를 위한 경로당이 필요하지만,
노인들이 즐겁게 참여할 수 있는 평생

고려인 할머니가 손수 만든 당근채

교육이 필요하다. 할머니와 할아버지가 건강하면, 젊은 고려인 부모들
이 더 열심히 일할 수 있다. 어린 손자녀들도 한국생활에 더 잘 적응할
수 있다. 이중언어를 구사하는 건강한 글로벌 인재가 될 수 있다. 중국
동포타운도 마찬가지지만, 고려인마을의 노인복지를 위한 실태 조사와
실현 가능한 정책을 도출할 수 있는 연구도 시급한 실정이다. (〈아시아엔〉
2021-8-3)

● **[연수동 함박마을③] 월미도 한국이민사박물관에서 연수동
함박마을까지**

2022년 10월 15일 '한아찾' 탐방으로 인천 연수동 함박마을에 가
기로 했다. 이날 오후 1시 민족의상을 입은 14개 나라 이주민의 퍼레이
드로 시작되는 함박마을의 '함박웃소 축제'가 궁금해 인천 탐방으로 정
한 것이다. 그런데 또 당일 오전 10시부터 월미도 한국이민사박물관에
서 박물관대축제가 열린다는 소식도 알게 되었다. 그래서 먼저 11시에

한국이민사박물관

월미도에 들렀다가 함박마을로 가기로 했다.

━ 꼭 한번은 가보아야 할 인천 한국이민사박물관

한국이민사박물관은 2003년 미주 이민 100주년을 맞아 인천광역시 시민들과 해외동포들이 함께 뜻을 모아서 건립하기로 하여 2008년 개관한 우리나라 최초의 이민사박물관이다. 그동안 "동방을 밝힌 등불, 북간도 명동촌(明東村)", "젊음, 독일행 비행기에 오르다", "자이니치(在日) 학교들-재일 한인 민족교육" 등 특별전을 개최했다. 그래도 박물관은 미주한인이민사 중심이었다.

그런데 이번에 가보니 지하 강당 전체를 전시장으로 꾸미고 고려인, 조선족, 재일코리안 등 다른 지역의 이민사도 잘 정리해 명실공히 한국이민사박물관으로 거듭나 있었다. 대한민국은 이미 750만 해외한인으로 해가 지지 않는 나라가 되었다. 한국이민사박물관은 국내외 한민족 누구나 꼭 한번은 가보아야 할 명소(名所)가 되었다.

'인천에 온 이주민들' 〈인천일보〉 특집기사 자료 전시가 눈에 띄었다. '가는 사람들', '오는 사람들', '우린 인천인'으로 나누어 소개했다. 함박마을의 고려인동포뿐만 아니라, 부평의 미얀마사람들, 그리고 송도

〈인천일보〉의 '인천에 온 이주민들' 특집기사

아메리칸타운에 미국에서 다시 돌아온 '귀환' 재미동포들이 인천에 살고 있다는 사실을 알았다. 또, 인천시와 인천경제자유구역청이 송도 인천경제자유구역에 유럽한인문화타운을 조성하려 한다니 인천의 '오는 사람들'에 유럽의 한인도 합류할 것으로 보인다. '오는 사람들' 전시 사진 자료 중에 지난 7월 29일 함박마을에서 열린 재외한인학회의 찾아가는 재한동포 간담회 사진도 들어 있었다. 리빅토르 함박마을 고려인주민회 회장이 발표하고 필자가 토론했는데, 그날 행사 사진이 '역사'가 되어 전시되고 있었다.

함박마을에서 열린
재외한인학회의
재한동포 간담회

14개 나라 민족의상을 입은 이주민들의 퍼레이드가 궁금했다. 월미도에서 서둘러 떠난다고 했는데 함박마을에 도착하니 막 오후 1시가 지나가고 있었다. 퍼레이드가 마리공원에서 내려와 오른쪽으로 돌아 축제장이 있는 장미공원으로 가고 있었다. 그런데 너무 짧게 지나가 아쉬웠다. 함박비류도서관에서 출발해 마을의 중심도로를 지나 축제장으로 가도 되지 않았을까?

━ 연수1동 주민참여예산으로 치러져

'축제도 식후경'이라 고려인마을에 왔으니 고려인음식을 체험하기로 했다. 함박마을에는 다양한 나라 출신의 외국인주민이 살고 있다. 초창기에 들어온 사람은 중국동포가 중심, 그래서 아직도 중국식품점이 있다. 또, 무슬림을 대상으로 할랄 음식을 파는 중앙아시아 이슬람교도가 운영하는 식당과 규모가 큰 몽골식당도 있다. 그러나 고려인이 대다수인 만큼, 고려인이 운영하는 식당들이 많다. 차이하나(茶房)는 그 말뜻에 걸맞게 차 마시기에 편안한 의자가 있는 식당인데, 한국어에 능통한 우즈베키스탄 사람이 운영하고 있다. 고려인음식이 중심이다. 고려국수와 당근김치, 레표시카(빵)와 차만 먹어도 한 끼의 식사로 충분하지만,

함박마을 차이하나 식당 앞에서. 오른쪽 위에서 시계방향으로 곽승지, 문민, 이복순, 윤정숙, 김홍록, 필자.

큼지막한 양고기 샤실릭(꼬치구이)과 청어샐러드까지 더하자 모두 만족했다. 고려인 음식을 먹기 위해 함박마을에 오고 싶다고까지 했다.

식사를 마치고 축제장인 장미공원에 갔다. 문학산 기슭 장미공원은 축제를 즐기는 사람으로 가득했다. 함박웃소 축제는 연수구와 연수문화재단, 연수1동 주민들이 지난 5월부터 내외국인 어울림 한마당으로 기획했다고 한다. 인종, 언어, 종교, 식문화 등 삶의 모습이 제각기 다른 함박마을에서 서로의 다름을 이해하고 존중하는 마을축제로 만들었다. 한 마을주민은 젊은 고려인 부부가 아이들을 둘 셋 데리고 참여하는 모습

민족의상을 입은 함박마을 어린이들의 합창 (사진 연수1동주민자치회)

I. 수도권의 고려인마을(서울, 경기, 인천)

이 참으로 좋았다고 했다. 고려인마을로 변화한 함박마을, 인구감소시대에 고려인을 포함한 외국인주민이 지역을 살리고 명소로 만들어가고 있음을 확인한 한마당이었다. (〈아시아엔〉 2022-12-3)

● **[연수동 함박마을④] 함박마을 사람들의 삶과 이야기**

2022년 11월 29일은 인천광역시 연수구 연수1동 함박마을의 역사에 오래 기억될 날이다. '함박마을 아카이빙①' 『함박마을 사람들의 삶과 이야기』(북코리아, 2022.11.29) 출간에 맞춰 구술자와 채록 및 집필자 그리고 마을주민이 함께 모여 『함박마을 사람들의 삶과 이야기』 소감 나누기 행사를 한 것이다.

『함박마을 사람들의 삶과 이야기』 표지

━ **함박마을 사람들이 함박마을 사람들 책을 만들다!**

2017년부터 함박마을에서 함박마을 사람들과 동고동락해온 디아스포라연구소(소장 박봉수)는 도시재생 주민공모사업, '2022년 함박마을 마을기록활동가 양성' 사업으로 마을주민을 모아 7월부터 8월까지 매주 화요일 오전 10~12시 8회 연수를 가졌다. 필자도 7월 19일 제3회차로 "함박마을 사람들, 어떻게 기록할 것인가"로 특강을 한 바 있다. 사실

소감 나누기 모습. 왼쪽 서 있는 사람이 박봉수 디아스포라연구소 소장.

상 3개월 짧은 시간에 구술채록과 집필, 책 출판이 이루어진 것이다. 책 거리 행사로 떡이 준비된 가운데 박봉수 소장이 지난 5개월의 여정을 소개하면서 참석자들을 소개했다. 이어서 참석자들의 소감이 이어졌다.

함박마을도시재생 주민협의체 부위원장인 김덕경 님은 "내가 살아온 이야기를 드러내는 것에 대해 다소 거부감도 있었으나 책으로 지난 삶을 돌아볼 수 있어 보람이다. 디아스포라연구소에서 내년에는 함박마을에 사는 이주민의 이야기, 그리고 3차 연도에 함박마을 백서까지 나오게 될 것이라 해서 기대가 크다"고 소감을 밝혔다. 자작시 '고향'을 책에 실은 김경준 님은 "여기서 부끄럼 없이 속마음까지 다 털어놓을 수 있었다. 책을 내주신 분들께 감사하고, 책을 통해 여러분들이 이런 분이구나 더 깊이 알게 되었고 앞으로는 지나가면서 서로 인사할 수 있게 되어 감사하다"라고 했다. 딸 곽은혜 님이 어머니의 생애 이야기를 채록하고 집필했다는 점에서 특별했다.

연수1동주민자치회 부회장(전 함박마을공동체 회장)인 이용한 님은 "함박마을 이야기가 이렇게 만들어졌는데 박봉수 님 외 이분들 고생이 없었으면 불가능했을 거다. 우리 후손들과 마을 사람들에게 길이 남을 것이다. 나도 사실은 숨기려 했는데, 그렇게 하니 이야기 전개가 되지 않

았다. 어쨌든 이렇게 책이 나
와 기쁘다"라고 밝혔다.

　집필자가 '작은 거인'이
라고 적은 김상선 님은 이렇
게 소감을 말했다. "처음에는
함박마을 이야기만 하면 되
는 줄 알고 가볍게 생각했는
데. 글로 만들어지는 과정에
서 나 자신이 홀딱 벗겨지는
모습이었다. 나의 삶을 기록
으로 남기는 것이 부끄럽기
도 했다. 모든 것이 함박마
을의 기록이라고 하니까 함
박마을에 조금이라도 보탬
이 되었으면 합니다."

딸 곽은혜 집필자(왼쪽)와 어머니 김경준
구술자(오른쪽)

김은주 집필자(왼쪽)와 이용한 구술자(오른쪽)

━ 함박마을 1호 통장 이동련이 들려준 함박마을 이야기

　8인의 함박마을 사람들 이야기는 각자의 짧은 자서전이자 함박마
을의 지난 역사 이야기다. 그 가운데, 사정으로 소감 나누기에 참석하지
못한 1994년 함박마을에 들어와 함박마을 1호 통장으로 마을의 통장들
과 함께 함박마을발전협의회를 만들어 육교를 세우고 버스를 들어오게
만든 이동련의 '함박마을, 1호 통장 이동련이 살다' 후반부는 함박마을
역사 그 자체다.

『함박마을 사람들의 삶과 이야기』 소감 나누기에 참석한 마을주민과 필자들. 왼쪽부터 박봉수, 권나영, 홍정우, 김덕경, 김경준, 김경원, 이용한, 김상선, 곽은혜, 박승준, 김은주, 신호수.

"여기를 4단지라고 했어요…. 원래는 전원주택단지였어요. 문학산 자락에 있어서 공기도 좋고 터가 굉장히 좋은 곳이에요.… 그런데 어떤 업자가 구청에 가서 허가를 받아와서 원룸으로 짓기 시작한 거예요… 함박마을은 1999년도 되면서 집을 거의 다 지었어… '자가용'처럼 생긴 모양에 738개 동이 있어요. 여기는 보통 한 동에 15가구에서 19가구가 살아요… 방이 싸니까 가진 것 없는 사람들이 살기 좋은 거지.

초창기 때는 젊은 층이 많았어요… 우리가 활동하는 것은 어렵지 않은데 서류를 만드는 것은 우리가 하기 어렵잖아. 그래서 푸른마을 함박도서관에서 도와줬어… 그렇게 마을이 안정되어 가고 남동공단이 활성화되면서 또 남동공단에서 일하는 사람들이 들어온 거지… 여기에 4번 버스가 있어서 일단 교통이 편해서 좋고 방값도 저렴하니까 월세를 놓는 우리도 살게 된 거지요. 그리고 가천대, 인하대, 인천대 다니는 이런 학생들, 자영업 하는 사람들이 그다음 자리 차지하면서 동네가 안정화가 되었어. 이렇게 많은 인구가 살다 보니까 장사가 잘 됐어요… 그런데 IMF 이후

I. 수도권의 고려인마을(서울, 경기, 인천)

5~6년은 진짜 정말 방 안 나갔어요. 함박마을을 벗어나고 싶어도 집이 안 팔리는 거야… 막 한창 어려울 때 우리 외국인들이 들어와서 그 빈자리를 또 메워주기 시작했지.

처음에는 고려인들이 아니라 연변에서 온 중국동포들이 먼저 들어왔다가 빠지면서 가까운 동남아쪽에서 태국 필리핀 베트남… 그런데 어느 날부터인가 우즈베키스탄 키르기스스탄 러시아 블라디보스토크에서 고려인들이 들어오기 시작한 거지… 솔직히 외국인들이 메워줬으니까 우리가 지금까지 먹고살지. 그런데 하나가 좋으면 하나가 안 좋아. 이 외국인들이 정말 예의범절이 없어. 자기 나라에서 하던 습관대로 쓰레기 막 버리고 길에 다니면서 담배 막 피워대고 마스크 쓰라고 해도 안 쓰고 주차도 아무렇게 해놓고 전화번호도 남겨놓지 않고…

이번에 여기에서 축제할 때 보니까 참가한 사람들의 70%는 외국인이야. 게다가 다 젊은 사람들인데 애를 다 두셋씩 데리고 와서 깜짝 놀랐어. 퍼레이드 할 때 보니까 정말 멋있더라고. 함박마을이 문화 다양성의 보고라는 것을 퍼레이드 보고 인정했어. 다른 마을에서는 이런 다양성을 찾아볼 수 없는 거잖아. 하지만 주민들의 마음은 냉랭해. 그리고 이번 도시재생으로 짓는 건물도 '고려인'이라는 명칭이 들어가면 안 돼. 여기에 고려인만 사나? 한국 사람을 포함해서 14개, 15개 나라 사람들이 다 사용할 수 있는 것으로 만들어야지. 그리고 일부 고려인들이 여기를 '고려인마을'로 만들어 달라고 하는데 어림도 없는 소리지."

━ 함박마을에서 보이는 오사카 이쿠노 코리아타운

'함박마을 사람들의 삶과 이야기' 소감 나누기 행사에 초대받은 필자는 함박마을 사람들의 '고려인마을' 명칭에 대한 거부감이 걱정할 일이 아니라고 생각하고 있다. 일본에서 한인이 가장 많이 사는, 조선시장

오사카 이쿠노 코리아타운 중앙통 거리와 오사카 코리아타운 역사자료관

(朝鮮市場)으로 통했던, 오사카시 이쿠노구(生野區) 미유키도오리(御幸通) 상점가는 일본인과 한국인이 절반가량 사는데 '코리아타운'이 된 내력을 소개했다.

1980년대 말까지만 하더라도 조선시장도 '셔터의 길'이라고 불렸다. 찾아오는 손님이 줄어들어서 문 닫는 가게가 늘어나니까 셔터를 내려야 해서 붙여진 이름이었다. 이러한 상황 속에서 한국오사카청년회의소와 일본청년회의소가 한국 식재료와 상품을 취급하는 가게가 많은 지역의 특성을 살린 상점가로 재생시키자는 공동모임을 갖고 '코리아타운구상'을 제창하게 되었다. 처음에 일부 일본상인들은 코리아타운이 웬말이냐고 반대했으나, 1993년 청사초롱 가로등 등 한국적인 특색을 드러낸 코리아타운 상점가가 만들어졌다.

이쿠노 코리아타운은 이미 오사카의 명소(名所)로 발전했다. 한류붐이 영향을 끼쳤지만, 일본인들도 오기 시작했다. 일본 수학여행 학생들도 이문화(異文化) 체험을 위해 많이 찾았다. 상점가의 활성화를 위해서 상점 주인들과 청년들도 적극적으로 움직였다. 다른 상점가들은 손님 발길이 뚝 끊겨서 문을 닫는 가게가 속출했는데 코리아타운만은 별천지였다. 매년 10월 마지막 주 일요일에 한국인과 일본인이 공동으로 코리아타운 축제를 개최했다. 코리아타운 상점가를 찾아준 고객에 대한 감사의 마음을 표시하기 위해서였다. 필자도 학부와 대학원생들과 함께 수년간 방문했다. 2015년 코리아타운 축제 때에는 KBS 월드라디오가 현지 취재해 특집 방송을 제작하기도 했다.

2018년 관광객 200만 명을 기록한 오사카 코리아타운에 2023년 4월 마침내 '오사카 코리아타운 역사자료관'이 문을 열었다. 더 많은 사람이 오사카 코리아타운을 찾고 있다. 인천 함박마을에도 고려인역사관(가칭)이 설립되기를 기대한다. 이미 한국 정착을 희망하는 다양한 전문 직종에 종사하는 젊은 고려인동포들이 인천으로 모이고 있다. 고려인동포의 집거지 함박마을이 있기 때문이다. (〈아시아엔〉 2022-12-12)

● **[연수동 함박마을⑤] 선주민과 외국인주민의 상호존중과 포용 '롤모델' 되길…**

2018년 8월 처음으로 함박마을을 찾았고, 바로 10월에는 인천고려인문화원(당시 공동원장 박봉수-차이고리)의 창립행사도 참여했다. 2019년부터 한국외대생의 주말 현장수업, 독립운동가최재형기념사업회 채양묵 공동대표와 SPC그룹 김범호 부사장과의 방문, 2021년 용산고 친구들과 가진 함박마을 칠순 잔치, 2022년 '한국에서 아시아를 찾다' 탐방팀 방문과 재외한인학회의 '찾아가는 재한동포간담회' 행사, '함박마을 사람들의 삶과 이야기' 소감 나누기 행사까지 그동안 함박마을을 10차례 이상 방문했다. 탐방용 문화지도도 제작했다.

천 연수동 함박마을(붉은색 4번 이후) 탐방용 구글문화지도 (제작 주동완)

2023년 7월 15일 다시 함박마을을 찾았다. 고려인동포에 관심을 보인 '시니어' 친구들과 '보고, 먹고, 듣고' 세 가지 이로움(三利)을 나누고자. 『한국에서 아시아의 비전을 찾다』(아시아발전재단, 2023)에서 필자가 소개한 함박마을 고려인주민회 리빅토로 회장도 함께했다. 지역의 고려인은 함박마을 방문객을 어떻게 소개할까? 필자와 리빅토로 회장의 마음이 통했다. 우리는 먼저 마리어린이공원으로 올라갔다. 지난 7월 8일 인천시 관계자와 지역주민이 참여한 가운데 리빅토르 회장이 낭독한 '인천 고려인 문화주권 선언문'을 다시 읽었다.

> "이주의 관문 도시 인천은 다양성을 존중하는 포용의 도시다. 독립운동과 국권 회복을 바라며 두만강을 건넜던 고려인은 이제 어머니 나라 인천에 깃들었다. 우리는 소중하고 명예로운 역사 인식을 보전하고, 상호 존중과 이해로 평화와 화합의 문화를 만든다."

I. 수도권의 고려인마을(서울, 경기, 인천)

선언문의 주체가 '인천 고려인, 인천 시민 일동'이다. 사실 함박마을 사람의 절대다수가 고려인이지만, '고려인마을'이 되는 것에 유보적인 선주민들도 있었다. (〈아시아엔〉 2022-12-12 「[인천 고려인마을④] 함박마을 사람들의 삶과 이야기」)

우리는 선언문 동판에서 왼쪽으로 약 100m 떨어진 마을공유공간 함박마루로 이동했다. 이곳은 2021년 11월 함박마을 경로당 2층을 수리해 세워졌다. '함박마을의 마루'라는 뜻인 함박마루는 마을주민들의 편안한 휴식처이자, 선주민과 외국인주민이 서로의 문화를 이해하고 교류하는 개방 공간이다.

외국인주민을 위한 한국어 수업 등 각종 강좌가 열린다. 2022년 7월 재외한인학회의 찾아가는 재한동포간담회, 12월 함박마을 사람들 책 소감 나누기 행사도 바로 이곳에서 열렸다. '상호 존중과 이해로 평화와 화합의 문화를 만든다'라는 선언문이 나올 수 있었던 배경이 바로 함박마루에서 나오지 않았을까?

연수1동 함박마을은 단위면적 대비 최대의 고려인동포 밀집 지역이다. 방문할 때마다 고려인동포 상점이 새로 생겼다. 전국의 고려인마

함박마을 마을공유공간 함박마루 앞에서. 왼쪽부터 김종부, 신철준, 김기윤, 최안기, 임영상, 리빅토르. 필자가 들고 있는 책은 『함박마을 사람들의 삶과 이야기』다.

함박마을 책방

을마다 만나는 'IMPERIA FOODS' 상점이 한 곳 더 늘어나 세 곳이 되었다. 또, 특별한 상점이 생겼다. 공영주차장 앞에서 만난 책방이다.

필자는 3~4년 전부터 함박마을이 '함박고려인마을'이 될 것으로 생각했다. 특히 자녀교육 면에서 연수1동의 인프라가 좋기 때문이다. 멀리 김포시로 일하러 가는 고려인동포 가족도 있다.

고려인동포 가족의 한국살이를 돕는 단체들도 많다. 이번에 인천시와 함박마을 문화축제 지원 MOU를 체결한 너머인천고려인문화원(어린이집 운영) 외에 까리따스이주민센터, 디아스포라연구소, 원고려인문화원, 고려인센터/다사랑문화센터 등이 한국어 강좌와 상담 활동을 수

함박마을 사마르칸트식당 앞에서. 왼쪽부터 리빅토르, 신철준, 최안기, 임영상, 김종부, 김기윤.

I. 수도권의 고려인마을(서울, 경기, 인천)

행하고 있다. 또, 함박마을에는 구소련권, 특히 우즈베키스탄 출신 이주민이 많이 살고 있다. 식당도 성업 중이다. (〈아시아엔〉 2023-9-5)

● 연수동의 특별한 러시아학교들

인천광역시 연수구 연수동이 귀환 고려인동포의 중심이 될 것이라는 생각은 필자만이 아니다. 함박마을에 속하지는 않으나 연수1동에는 고려인동포 자녀들이 다니는 문남초등학교와 함박초등학교 외에 러시아학제로 운영되는 특별한 배움터인 인천 한샘국제학교와 글로리아상호문화대안학교가 있다. 안산의 노아네러시아학원과 같이 러시아학제로 전일제로 운영하고 있다.

2022년 5월 26일 수인분당선 연수역 1번출구에서 가까운 한샘국제학교를 찾았다. 마침 러시아학제에 따른 졸업식 날이었다. 고려인 선교에 비전을 가진 김홍렬 목사가 2018년에 문을 연 한샘국제학교는 2023년 9월 현재 어린이 및 유치원(만 2~7세) 과정에 85명, 1~11학년

한샘국제학교 간판

한샘국제학교 2021학년 졸업식 날. 왼쪽 첫 번째가 학교를 운영하는 김홍렬 목사.

2023년 가천대학교에서 개최된 세계인의 날 행사에 참여한 글로리아상호문화대안학교 고려인 학생들.

학생이 45명, 방과후 공부방 학생이 45명, 노인대학에 나오는 고려인동포가 25명이다. 작년에 필자가 방문했을 때보다 많이 늘었다. 그만큼 연수동에 고려인동포들이 많이 살고 있다는 증거는 또 하나의 러시아학교인 글로리아상호문화대안학교의 학생 수가 많이 늘어난 것으로서도 알 수 있다.

연수역 2번출구에서 멀지 않은 문화공원 건너편 영림빌딩 3층에 자리 잡은 글로리아상호문화대안학교는 한샘국제학교보다 1년 후인 2019년에 설립되었는데, 타지키스탄 출신 고려인 최마리안나 원장이 학교를 운영하고 있다. 최마리안나 원장은 2017년 이른 아침부터 늦은 밤까지 문을 여는 인천 CIS 선교센터, 선교원 형태의 어린이집을 시작했는데, 2019년에 러시아 학제로 운영하는 대안학교 체제를 갖췄다. 2023년 9월 현재 1~11학년 학생이 모두 190명이다. 함박마을 축제행사뿐만 아니라 세계인의 날 행사에도 참여하고 있다.

II
지역의 고려인마을
(광주, 경상, 충청)

1
광주(광산구)의 고려인마을

- **[월곡동 고려인마을①] 중앙아시아 고려인 문화예술 햇불
'고려극장' 창립 90돌 기획전**

─ **내년(2023) 2월 말까지 광주
월곡고려인문화관 '결'에서**

광주광역시 월곡동 고려인마을은 스스로 '역사마을 1번지'라고 한다. 경기 안산시 선부동 등 전국에 20곳 넘는 고려인마을이 있는데 대단한 자부심이다. 아마 2021년 5월에 문을 연 월곡고려인문화관 '결' 때문이 아닐까? 월곡고려인문화관(관장 김병학)은 1992년 28세 나이로 카자흐스탄에 들어가 25년간 한글학교 교사와 〈고려일보〉(전 〈레닌

고려극장 창립 90주년 기획전 포스터

기치》) 기자로 일했던 김병학이 2016년 귀국할 때 가져온 1만 2천 점의 고려인 유물을 기초로 설립된 고려인 전문 전시관이다.

2022년 5월 6일 2022년 제2회 재외한인학회의 '찾아가는 재한동포 간담회' 행사를 준비하는 학회 임원들과 함께 먼저 월곡동 고려인마을 월곡고려인문화관을 찾았다.

광주한글학교 개교 30주년 기획전(2021.12.20.~2022.4.30.)이 막 끝난 상태였다. 5월 20일부터 월곡고려인문화관이 다시

월곡고려인문화관에서. 윗줄 왼쪽부터 김병학 관장, 이장섭 전남대 교수, 임영언 회장, 필자, 안병삼 삼육대 교수.

'고려인 문화예술의 찬란한 햇불 고려극장 창립 90주년 기획전'을 개최하고 있다. 이번 기획전은 월곡고려인문화관이 소장하고 있는 고려극장의 역사와 문화를 조명하는 증명서, 사진, 배우들의 육필원고, 희곡작품, 신문, 서적 등 30여 점이 전시된다. 김병학 관장은 "이번 기획전을 통해 디아스포라 고려인이 이국땅에서 근 한 세기 동안 쌓아 올린 민족문화예술의 숨결을 느낄 수 있도록 준비했다"라고 밝혔다.

고려극장은 소련 시기인 1932년 9월 9일 '원동변강고려극장'(조선극장)으로 연해주 블라디보스토크 신한촌에서 창립되었다. 조선극장은 1937년 카자흐스탄 크즐오르다로 이주, '크즐오르다 주립음악희극조선극장(고려극장)'으로 재조직되었다가, 1968년에는 카자흐스탄 수도인 알마티로 옮겨오면서 카자흐공화국 국립음악희극 고려극장이 되었다.

2016 오뎃싸 코레야다(고려인 문화예술축제)

1950~80년대를 거치며 최고의 전성기를 누린 고려극장은 중앙아시아 고려인사회(집단농장)마다 크고 작은 소인(아마추어)예술단이 조직되고 활동할 수 있는 배경이 되었다.

2022년 5월 6일 재외한인학회 간담회 제1부 '우크라이나 전쟁과 고려인 피난민 증언' 세션에 고려인동포인 김다리야(63세, 오데사 쪽으로 들어오는 러시아의 공격을 막고 있는 미콜라이우 출신)와 이마리아(34세, 앞서 러시아에 점령당한 헤르손 출신) 두 사람은 전쟁이 끝나면 다시 우크라이나로 돌아가고 싶다고 했다. 우크라이나 고려인사회는 1995년부터 지역별로 순회하면서 고려인문화예술축제 코레야다(КОРЕЯДА)를 개최해왔다. 지역마다 고려인 아마추어예술단이 활동하고 있는데, 하루속히 평화가 찾아와 다시 일상을 회복하고 고려인문화예술축제를 개최할 수 있기를 바랄 뿐이다. 2016년 오뎃싸 코레야다에는 필자도 참여한 바 있다.

광주광역시 광산구는 '더불어 상생하는 월곡 고려인마을' 사업으로 국토교통부 주관 2019년 하반기 도시재생 뉴딜사업 공모에 선정되어 도시재생 사업을 진행 중이다. 현재 다양한 사업이 진행되고 있으며 월곡동의 경관도 달라질 예정이다. 월곡동 고려인마을에는 고려인마을어린이합창단(2016), 고려인청소년오케스트라 '아리랑'과 고려인청소년아리랑가무단(2018)에 이어 2017년 고려인강제이주 80주년을 기념해 구성된 고려인마을극단이 마침내 2021년 1월 호남대학교 최영화 교수를 예술감독으로 선임하고 광주고려인마을극단으로 정식 창단되었다. 광주고려인마을극단은 2021년 10월 광주 국립아시아문화전당 예술극장에서 고려인의 중앙아시아 이주 스토리텔링 공연 '나는 고려인이다'를 성황리에 마쳤다.

앞으로 마을 내 공연장을 마련해 마을을 찾는 관광객들에게 깊은 감동을 선사할 '나는 고려인이다'와 '나의 고향 연해주, 타슈켄트, 광주', 연극 '홍범도' 등의 상설공연도 꿈꾸고 있다. 현재 광주 월곡동 고려인마을 외에 전국의 고려인마을 중에서 자체 문화예술단체를 구성할 수 있는 곳은 안산과 인천 고려인마을 정도다. 안산 고려인마을에는 안산고려인문화센터가 운영되고 있고, 인천 고려인마을에는 고려인 지원단체인 너머인천고려인문화원과 디아스포라연구소 외에 전국에서 처음으로 고려인주민회가 결성되었다. 그 외 김해와 경주, 부산과 양산, 화성과 광주(곤지암), 평택과 안성, 당진과 천안과 청주 등 전국의 고려인마을에도 한국인 지원단체가 있어 전시회는 개최할 수 있다.

월곡고려인문화관 기획전시실 중앙벽면에 전시된 기획전 포스터들

II. 지역의 고려인마을(광주, 경상, 충청)

월곡고려인문화관 '결'의 고려극장 90주년 기념 전시회 자료가 광주 월곡고려인문화관의 협력 아래 다른 전국의 고려인마을에서도 포스터 형태로 개최되었으면 하는 바람이다. 한국사회에 정착하는 '귀환' 고려인동포사회에 자긍심을 주고, 지역사회의 고려인동포 이해에도 유용할 것이기 때문이다. 포스터 제작비용은 재외동포재단 등이 지원해줄 수 있으면 더 좋겠다. (《아시아엔》 2022-5-26)

● **[월곡동 고려인마을②] 월곡동 고려인마을의 작은 학교들**

2022년 2월 24일 우크라이나 전쟁이 일어난 후, 3월 13일부터 생사를 건 위험 속에 우크라이나를 탈출한 고려인동포들이 '난민'으로 한국에 들어왔다. 2022년 6월까지 광주 고려인마을(대표 신조야)의 모금으로 항공료를 지원받아 입국한 고려인동포가 450명이 넘었다는 것이 광주 월곡동 고려인마을의 발표다. 광주 고려인마을, 고려인종합지원센터는 갑작스레 낯선 환경에 직면한 고려인 어린이·청소년들을 위해 청소년문화센터와 지역아동센터, 어린이집 등을 통해 이들을 돌보고 있다. 또, 인근 초·중·고교 입학과 진학도 돕고 있다.

월곡동 갓플리징교회와 전득안 목사

그런데 월곡동에는 고려인종합지원센터를 운영하는 고려인마을 외에도 고려인과 이주민 청소년을 위한 지혜학교를 운영하는 이주민종합지원센터(센터장 전득안 목사)도 있다. 2022년 5월 6일 광주 월곡동 NK비전센터에서 가진 재외한인학회 행사(제2회 찾아가는 '재한동포' 간담회)에서 광주시 고려인 4세의 한국어교육 현황과 과제를 발표한 이주민종합지원센터 센터장인 갓플리징교회 전득안 목사를 만났다. 발표회 후 교회를 방문했다.

광주 월곡동 지혜학교 안내문

갓플리징교회는 2014년 10월 다문화이주민선교를 위해서 시작된 교회였다. 처음 4년 정도는 다양한 국적의 외국인노동자들과 베트남과 캄보디아 출신 결혼이주여성들에게 한국어를 가르치거나 병원에 가는 일, 출입국관리소에 가는 일 등 자잘한 일상적인 어려움을 도와주었다. 그러다가 5년째쯤 되면서 고려인동포가 조금씩 늘어나기 시작해 코로나 전에는 100여 명이 되었다. 2019년 6월 이주민종합지원센터 간판을 걸었고, 12월 (사)세움과 나눔으로 등록했다. 교회 안에 있는 신자들만 돕지 말고 마을 전체에 거주하고 있는 다양한 국적의 외국인들을 돕자는 취지였다.

현재 갓플리징교회에서 운영하는 이주민종합지원센터는 고려인과 이주민 청소년을 위한 지혜학교(방과 후 공부방)를 운영하고 있다. 60여 명의 아이가 공부방을 이용하고 있고, 두 분의 선생님이 아이들을 가르치고 있다. 공부방 외에 아이들을 위한 다양한 교육프로그램을 운영하고 있다. 음악, 댄스, 연극, 독서, 토론, 리더십 수업과 역사와 한문 수업도 하고 있다. 부모님들을 위해서도 일 년에 다섯 차례 전문 강사를 섭외해서 저녁 시간에 두세 시간 자녀 양육법, 부부관계 세미나 등을 실시하는 '마을학교'다. 또 매월 네 번 정도 일요일 오후에 치과, 이비인후과, 내과, 재활의학과 등으로 나누어 무료진료소를 운영하고 있다. 환자를 병원으로 모시고 가고 통역하는 일들이 많은데, 교회 신자 여부와 관계없이 도움을 주고 있다.

학교 재직 시절 월곡동 고려인마을을 여러 번 찾았고, 요즘도 매일 고려인마을/고려인교회 이천영 목사가 보내는 나눔뉴스(최근에는 고려방송)를 통해 광주 고려인마을 소식을 듣고 있다. 광주 월곡동 고려인마을은 이미 전국 고려인마을의 모범이 되었는데, 이주민종합지원센터/갓플리징교회도 작은 역할을 하고 있음을 알았다. 합력하여 선을 이루는 아름다운 모습이다.

사실, 5월 6일 재외한인학회 간담회가 열린 월곡동 산정공원 앞 NK비전센터(New Korea Vision Center)에 도착했을 때, 1층에 이전에 보지 못한 숲속작은도서관이 눈에 들어왔다. NK센터는 탈북민을 위한 NGO로 알고 있었는데, 1층에 도서관이 생긴 것이다. 도서관이라고 하지만, 어린이를 위한 학습 및 놀이 공간처럼 보였다. 문을 열고 들어갔다.

아이들이 자유롭게 책도 보고 그림도 그리고 놀고 있다. 궁금해서 들어왔다고 하니 임양희 숲속작은도서관 관장이 친절하게 안내해주었다. NK비전센터는 북한이탈주민, 고려인, 이주민과 지역민이 함께 새로운 코리아로 평화를 만들어가는 공동체이며, 숲속작은도서관은 비전센터의 교육공간으로 2021년 9월 문을 열었단다. 동네의 한국인, 고려인, 또 다른 나라 출신 초등학교 학생들이 방과 후에 모여서 어울리고 있다. 아이들이 예쁜 꽃이나 러시아 빵을 가져와서 나눌 줄 아는 아이들로 자

숲속작은도서관
(사진 임양희)

동화 교사인 임양희
관장과 아이들

랐다고 한다. 숲속작은도서관은 아이들이 행복한 삶을 만들어갈 수 있도록 돕는 '마을학교'다.

　이미 2017년 1월, 광주 월곡동 고려인마을에는 고려인 다문화가정 아동들을 위한 특별한 지역아동센터인 바람개비꿈터공립지역아동센터가 설립되었다. 국내 최초 공립형다문화지역아동센터로 고려인 어린이들의 한글 익히기와 사회질서 교육, 방과 후 돌봄서비스 등을 지원하고 있다. 인근 4개 초등학교에 고려인 아동만 550여 명이다. 이주민종합지원센터 지혜학교처럼 숲속작은도서관도 광주 월곡동 고려인마을의 마을학교로 합력하여 선을 행하고 있다. (《아시아엔》 2022-6-11)

광주 이주민종합지원센터는 2023년 3월 고려인 주민의 요청에 힘입어 방과후 학교인 새론고려인국제학교를 세웠다.

새론국제고려인학교 (사진 광주 이주민종합지원센터)

● [월곡동 고려인마을③] '재외동포 이해교육'과 광주고려인마을

　광주고려인마을을 처음 방문한 것이 2016년 5월 28일 토요일이다. 재외한인학회가 주최한 '광주고려인마을과 함께하는 전문가 간담회' 행사였다. 그날 참석자들은 고려인마을종합지원센터, 지역아동센터, 다문화 대안학교인 새날학교 등을 방문하고 대화를 나누면서 '고려인마을'의 중요성과 가치를 깨달았다. 이후 아침마다 광주고려인마을에서 보내는 소식을 카톡과 문자로 받았다.

　서울에서 멀었지만, 기회가 닿을 때마다 광주를 찾지 않을 수 없었다. 2017년 4월 22일(토)에는 재외동포재단의 '재외동포 이해교육' 주말현장탐방수업으로 서울에서 버스를 임차해서 학생들과 함께 방문하기도 했다.

　재외동포재단의 (대학생) '재외동포 이해교육'이 시행된 지 10년이 넘었다. 2013년 3월 시범적으로 시행된 한국외대의 〈세계의 한민족〉 강좌에는 당시 재외동포재단 김경근 이사장이 출강했다. 재외동포 이해교육 강좌 지원사업은 점차 여러 대학으로 확대되고 전문가뿐만 아니라 한국에 체류 중인 재외동포 차세대도 강좌에 초청되어 한국 대학생들과

2016년 재외한인학회 광주고려인마을 방문. 아랫줄부터 시계방향으로 김판준, 주동완, 임영상, 최영호, 정막래, 유연태, 장윤수, 예동근, 조남철, 차민아, 김게르만, 양민아, 임영언, 이천영.

　II. 지역의 고려인마을(광주, 경상, 충청)

전남대 문헌정보학과
재외동포 이해교육 안내문
(광주광역시 월곡동
이주민종합지원센터 2층)

대화시간도 가졌다. 그러나 5년 시행을 끝으로 강좌개설 사업은 2017년에 종결되었다. 이후 재외동포재단은 1개 대학에 3강좌 이내의 특강 형태로 '찾아가는 재외동포 이해교육'을 시행하고 있다. 2022년에는 1, 2학기에 걸쳐 총 17개 대학에서 특강이 진행되었다.

필자는 퇴직 후에도 재외동포 이해교육 특강에 참여하면서, 가능하면, 중국동포타운이나 고려인마을 현장 탐방수업을 진행했다. '동포사회 거리 모습을 보고, 해외현지와 다름이 없는 동포사회 음식을 먹고, 또 귀환동포나 활동가 이야기를 듣고' 직접 체험하는 것이야말로 재외동포 이해교육에 효과적이라고 믿었기 때문이다.

2020년과 2021년은 코로나19 상황으로 비대면 줌(Zoom) 강의로 대체했는데, 2022년에는 1, 2학기 모두 지역의 고려인마을 탐방수업을 가졌다. 특히, 10월 7일(금) 전남대학교 문헌정보학과 학부/대학원 특강은 광주고려인마을 이주민종합지원센터에서 대면(3인)과 비대면(20인) 동시 강의를 진행한 후에 대면 강의에 참석한 학생들과 현장탐방수업까지 마쳤다. 평일인 관계로 대학원생 2인과 학부생 1인만이 참여한 것이 아쉬웠지만. 오후 3시~4시 40분 강의를 마친 후, 오후 5시 폐관시간이

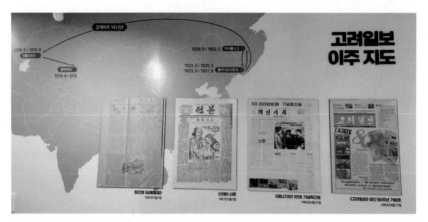
고려일보 제호의 변천과 고려일보 이주 지도

다가와 먼저 광주고려인마을의 자랑인 월곡고려인문화관을 찾았다.

1층 상설전시관에서 연해주 시절 고려인의 독립운동과 1920년대 이후 소비에트 고려인의 문화운동(한글신문 〈선봉〉과 고려극장 극단) 등이 전시되었다. 이어서 고려극장 창립 90주년 기념 전시회가 열리는 2층 기획전시실로 향했다. 1937년 강제이주 과정에서 1923년에 창간된 〈선봉〉의 기자들은 신문제작에 필요한 도구를 갖고, 또 1932년에 창단된 고려극장 배우들도 연극 대본을 들고 강제이주 열차에 탔다.

그 덕택에 1938년 카자흐스탄 크즐오르다에서 〈선봉〉의 뒤를 이은 〈레닌기치〉가 간행되었고, 고려극장도 다시 공연을 올릴 수 있었다. 2023년에는 해외에서 가장 오래된 한글신문 〈레닌기치〉(현 〈고려일보〉) 창간 100주년 기념 전시회가 월곡고려인문화관에서 열린다. 고려인의 이주사와 함께 〈레닌기치〉와 고려극장 등 고려인의 삶과 문화를 알릴 수 있는 자료가 전국의 고려인마을마다 전시되었으면 좋겠다.

월곡고려인문화관을 나와 홍범도공원을 거쳐 숲속작은도서관으로 갔다. 임양희 관장이 폐관시간을 늦추면서 기다리고 있었다. 문헌정보

왼쪽부터 박현지,
이새봄(전남대 대학원
문헌정보학과),
유지혜(전남대 사회학과),
임양희 관장, 필자.

학과 학생들이기도 해서 찾은 것이다. 고려인마을의 숲속작은도서관은
월곡동의 고려인, 한국인, 몽골인, 필리핀인, 캄보디아인, 베트남인, 중
국인 아이들이 함께 모여 '그림책으로 다양한 놀이를 하는 특별한 공간'
이다. 아이들이 자발적으로 행복을 추구하는 마을학교로 월곡동의 알려
지지 않은 보물이다.

숲속작은박물관을 나와 마을투어를 시작했다. 고려인마을의 중심

광주고려인마을 고려인종합지원센터(왼쪽)와 상점들. 시계방향으로 정육점, 레표시카
빵집, 가라오케와 당구장, 속옷가게, 꽃집.

인 고려인종합지원센터를 시작으로 꽃을 좋아하는 러시아(고려인)의 문화를 알리는 꽃집과 소련시대 상품명을 상점명으로 사용하는 생활문화 전통에 따른 정육점, 레표시카(빵), 속옷가게, 그리고 마을의 오락시설인 러시아노래와 베트남노래가 있음을 알리는 가라오케와 당구장까지. 이 주민 집거지를 걸으면서 만나는 '언어 경관'은 방문자에게 우리 안의 색다른 문화를 경험하게 하는 이점이 있다.

고려인마을에 가면 러시아와 중앙아시아 사람의 삶과 문화를, 또 음식을 통해 새로운 것을 배우고 느끼게 해준다. 이런 이유로 재외동포 이해교육은 가능하면 현장탐방수업을 병행하면 좋을 것으로 보인다.

〈아시아엔〉 2022-11-17)

● **[월곡동 고려인마을④] 왜 그곳에 가봐야 하나?**

코로나19로 용산고등학교 졸업 50주년 제주여행이 졸업 52주년 남도(목포, 진도, 강진) 여행으로 변경되었다. 칠순을 넘긴 친구들과 가족들이 광주고려인마을을 가볼 기회라고 생각했다. 다만, 리무진 버스 1대에 탈 27명이 모여야 했다. 귀경길 강진에서 풍성한 점심식사를 즐기고 여유 있게 상경하는 대신에, 일정을 재촉해야 하고 광주고려인마을 점심식사도 서둘러 먹어야 하는데… 다행히(?) 부부 11팀과 싱글 5인 등 27명이 함께 여행할 수 있게 되었다.

왜? 광주고려인마을을 가봐야 하지? 고려인마을이 전국에 25개나 있단 말인가? 어떻게 고려인마을이 생겼지? 강진 다산초당 관광을 마치고 한 시간 이상 광주고려인마을에 도착할 때까지 버스 안에서 빠른 속도로 소개했다. 1860년대 초반 이후 살길을 찾아, 또 1905년 이후 국

용산고등학교 21회 졸업 52주년 기념 광주고려인마을 방문. 오른쪽 뒷줄 끝이 이천영 목사.

권 회복과 독립운동에 투신하기 위해 러시아 연해주로 이주한 고려인동 포사회, 1937년 중앙아시아 강제이주 이후 한국어를 상실한 채 살다가 1991년 소련의 해체와 한소(1990)·한중앙아시아(1992) 수교 이후 '코리 안 드림'을 이루고자 한국에 들어오기 시작한 이야기까지.

재외동포이지만, 법적으로 외국인인 중국동포와 고려인동포들이 한국에서 합법적으로 일할 수 있는 방문취업(H-2) 비자 제도가 2007년 시행되면서 한국어 소통에 어려움이 없는 중국동포사회는 다양한 자조 단체를 만들었다. 그러나 고려인동포는 한국인 활동가의 도움이 절실했 다. 2009년 광주고려인마을에 고려인센터가 생기고 2010년 한글교실 도 열었다. 광주광역시는 2013년 지자체 최초로 고려인 주민 지원조례 를 제정하고, 광주광역시와 광주사회복지공동모금회가 협약을 맺고 고 려인센터 건립을 위한 모금 활동을 전개하여 2015년 고려인종합지원센 터를 확대 개소했다.

광주고려인마을은 '귀환' 고려인동포를 위한 '일자리·주거·의료·

돌봄체계'를 하나하나 갖추어 나갔다. 광주고려인마을은 스스로 '역사마을 1번지'라고 한다. 대단한 자부심이다. 외부인이 보기에도 그럴 만한 이유가 있다. 고려인동포의 지난 삶을 쉽게 알게 해주는 월곡고려인문화관이 자부심의 근거다.

강진을 떠난 버스가 어느 사이에 동광주 톨게이트를 지났다. 지난 20여 년 광주고려인마을을 일궈온 이천영 목사에게 잠시 후에 도착할 것을 알렸다. 고려가족카페 3호점(고려가족식당)에 고려인의 일상음식인 고려국수와 샤실릭(양꼬치구이), 샐러드와 고려인도 주식으로 먹는 우즈베키스탄 레표시카(빵), 그리고 고려인이 만든 당근김치인 마르코프차도 충분히 준비해달라고 주문한 터였다. 오후 1시 조금 지나 식당에 도착했다. 식사를 마치고 마을투어에 나섰다. 광주고려인마을은 앞으로 1,000만 방문객을 맞이한다는 비전 아래 이미 전문 마을해설사를 양성했지만, 이천영 목사가 직접 안내했다.

먼저, 고려인마을 주요 행사가 열리는 홍범도공원(구명 다모아어린이공원)으로 갔다. 고려인마을은 지역의 마을주민과 공동으로 추진위원회

홍범도 장군 동상 앞에서. 일행들 뒤에 흉상이 보인다.

를 구성하고 홍범도 장군의 유해 봉환 1주년과 광복 제77주년인 지난 8.15일 광복절을 맞아 장군의 흉상 제막식도 가졌다. 1920년 봉오동과 청산리전투의 주역인 홍범도 장군도 1937년 카자흐스탄으로 강제이주되었고 고려극장의 수위로 생애 말년을 보냈는데, 생존 시에도 그는 고려인사회의 우상이었다. 광주고려인마을이 '역사마을 1번지'의 자존심에 걸맞게 한발 앞서 홍범도 장군을 모신 것이다.

다음으로 고려인종합지원센터 건물 3층에 자리 잡은 GBS고려방송에 들렀다. 2016년 마을방송으로 출발해 2022년 3월 지상파 라디오 방송으로 승격된 고려방송은 한국어(70%)와 러시아어(30%)로 진행되며 주파수는 93.5MHz로 앱처럼 홈페이지(http://gbsfm.co.kr)에 접속하면 곧바로 청취할 수 있다. 또, 날마다 광주고려인마을 소식을 방문객들에게 카톡과 문자로 전달하고 있다. 아래는 11월 11일 아침에 고려방송 뉴스를 받은 현영석 한남대 명예교수가 필자에게 보낸 카톡 메시지이다.

"광주고려인마을 방문 좋았습니다. 많은 조직과 시설물 설치, 유지, 경영 능력이 돋보임. 이런 것들이 모두 후원금으로 만들어지고 또 운영되나요? SNS, 방송, 출판, 홍보 능력이 매우 우수. 오늘 아침에 받은 〈고려방송〉, 특히 FM 방송 홈페이지까지 직접 청취. SNS 활용 동포지원 활동은 세계적인 우수 사례일 듯. 세계에 잘 알리면 좋겠어요. 해외언론 및 학회지 소개 등."

이어 이번 방문의 하이라이트인 월곡고려인문화관 방문에 앞서, 매주 화요일 운영되는 고려인광주진료소를 찾았다. 한방과 치과까지 고단한 삶을 사는 고려인동포에 대한 의료서비스를 베푸는 광주시 의사들이 대단해 보였다.

마지막으로 월곡고려인문화관인데, 전시실이 비좁아 두 팀으로 나누어 한팀은 1층 상설전시관, 다른 한팀은 2층 기획전시실부터 보기로 했다. 1층 상설전시관 앞에서 시청한 고려아리랑은 김병학 월곡고려인문화관 관장이 작곡하고 카자흐스탄 재즈 1세대 음악가이면서 고려극장 예술감독과 지휘자를 역임한 한야코프가 작곡했다. 한민족은 가는 곳마다 아리랑을 불렀는데, 고려아리랑은 이제 '귀환' 고려인동포뿐만 아니라 한국사회도 함께 애창할 수 있으면 좋겠다는 생각이 들었다. 고려극장 90주년 특별전이 열리는 기획전시실에서는 전남대를 졸업하자마자 카자흐스탄에 가서 25년 동안 고려인을 위한 한글교육과 〈고려일보〉 기자로 헌신한 시인 김병학 관장이 직접 안내해주었다.

고려인동포가 가장 많이 사는 안산 고려인마을에도 고려인역사관이 있다. 그러나 광주 월곡고려인문화관은 고려인의 역사와 문화의 흐름을 보여주는 상설전시관 외에 정기적으로 특별기획전을 개최하고 있다. 필자는 오래전부터 전국의 고려인마을마다 고려인의 삶과 문화를 알려주는 자료가 전시되어야 한다고 주장했다. 고려인동포들도 자신의

고려인종합지원센터 앞에서. 뒷줄 왼쪽 첫 번째가 이천영 목사.

뿌리, 역사를 잘 모를 수도 있고, 무엇보다도 지역의 한국인 주민과 외부 방문자의 고려인동포 이해에 꼭 필요하기 때문이다.

경주 성건동 고려인마을은 고려인협동조합이 운영하는 고려인이랑 카페 내부에 고려인의 이주지도 및 고려인 역사인물 등의 자료를 전시하고 있다. 인천 고려인마을은 도시재생 사업 예산으로 고려인역사관을 세울 계획이다. 김해 동상동 일원의 고려인마을도 김해동포센터가 직영하는 식당 내부를 전시공간으로 준비하고 있다. (2023년 3월 31일 정식 개관) 지역의 고려인마을마다 독창적인 전시를 기획할 수 있겠으나. 원본 자료를 소장한 광주고려인마을 월곡고려인문화관이 전시 자료(콘텐츠)를 제공했으면 좋겠다. (〈아시아엔〉 2022-11-19)

● **[월곡동 고려인마을⑤] 〈고려일보〉 100주년 기획전의 특별한 감회와 광주 고려인마을의 새로운 시도**

2023년 3월 1일은 한글신문 〈선봉〉이 〈레닌기치〉를 거쳐 〈고려일보〉로 제호가 바뀌면서 창간 100주년을 맞은 역사적인 날이다. 〈고려일보〉의 가치에 공감해왔기에 창간 100주년 기획전이 열리는 광주고려인마을(월곡고려인문화관)을 찾지 않을 수 없었다.

한국외대 재직 시절인 2015~16년 필자는 대학원 수업에 고려인 연구자인 배은경 교수를 초청해 1920~30년대 연해주 고려인사회 연구의 보고인 〈선봉〉을 함께 읽었다. 그 성과로 교수/학생의 글을 묶어 두 권의 책이 나왔다. 2017년 나온 배은경·정막래·임영상 편『한글신문 선봉을 통해 본 연해주 고려인사회의 교육과 생활문화』와 역시 같은 해 나온 정막래·배은경·임영상 편『한글신문 선봉을 통해 본 연해주 고려

〈고려일보〉 창간 100주년 기획전 전시자료

인사회의 문학과 문화예술』이 바로 그것이다.

고려인의 러시아 이주는 1860년대 전반에 시작되었으나, 1923년 극동지방에 소련체제가 확립되면서 고려인사회는 '소비에트 고려인'의 정체성이 형성되기 시작했다. 신생 소련의 소수민족 토착화 정책에 따른 민족적 정서와 특성이 보전, 발전될 수 있었던 '1920~30년대 역사의 선물'이었다.

고려인들은 스스로 '고려어', 또는 '고려말'이라 불렀던 민족어를 공식 사용할 수 있었고, 예술과 문학 등 문화생활 전반을 민족어로 누릴 수 있었다. 교육도 민족어로 진행되었고, 신문과 교과서 등 문자 매체들도 고려어를 사용했다. 고려인학교 교사양성을 위한 극동고려사범대학 (1931)이 설립된 것도 이런 이유에서였다.

1905년 을사늑약 이후 러시아 연해주는 의병의 중심지로, 또 1919년 3.1운동의 확산인 중국 용정(3.13)과 러시아 우수리스크·블라디보스토크(3.17) 반일시위 직후 고조된 반일 무장투쟁의 중심지 상태였다. 여기에 1921년~1922년 3차례에 걸친 연해주의 러시아한인예술단(해삼위

1924년 토월회 제3회 공연 '사랑과 죽음'에서 코팍춤을 추는 무용가 조택원(1907-1976) (〈연합뉴스〉 2012-2-7)

조선학생음악단, 천도교청년회연예단, 기독교학생음악단)의 내한 공연으로 러시아가 수준 높은 예술의 나라라는 긍정적인 이미지와 함께 러시아 민속 코팍춤을 추는 러시아 한인 청소년은 조선에서도 대단한 인기를 누렸다. 경성에서 공연한 고려인 청년 박시몬에게 고팍춤을 배운 조택원은 한국 최초의 서양 무용가가 되기도 했다.

1919년 3월 17일 반일시위를 전개한 블라디보스토크와 우수리스크에서는 1920년부터 매년 3월 1일에 삼일절 기념 집회가 열렸다. 1923년 3월 1일 블라디보스토크에서 창간된 〈선봉〉의 제호가 처음에 〈三月一日〉인 것도 삼일절을 기리기 위해서였는데, 제4호부터는 러시아어로 아방가르드(Авангард)라는 혁명적 투쟁 의지가 강조된 〈선봉〉으로 바뀌었다.

━ 고려일보 100주년 기획전시와 삼일절 104주년 행사

〈고려일보〉 100주년 기획전시(2023.3.1~2024.2.28)는 〈고려일보〉의 생생한 역사를 실증자료로 확인해주고 있다. 전시자료가 한글과 러시아어로 병기되어 있다. 안산과 인천, 김해와 경주, 청주와 아산 등 다른 지역의 고려인도 찾았으면 좋은 전시회다. 마침 〈고려일보〉 한국 특파원인 미디어사람 협동조합 채예진 이사장이 러시아어로 전시회 소식을 유튜브에 올렸다.

3월 1일 오후 2시 월곡 고려인문화관 앞 광장에 독립운동가 후손과 시민사회단체, 고려인마을 주민과 어린이합창단, 월곡동 주민들

미디어사람 채널 전시회 소식

과 방문자들이 모여 고려일보 창간 100주년 기념식을 가졌다. 이후 참석자들은 태극기를 손에 들고 대한독립만세를 외치면서 홍범도공원에 도착했다. 독립운동가 후손과 지역 인사들이 1919년 민족대표 33인이 발표한 독립선언문을 낭독했다.

이어서 고려인마을극단 '1937'과 호남대 미디어영상공연학과와 태권도경호학과 학생들이 준비한 '그날, 우리는' 음악극 공연도 선보였다.

광주고려인마을 홍범도공원에서 독립선언문을 낭독하는 대표들

거리행진에 참여한 사람들은 대부분 고려인이었는데, 고된 한국살이에 지친 고려인동포에게 특별한 삼일절이 되었을 것이다.

필자는 기회가 있을 때마다 광주고려인마을을 찾았다. 과거에는 학생들과, 근래에는 칠순이 넘은 친구들과 함께했다. 매번 느끼지만, 광주고려인마을은 한국사회가 '귀환' 고려인동포를 어떻게 맞이해야 할 것인가를 선도적으로 보여주었다. 이번에는 요양원과 협동농장 운영이다.

'귀환' 동포지만, 고려인은 여전히 한국에서 외국인이다. 입국 후 6개월이 지나야 의료보험에 가입할 수 있다. 또 3세대가 사는 고려인가정마다 노년층이 늘어나는데 한국어 소통도 문제지만, 외국인이라 경로당도 이용할 수 없다. 2022년 11월 광주고려인마을이 농촌지역의 고려인 쉼터를 고려인 노인을 위한 요양원으로 개소한 이유다. 운영비는 자체 노력으로 충당하기로 했다고 한다.

또한, 광주고려인마을은 그동안 우크라이나 피난 동포에게 주거와 일자리 알선 등을 도왔다. 그런데 노동력이 없고 질병이 있는 동포들이 걱정이었다. 우크라이나에서 농사를 짓던 분들이 많아 월곡동 고려인마을 상가가 주문하는 계약재배 협동농장을 해보자고 했다. 고맙게도 광산구새마을협동조합(조합장 김준행)이 농지를 무상 대여해주었다. 지난

광주고려인마을 산하
고려인 요양원
(사진 광주고려인마을)

왼쪽부터 백종한 전
조세심판원 심판관, 필자,
김레브 우크라이나 동포,
김준행 조합장, 김지영
전북이주민통합센터 대표,
채예진 미디어사람 협동조합
이사장.

2월 9일 출범식을 가진 협동농장(광산구 삼도동) 현장을 가보고 싶었다.

3월 1일 광주고려인마을 행사(오후 2시)에 앞서 고려인 협동농장을 찾았다. 마침 자신의 땅을 무상으로 대여해준 김준행 조합장이 우크라이나 피난 동포 김레브 씨와 함께 비닐하우스 설치 준비를 하고 있었다. 김준행 조합장의 안내로 농장을 둘러보았다. 그는 한국살이에 고달픈 고려인동포들에게 쉼의 공간도 제공할 계획이라고 했다. 나아가 관광객이 찾을 수 있는 관광농원 비전도 제시했다. 이제 광주고려인마을을 찾는 방문객은 고려인 협동농장뿐만 아니라 바로 이웃에 있는 고려인마을 청소년들이 다니는 다문화대안학교 새날학교도 함께 들릴 수 있을 것이다.

저출산·고령화 인구절벽시대에 한국 법무부는 행정안전부와 협력해 전국의 89개 인구감소지역에 정착하려는 동포가족에게 비자 특례를 주는 지역특화형 비자 시범사업(2022.10.4~2023.10.3)을 시행 중이다. 광산구는 인구감소지역이 아니나 광주고려인마을의 새로운 노력이 새롭게 고려인마을을 조성하려는 인구감소지역 지자체에 좋은 참고가 될 것으로 보인다. (《아시아엔》 2023-3-6)

2
경상도의 고려인마을

- **[경주 성건동①] 유라시아 고려인이 '국제도시 경주' 되살려내**

　경주시 성건동 고려인마을 중심거리 금성로에 카페 '고려인이랑'이 한 달 넘는 준비 기간을 보내고 곧 문을 여는데 우선 간판을 먼저 달았다.

　2021년 6월 4일 세 번째로 경주시 성건동 고려인마을을 찾았다. 2018년 10월 첫 방문 당시 "경주에 고려인마을이?" 호기심 반 놀라움만

성건동 금성로에 문을 여는
고려인 카페 '고려인이랑'
(사진 장성우 센터장)

성건동 고려인 상점가를
둘러보는 필자(왼쪽)와
정호완 교수(오른쪽)

으로 갔다면, 2019년 10월 두 번째 방문은 '한국에서 아시아를 찾다' 프
로젝트 수행이었다. 두 번째 방문에서는 경주 고려인마을 장성우 센터
장 주선으로 고려인동포 교사들과 대화도 가졌다.

세 번째 방문인 이번에는 삼국유사 전문가인 대구대 정호완 명예교
수와 문화콘텐츠학 박사로 외국인에게 한국어·한국문화를 가르치는 윤
랩(YoonLab) 윤애숙 소장이 동행했다. 마침 경북대 사회과학연구원이 간
행한 〈경주시 고려인 주민 실태조사 및 지원방안〉(2021.5) 보고서를 미
리 받아 읽었는데, 경주 고려인마을을 새롭게 볼 수 있었다.

성건동이 가까워지자 경주지역 삼국유사 연구를 위해 성건동 주공
아파트에 머물기도 했던 정호완 교수는 "대학촌인 성건동이 어떻게 고
려인마을이 되었는지?" 윤애숙 소장도 "성건동 고려인마을이 첨성대,
대릉원 등과 함께 경주문화 탐방코스가 될 수 있을지? 고려인마을에는
어떤 스토리가 있을지?" 궁금해했다.

두 차례 방문했고 탐방용 문화지도 코스도 개발했으니 '스토리 가
이드'를 할 수 있었다. 그러나 1년 반 동안 어떤 변화가 일어났는지 경
주 외국인도움센터(2015)에 이어 고려인동포가 늘어나자 별도로 경주
고려인마을센터(2018)를 세웠고, 다시 경상북도 고려인통합지원센터

(2020)를 설립해 운영하는 장성우 센터장에게 연락했다.

바로 답이 왔다. 장성우 센터장은 우리 일행을 고려인 카페 '고려인 이랑'으로 바뀐, 알콩달콤 카페로 안내했다. 고려인통합지원센터 운영이 너무 힘들어 사회적 협동조합을 만들고 고려인마을 카페를 운영하고자 막 가게를 임대했다고 했다. 장성우 센터장은 카페 앞 거리에 걸려 있는 현수막을 가리키면서 내일(6월 5일) 카페 앞 금성로에서 글로벌 플리마켓이 시범으로 열린다고 소개했다. 현수막을 살펴보니 '성건동 특화거리 조성을 위한' 행사이며, 경주시 도시재생지원센터가 주최하고 동국대산학협력단과 경주시 외국인도움센터가 주관해 운영하는 행사였다.

경주시 성건동 고려인마을은 경주시에 앞서 경주의 대표적 에너지 공기업인 한국수력원자력이 관심과 지원을 기울여왔다. 성건동이 특색 있는 고려인마을로 가꾸어진다면 도시재생, 인구 증가, 지역경제 활성화, 일자리 창출 등 지역발전에 크게 기여할 수 있다고 본 것이다. 한수원은 2020년부터 고려인 한글학교를 지원하고 있고 특히 올해는 고려인 사회적 협동조합인 바실라상사의 기초 자립사업을 지원하고 있다.

'고려인이랑'이 들어서는 알콩달콤 카페 앞에서. 왼쪽부터 필자, 정호완 대구대 명예교수, 장성우 경주 외국인도움센터장, 윤애숙 윤랩 소장.

한국어와 러시아어로 안내문을 내건 흥무초등학교

사실 성건동은 '대학생의 거리'였다. 경주여고도 인근에 있고, 동국대 경주캠퍼스가 지척이다. 지난 5~6년 사이 성건동은 외국인이 거리와 골목의 풍경을 바꾸어 놓았다. 처음에는 중국동포가 많았으나, 2018년 무렵부터 고려인을 비롯해 중앙아시아 출신이 많아졌다. 인근 흥무초등학교는 고려인 학생이 30%가 넘어섰다. 러시아어를 구사하는 이중언어 강사만 5명이다.

흥무초등학교에서 한국어를 가르치는 이중언어교사인 이예카테리나(31세)는 병설 유치원에서도 보조교사로 일하고 있다. 카페 알콩달콩에서 만난 이예카테리나에게 알아보니 병설유치원에도 러시아어를 구사하는 이중언어 강사가 자신을 포함해 3명이다.

경주 고려인마을에 자녀동반 고려인가정이 많아져 흥무초등학교의 고려인 학생 수도 늘어났다. 다문화 가정에도 속하지 못해 월 40만 원 넘는 보육비를 부담해야 하는 까닭에 손자녀를 돌보기 위해 고려인 할머니와 할아버지가 들어오는 것도 다른 고려인마을과 비슷한 양상이다.

성건동 상점들. 간판엔 러시아어와 영어, 한글이 뒤섞여   우즈벡 탄드르(화덕)
있다.

러시아어를 구사하는 중앙아시아 출신 외국인 근로자들도 성건동
에 많아졌다. 2019년엔 보지 못한 세 상점이 눈에 띄었다. 모두 규모
는 작으나 내부 시설을 잘 볼 수 있게 했는데, 특히 '탄드르 러시아빵집'
은 커다란 중앙아시아 탄드르(화덕)를 설치한 점이 특징적이다. 레표시
카'(우즈벡의 둥근 빵) 이름을 단 상점들이 인천 연수동, 안산 원곡동에 들
어섰는데, 성건동에서는 아예 레표시카(빵)나 삼각형의 우즈벡 고기만
두 '삼사'를 만드는 화덕인 탄드르를 간판으로 내걸고 있다. 중앙아시아
거리에 온 듯한 느낌을 주기에 충분했다.

경주시 성건동은 이제 '유라시아를 품은' 고려인마을이다. 중앙아
시아와 러시아에서 온 귀환 고려인동포와 그곳에 러시아어로 소통했
던 우즈베키스탄, 카자흐스탄, 러시아 사람뿐 아니라 중국동포와 베트
남 사람도 성건동 주민으로 살고 있다. 마스크를 꼭 써야 한다는 현수막
도 러시아어, 베트남어, 한어(漢語) 세 가지 언어로 쓰여있다. (《아시아엔》
2021-6-10)

마스크 착용을 당부하는
러시아어, 베트남어,
한어(漢語) 등 3개 언어로
쓰인 현수막

● **[경주 성건동②] 경주시, 더 섬세한 정책으로 '고려인정착' 보듬길**

신라 천년의 고도(古都) 경주는 과거에도 유라시아를 하나로 연결한 실크로드의 출발지였다. 경주는 지금도 유라시아를 품고 있다. 바로 성건동이다. 육상 실크로드 중국, 중앙아시아, 그리고 해양 실크로드 베트남에서 온 사람들이 어우러져 살고 있다.

따라서 경상북도와 경주시는 경주엑스포대공원뿐만 아니라 '유라시아를 품은 성건동 고려인마을'을 널리 알릴 필요가 있다. 성건동에 가면, "유라시아의 거리 모습을 보고! 유라시아 음식을 먹고! 유라시아와 한국에서의 삶을 듣고!" 한마디로 유라시아의 스토리가 넘치는 곳임을 알려야 한다는 뜻이다.

1990년 한국과 소련(러시아) 수교 이후 적지 않은 고려인동포가 한국에 왔다. 특히 2007년 방문취업(H2) 비자제도의 시행 이후 입국자가 많아졌으며, 2015년을 전후로 가족을 동반한 '귀환' 동포가 많아졌다. 고려인동포의 귀환을 맞아 광주광역시(2013)를 시작으로 경기도(2016), 인천광역시(2018)에 이어 경상북도도 2019년에 '고려인 주민 지원 조

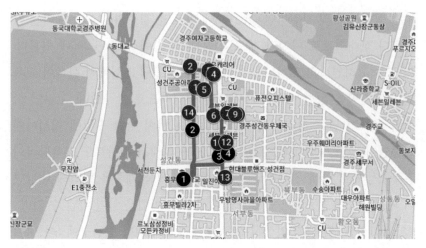

경주 성건동 고려인마을 구글문화지도. 번호 매겨진 위치는 구글에서 확인할 수 있다.

례'를 제정했다.

2013년 조례를 제정한 광주광역시는 2015년 월곡동 고려인마을에 민관 합작으로 고려인종합지원센터를 세우고 '고려인 특화 마을'을 조성해 국내외 방문객을 끌어들이고 있다. 2016년 조례를 제정한 경기도는 2020년부터 고려인 지원단체를 대상으로 '고려인동포 정착지원 사업'을 공모사업으로 시행하고 있다.

이제 경상북도도 민간이 세운 경상북도 고려인통합지원센터 현황을 파악하고 고려인동포 정착지원 사업을 적극적으로 시작해야 할 때다. 지금까지 성건동 고려인마을은 외국인도움센터(2015)를 만들어 경주시 체류 외국인을 돕다가 경주 고려인마을센터(2018), 경상북도 고려인통합지원센터(2020)를 운영해 온 장성우 센터장 등 민간의 노력으로 발전해왔다. 최근에는 사회적 협동조합을 만들고 고려인 카페 '고려인이랑'도 시작했다.

경북대 사회과학연구원(원장 이채문 교수)이 시행한 〈경주시 고려인

주민 실태조사 및 지원방안)(2021.5)에 따르면, 경주의 고려인은 다른 지역보다 상대적으로 나이가 젊고, 전문대 졸업 이상이 43.9%에 이른다. 또 경주 고려인사회도 자녀를 위한 지원프로그램 조사에서 한국어 교육과 학교진학을 위한 예비학교 운영을 적극적으로 요구했다. 고려인 학생이 30%가 넘은 성건동 홍무초등학교는 이미 학교 수업에 러시아어 이중언어 교사가 절대적으로 필요해졌다. 그래서 경상북도 교육당국이 홍무초등학교 안에 경주한국어교육센터를 세울 계획을 변경해 내남면의 폐교된 노월초등학교에 세우기로 한 것은 아쉬운 일이 아닐 수 없다.

2015년 7월 경기 안산시 선부동 땟골 고려인마을 입구에 (사)너머와 고려인 주민들이 지역주민과 소통하면서 카페 우갈록을 만들었다. 우갈록은 모퉁이를 뜻하는 러시아어로 편안하게 만날 수 있는 장소다. 전국의 여러 고려인마을에 우갈록 카페(식당)가 생기고 있다. 성건동의 우갈록('우골록'으로 한글 표기) 주인이 어떤 의도에서 우갈록 간판을 달았

을까? 또, 성건동 고려인마을의 상점 간판에서 우스페흐(성공) 글자를 보았다. 2019년 보지 못했던 탄드르(우즈벡 화덕)와 도너(케밥) 가게도 생겼는데, 성건동의 도너 가게의 간판도 '우스페흐 도너'다. 코리안 드림을 염원하는 성건동 고려인마을 주민의 염원이 간판 이름으로 표출되지 않았을까 싶다.

2019년 11월 1일 기준 한국 거주 외국인주민 수는 222만 명으로, 총인구 대비 4.3%다. 경북은

성건동의 우스페흐 간판

II. 지역의 고려인마을(광주, 경상, 충청)

4.7%인데, 경주시의 외국인 주민은 19,958명으로 경주시 인구의 7.6%이다. 경북에서 가장 높은 수치다. 이미 경주의 고려인 주민은 경주시의 주요 구성원이 되었다. 따라서 경주시는 고려인이 안정적으로 정착할 수 있는 지원 서비스를 제공할 필요가 있다.

경주시 도시재생지원센터가 이미 '성건동 특화거리 조성'을 위해 글로벌 플리마켓(벼룩시장) 행사를 시작했다. 좋은 시도다. 여기서 더 나아가 성건동 고려인마을이 유라시아 사람의 스토리가 넘쳐나는 거리를 만들고 지속해서 홍보해야 한다. 경주문화엑스포에서도 성건동 고려인마을을 소개할 수 있을 정도가 되어야 한다.

우선, 고려인 카페 '고려인이랑'에 고려인 역사문화를 알릴 수 있는 실내 디자인이 필요하다. 아울러 카페 앞 금성로 거리에 안산시 선부동 고려인마을처럼 성건동 고려인마을이 유라시아를 담고 있다는 스토리 보드를 제작했으면 좋겠다. (〈아시아엔〉 2021-7-17)

경주시 외국인도움센터를 찾은 한아찾-시니어 탐방단. 왼쪽부터 윤애숙 윤랩 소장, 정호완 교수, 필자.

● [경주 성건동③] 이철우 경북지사가 이 글을 읽는다면…

　2022년 12월 16일 오랜만에 경주 성건동 고려인마을을 다시 찾았다. 2021년 6월 찾았으니 꼭 1년 반 만이다. 경북대 사회과학원 학술행사('트랜스로컬리티적 공간에서의 한인 디아스포라 혼종성'에서 "인구감소시대 지방 중소도시의 동포집거지, 가능성과 전망" 발표)를 서둘러 마치고 경주 성건동 고려인마을로 향했다. 역시 이번에도 대구에서 영어권 외국인에게 한국어·한국문화를 가르치는 대구의 윤랩(Yoonlab) 소장인 윤애숙 박사가 동행했다.

　점심식사로 고려인 동포들이 즐겨 먹는 양고기 삼사(Samsa)를 사들고 카페 고려인이랑에 들어갔다. 카페 고려인이랑은 경북고려인통합지원센터와 경주외국인도움센터 관계자가 주축이 되어 2020년 10월 경주 거주 고려인 소상공인의 중심 역할을 할 수 있는 사회적협동조합을 설립하면서 시작한 사업체다. 경주 거주 고려인동포와 한국인이 어울릴 수 있는 맞춤형 일터 조성 및 고려인동포와 지역사회의 화합과 발전이 목표였다.

'고려인이랑' 카페 앞에서
필자(좌)와 장성우
센터장(우)

고려인이랑 카페
전시자료

2020년 6월 카페에 '고려인이랑' 간판도 달린 상태였는데, 그때 필자는 경북고려인통합지원센터/경주외국인도움센터 장성우 센터장에게 고려인동포에게는 '고려인'으로서의 자긍심을 갖게 하고, 이웃 한국인과 방문객에게는 고려인 이해를 돕는 자료로 장식할 것을 제안했다. 마침 장성우 센터장도 경기도 안산 고려인문화센터 역사관과 고려인 행사시의 고려인 역사·문화 소개 전시물을 보고 같은 생각을 하고 있었다.

장성우 센터장이 차를 끓이는 동안, 카페 벽면에 한국외국어대학교와 (사)너머가 제공한 고려인의 역사 자료 전시를 살펴보았다. 카페의 중심 벽면에 고려인의 이주역사 지도 좌우에 시베리아 항일운동 59인의 영웅 사진 자료가 전시되어 있었다. (그 아래에는 고려인 관련 저서들이 비치). 또 카페 안쪽에 (사)너머가 제공한 고려인 관련 자료들이 전시되어 있었다. 다소 아쉬운 느낌은 있어도 카페 고려인이랑이 그동안 지역사회에 끼친 영향을 짐작할 수 있었다. 다른 지역의 고려인마을에도 각각

형편에 맞게 고려인이 누구인지? 러시아 연해주 시기 고려인의 항일운동과 문화운동과 중앙아시아 시절의 고려인의 생활문화를 한눈에 알 수 있는 자료/사진 전시를 다시 생각하는 시간을 가졌다.

2022년 10월 27일 국회에서 열린 인구감소지역 대상으로 법무부가 시행한 지역특화형 비자 유형2(동포가족) 사업과 관련한, '고려인 콜호즈' 토론회에 장성우 경주 고려인마을 협동조합 이사장도 초청했다. 이후 장성우 이사장은 체류 기간이 끝나가는 방문취업(H-2) 비자를 소지한 경주 고려인동포 및 이미 영천에 사는 고려인동포들이 인구감소지역으로 다양한 지원 혜택이 예상되는 영천에서 새 삶터를 이루어도 좋다고 생각하고 영천시를 방문하고 경상북도 및 대구출입국·외국인사무소와 연락하는 중이다.

1년 반 전에도 필자는 경상북도와 경주시가 경주 고려인마을에 실질적인 지원을 해야 할 때가 되었다고 생각했다. (《아시아엔》 2021-7-17 "경주시, 보다 섬세한 정책으로 '고려인정착' 보듬길") 그러나 경주 고려인마을은 지역의 활동가와 고려인 소상인들만이 어려운 여건에서 고군분투하고 있음을 확인했다.

인구감소지역 지방의 활력 제고를 위해 우리 정부는 2022년부터 10년간 매년 1조 원의 지방소멸기금을 운용하고 있는데, 89개의 인구감소지역 시군구 외에 18개의 '관심지역'도 지원사업 대상지에 포함했는데, 경상북

경상북도 인구감소지역 및 관심지역
(이미지 경북일보)

도에서는 경주시와 김천시도 '관심지역'이다. 그만큼 경주지역도 사정이 어려워져 '빨간등'이 켜졌다는 의미다.

'인구가 국가의 경쟁력이고 국력'이듯이 지역 경쟁력도 인구에서 나오는 시대다. 코로나 시대를 겪으면서 외국인 농업노동자들이 들어오지 못하자 전남과 전북의 지자체에서 광주광역시 고려인마을에 농사일을 할 수 있는 고려인동포의 지원을 요청한 바가 있다. 법무부의 지역특화형 비자 시범사업을 수행 중인 지자체(광역, 기초)마다 유형1(우수인재) 사업에만 관심을 기울이고 있는데, 유형2(동포가족) 사업에 참여할 수 있는 '고려인동포가족'은 당장 문을 닫아야 하는 지방 중소도시의 학교를 살리고, 지역경제에 활력을 가져다줄 수 있을 것이다.

2013년 10월 광주광역시를 시작으로 많은 광역지자체(경기도, 경상북도, 인천광역시, 경상남도, 전라북도, 충청남도)와 기초지자체(김포시와 안산시)에서 '고려인 주민 지원 조례'를 제정했다. 그런데 그동안 조례 제정에 그친 지자체가 많다. 그래도 광주광역시와 경기도, 그리고 안산시는 관내 고려인지원단체를 지원하려고 노력해왔다. 인구감소시대이다. 인구감소지역과 관심지역은 정부의 지방소멸기금까지 사용하고 있지 않은가.

다시 확인하지만, 지금까지 성건동 고려인마을은 외국인도움센터

동포체류센터사회적협동조합 외국인 회원 등록증 앞면과 뒷면 (사진 장성우)

(2015년)로 만들어 경주시 체류 외국인을 돕다가 경주 고려인마을센터 (2018년)에 이어 경상북도 고려인통합지원센터(2020)를 운영하면서 자활책으로 바실라상사 사회적협동조합(2020)을 시작했다. 최근 조합의 명칭을 '동포체류센터사회적협동조합'으로 개명했다. 한국 태권도 사범 자격증을 딴 고려인동포가 태권도장을 운영하고 있고, 재외동포(F-4) 비자를 취득하기 위한 방수 기술을 배울 수 있는 기술학원도 자체로 운영하고 있다. 실로 한국사회에 정착하려는 경주의 '귀환' 고려인동포사회의 노력은 다른 고려인마을의 모범이다. 그래도 여전히 버겁다. 센터/조합에서 일하는 한국인/고려인동포도 자신의 삶이 있기 때문이다. 안산시 고려인문화센터는 안산시의 지원으로 4명의 활동가가 열심히 일할 수 있도록 인건비를 지원하고 있다.

관심지역인 경주시가 아니라 이제는 경상북도가 당장 내년부터라도 도내에서 유일한 경주 고려인마을의 자구(自救) 노력, 사회적협동조합 활동 실태를 파악하고 경주 고려인사회가 지역사회 발전에 적극적인 소임을 수행할 수 있도록 경북 고려인 주민 지원 조례의 일부 조항이라도 시행해야 할 것이다.

━━ 경상북도 고려인 실태조사 및 지원정책 연구

2022년 12월, 경북행복재단이 간행한 정책연구보고서 〈경상북도 고려인 실태조사 및 지원정책 연구〉가 나왔다. 경상북도의 시군별 고려인 규모 등 실태를 분석하고, 고려인 지원정책 방안을 구체적으로 제시했다. 특히 2022년 1월부터 국내 초중고교에 다니는 중국 및 고려인동포의 미성년 자녀들에게 교육받을 권리를 보장하기 위해 재외동포(F-4) 비자를 부여하고 있는 점과 현재 1년(2022.10~2023.10) 시범사업으로 진행 중인 법무부의 지역특화형 비자유형2(동포가족) 사업의 대상과 특례까지 언급하면서 고려인의 농촌 정착 방안까지 제시한 점이 돋보였다.

보고서는 법무부 출입국·외국인 정책본부의 고려인 현황에 대한 내부 행정통계(2016, 2021)와 통계청의 '이민자의 체류실태 및 고용조사'(2020, 2021) 원자료를 활용해 경상북도 고려인의 규모와 실태를 분석했다. 보고서에 따르면, 2021년 12월 현재 경북에 4,843명의 고려인이 거주하고 있다. 경주시 4,332명, 경산시 151명, 영천시 119명, 구미시 63명, 영주군 47명,

〈경상북도 고려인 실태조사 및 지원정책 연구〉 보고서 표지

포항시 25명 등의 순으로, 경주시가 경북 전체의 89.4%이다. 전국의 시군구별 고려인 규모는 경기 안산시(14,980), 충남 아산시(7,672), 인천 연수구(6,507), 경북 경주시(4,332), 광주 광산구(3,993), 경기 화성시(3,973), 경기 안성시(3,921), 충북 청주시(3,639), 경남 김해시(3,025), 경기 평택시(2,717), 충남 천안시(1,948), 서울 중구(945) 순서로 경주시는 전국에서 고려인 규모가 4위인 기초지자체이다. 물론 실제 체류자는 더 많을 수 있으나 참고할 만한 자료다.

━ 경상북도 지방시대정책국 외국인공동체과

경상북도는 2023년 1월 1일 자로 경북이 주도하는 대한민국 지방시대를 구체화하기 위해 조직개편을 단행했다. 신설된 지방시대정책국 산하에 인구감소와 일손 부족으로 어려움을 호소하는 시·군에 '외국인·동포'의 유입으로 활력을 불어넣기 위해 외국인공동체과가 만들어

진 것이 눈에 띄었다. 2019년 7월 경기도가 외국인 지원 전담부서인 외국인정책과를 신설한 것에 비교하면 다소 늦었으나, 외국인을 '정책 대상' 이상의 '함께 살아가는 공동체'로 규정하는 외국인공동체과로 작명한 것은 의미가 있다.

외국인공동체과가 신설됨으로써, 경북은 법무부가 추진하는 지역특화형 비자 유형1(우수인재)뿐만 아니라 유형2(동포가족) 사업에도 적극적으로 추진할 수 있게 되었다. 경주뿐 아니라 고려인공동체가 조성될 영천 등 도내 고려인사회를 위해 경상북도가 2019년 제정한 '경북 고려인 주민 지원 조례'를 시행할 수 있는 담당부서가 생겼기 때문이다. 경기도도 2019년 7월 신설된 외국인정책과가 2020년부터 '경기도 고려인 주민 지원 조례'에 따라 연간 2억 원 이상을 고려인지원 단체에 지원하고 있다. (〈아시아엔〉 2022-12-20, 2023-1-21)

● **[달성 논공읍①] "여기 한국 맞아? 중앙아시아 아님 동남아?"**

2019년 10월 필자는 동료들과 함께 아시아발전재단 지원으로 두 차례에 걸쳐 지방의 고려인마을을 방문하면서 경기도 안산(원곡동)과 화성(향남) 외에도 상당한 규모의 아시아거리가 형성된 것을 알게 되었다. 바로 80여 개국 출신 이주민들이 사는 김해시 동상동 외 일대였다. 그런데 다시 대구시 달성군 논공읍(남리와 북리) 또한 한국 속의 아시아거리(다문화 공간)로 기록하기로 했다. 대구 논공초등학교 이태윤 교사가 발품을 팔아 '논공의 다문화공간' 구글 지도를 제작했다.

러시아어권 식당과 상점이 12곳, 베트남 식당과 상점이 9곳, 태국 식당과 상점이 6곳, 기타 중국과 인도, 파키스탄과 캄보디아 등 다국적

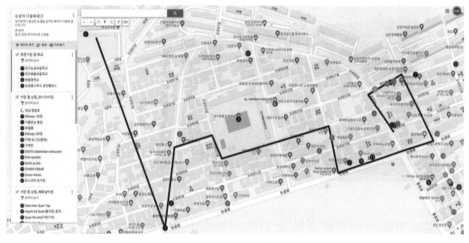

논공읍 다문화공간 내 고려인 상점 분포 지도 (제작 이태윤)

식당과 상점이 13곳이 표시되어 있다. 또 노동운동단체와 러시아어로
예배하는 주님의은혜교회, 알 힉마 논공 무슬림센터(파키스탄 중심), 마하
매우나워사원(스리랑카 불교) 등의 종교기관도 빼놓지 않았다. 안산, 화
성, 김해 다음으로 큰 규모의 다문화 공간이 아닐까?

그런데도 필자는 〈한국 내 고려인마을 지도〉에 '달성군 논공읍 고
려인마을'을 넣었다. '김해시 동상동 고려인마을'과 같은 맥락이다. 논공
읍의 경우, 논공초등학교와 북동초등학교의 다문화 학급 어린이의 다수
가 고려인 아이들이다. 고려인동포는 가족과 함께 삶의 터전을 일구고
있다는 점을 고려했다.

논공에서만 6년간 다문화, 특히 고려인 학생을 가르쳐온 이태윤 교
사와 고려인 상점을 찾아보는 마을투어를 가졌다. 논공초등학교에서 출
발한 우리는 실크로드, 구르만, 탄드르, 임페리아 등 모두 고려인이 운
영하는 식품점과 식당 위주로 둘러보았다. 실크로드(Silk Way)와 탄드르
(우즈벡 '화덕'), 임페리아에서는 편의점 식으로 간편식을 먹을 수 있는 시

설도 있었다. 인천과 김해 등 다른 지역에서는 식당 간판인 구르만('미식가')이 달성 논공읍에서는 수제햄과 소세지를 파는 식품점이다.

고려인마을에서 레표시카(лепёшка 중앙아시아 사람들의 주식인 납작하고 둥근빵)와 삼사(самса 고기만두)를 구워 파는 탄드르(тандыр, Tandir) 간판을 처음 본 것이 2021년 6월 경주 성건동 고려인마을이다. 이후 안산, 인천, 광주 등 고려인마을에 탄드르 간판이 많아졌다.

인천과 안산, 광주에서 본 레표시카, 인천과 청주에서 본 멜니차(мельница 방앗간, 풍차)도 그렇지만 탄드르 간판 또한 중앙아시아 고려인이 자신의 정체성을 드러내는 표시이기도 하다. 지금도 고려인마을마다 타슈켄트 간판을 볼 수 있는데, 이는 오사카 이쿠노 코리아타운에서 봤던 경남상회와 같다. 자신이 타슈켄트와 경상남도 출신이라는 정체성을 드러낸 간판이다.

근래 고려인동포들은 상점 간판을 장소 이름보다는 중앙아시아와 러시아에서 살 때 익숙했던 상품 혹은 상점 이름을 즐겨 사용하고 있다. 언어 경관(linguistic landscape)인 상점 간판을 읽는 고려인마을 탐방은 보고, 듣고, 느끼는 즐거움이자 이로움을 동시에 맛보게 한다.

이태윤 교사와 약속한 저녁 식사를 어디에서 할까? 카페 알리나?

우즈벡 식당 오시요

우즈벡 사람이 운영하는 오시요? 우즈벡어와 러시아어, 한글로 쓰인 우
즈벡 식당 오시요에 들어갔다. 오랜만에 라그만(고기국수)을 먹고 싶었
다. 음료는 러시아에서 많이
먹었던, 몸에 좋은 발효 유
제품, 케피르를 주문했다.

식사를 마치고 나오자
논공9길과 논공21길이 만
나는 곳에 주님의은혜교회
(러시아어 간판 병기)가 눈에

라그만과 케피르

들어왔다. 소련 시기 고려인동포는 중앙아시아에서 살면서도 무슬림이
되지 않았다. 1990년 한소(러시아)수교와 또 소련 해체 이후 1992년 우
즈베키스탄, 카자흐스탄, 우크라이나 등의 국가와 한국의 수교가 이루
어지면서 고려인동포는 한국과 북미와 유럽에서 들어온 한인선교사와
만나면서 기독교 신자가 된 분들이 많았다.

안산과 시흥, 인천, 김해, 청주 등 고려인마을에는 아예 고려인 목사
가 운영하는 교회가 점차 늘어나고 있다. 물론 한국인 목사가 통역설교
로 고려인 신도를 이끄는 교회도 많은데, 양산의 하나인교회 김동원 목

러시아어로 예배를
드리는 주님의은혜교회

사는 유창한 러시아어로 설교하고 있다. 통역설교든 러시아어 설교든
고려인동포의 한국살이에 신앙생활은 큰 힘이 되고 있다.

지난 6월 26일 서울 노량진 기독교TV에서 개최된 제16회 국제이
주포럼의 주제 '초국가 시대의 이민정책'에서도 한국에 사는 이주민 선
교의 중요성을 여러 발제자가 강조했다. 아직 고려인 커뮤니티가 형성
되지 않은 논공의 고려인동포의 한국살이에 대구의 기독교계가 이주민
선교로 더 관심을 가졌으면 하는 바람이다. (《아시아엔》 2023-7-3)

● [달성 논공읍②] 대구논공초등학교에서 만난 이태윤 교사

━ 고려인 학생이 많은 초등학교

안산 선일초등학교, 광주 하남중앙초등학교, 인천 문남초등학교,
경주 성건초등학교, 아산 신창초등학교, 당진 신촌초등학교, 김포 대곶
초등학교, 안성 광덕초등학교, 청주 봉명초등학교 … 필자가 직접 방문
했거나 교사와 만나 대화를 한 고려인 학생이 많은 초등학교다. 어떤 학
교는 직접 학교를 찾아 교사와 대화를 나눈 바도 있으나, 대부분 보도를

논공초등학교 현관에서.
왼쪽부터 이태윤 교사,
빅토리아, 이모나,
예바, 소피야, 박타마라
이중언어 교사.

통해 소식을 접하고 "아! 이 학교구나"라고 확인하고 교문에서 학교 사진을 찍은 정도다.

그런데 대구광역시 달성군 논공읍에 있는 논공초등학교는 특별했다. 지역 초등학교에서만 6년 동안 고려인 아이들에게 한국어를 가르쳐 온 이태윤 교사와 사전 연락이 닿았다. 또한, 이태윤 교사가 학교의 허락을 받아서 학생들을 가르치는 한국어학급인 정음반 강의실에서 대화를 나눌 수 있었다. 2021년 6월부터 혼자 자유롭게 전국의 고려인마을을 찾은 지 만 2년, 마무리 단계에서 만난 행운이었다.

이태윤 교사를 알게 된 것은 계명대 러시아문학과 학생들이 방학 동안에 대구북동초등학교의 한국어학급 학생을 대상으로 한 대학생 멘

정음반 앞에서
논공초등학교
이태윤 교사

토링 프로그램에 참여했다는 기사였다. (《참교육뉴스》 2021.7.30 「북동초, 계명대학교 러시아문학과와 방학 중 '쑥쑥 Up 캠프'」) 바로 계명대학교 김성완 교수에게 전화했다. 이태윤 교사를 소개해 주었다.

이태윤 교사는 대구에서 초중고등학교를 졸업했으나, 부산교육대학교를 졸업하고 또 첫 부임지는 경기도 동두천이었다. "저도 이주민으로 살았습니다." 그래서 그럴까? 검색을 해보니 대구교육청의 2023 다문화가정 학부모 교육 행사의 유명 강사다. 이태윤 교사와 카톡으로 대화를 나누다가 마침내 지난 6월 1일 만났다. 마침 현관에서 방과 후 한국어수업을 하러 들어가는 고려인학생들과 기념사진을 찍었다. 한결같이 밝은 표정이다.

━ 지역사회의 합력이 필요한 고려인 아동 교육

2018년 봄학기까지만 해도 한국어학급은 북동초등학교에 1개 학급뿐이었다. 그런데 고려인 학생들이 갑자기 늘어났다. 북동초등학교가 2개 학급 증설을 요청하자, 심각성을 인지한 대구교육청이 북동초등학교에 2개 학급을 증설하고 또 이웃 논공초등학교에도 1개 학급을 신설했다. 고려인 학생이 절반이 넘게 되자 고려인 학생들끼리 러시아어로만 대화하고, 소수가 된 한국 학생들이 상대적으로 위축되고 고려인 학생을 돌봐주는 일도 꺼리게 되었다. 고려인 학생을 나눈 결과, 가르치는 교사도 부담이 줄어들고 학급 분위기도 좋아졌다.

이태윤 교사가 한국어를 가르치는 수업 교재를 보여주었다. 한국어 조사 아래에 러시아어가 쓰여있다. 한국어학급의 교사는 최소한 기초 러시아어 대화가 가능해야 하겠다고 생각했다. 역시 교사가 중요하다고 생각했다.

그러나 교사뿐 아니라 교육 주체 간의 합력도 필요했다. 처음에 학

논공초등학교 정음반 한글수업 자료

교는 가족과 함께 들어온 고려인 학생들이 몇 년 후에 출신국으로 돌아
갈 것으로 생각했다. 조상의 땅 한국에 정착하려는 '귀환' 동포인 것을
나중에야 알았다. 고려인 학생들의 상황을 인식한 대구시 달성군은 외
국인 아동에게 차별 없는 교육기회를 보장하고 안정적인 보육환경을 조
성할 수 있도록 2022년 10월부터 대구에서 최초로 외국인 아동 보육료
지원사업을 시작했다. 달성군이 추가 경정 예산을 확보하여 관내 어린
이집에 재원 중인 만 0~5세 외국인 아동에게 보육료의 50% 금액을 지
원하고 있다. 최대 월 25만 원의 혜택을 받을 수 있게 되었다. 비전문취
업(E-9) 비자를 소지한 외국인과 달리 고려인동포는 방문취업(H-2)이
든 재외동포(F-4) 비자이든 가족동반이다. 보통 3~4명의 자녀가 있는
고려인 가족의 한국살이에 큰 도움이 아닐 수 없다.

　대구교육청은 2023 다문화가정 학부모 교육, '한국학교! 그것이 알
고 싶다'를 2월 20일부터 3월 10일까지 시행했다. 교육의 주체인 학부
모의 관심과 참여가 중요한데, 아침부터 저녁까지 일하기도 하지만 한
국어 소통이 어려워 학교생활에 관심이 적은 고려인 학부모를 참여 시

기키 위한 노력이었다. 필자의 생각이다. 계명대 러시아·중앙아시아학과 학생들이 멘토로 참여한 캠프 등 대학생들의 관심도 필요하다. 집과 학교 외에는 전혀 세상과 만나지 못하는 고려인 학생들에게 러시아 전공 학생이 아니더라도 대학생 형과 오빠와의 만남은 소중하다. 부모의 사랑 속에 한국 학생들이 누리는 '삶의 경험'을 일부라도 누릴 수 있기 때문이다.

(〈아시아엔〉 2023-7-11)

대구교육청 행사 안내 자료

● **[김해 동상동①] 여기 한국 맞아요? ⋯ 우즈벡거리·구소련친구들⋯**

━ **1년 기다렸다 마침내 김해 고려인마을에 도착하다**

2021년 5월 15일(토) 김해 고려인마을을 찾고자 전날 마산에 갔다. 경남대 사학과 학생 대상으로 가진 재외동포 이해교육 줌(zoom) 강의는 이미 5월 10일에 마쳤지만, 김해 고려인마을 탐방수업을 주말에 갖기로 한 것이다. 그런데 14일 늦은 오후에 15일 만나기로 한 김해 구소련친구들 황원선 대표가 전화했다.

김해시 동상·서상동 고려인마을 주변 지도

"내일 학생들과 김해 오시는 것을 취소하는 게 좋겠습니다. 무슬림의 라마단 행사가 끝난 후 안전하다고 생각한 넓은 주차장에서 가진 집회 이후 코로나 확진자가 급증해 지금 비상입니다. 내일 들릴 동상시장 일대가 아예 통행금지됩니다. 지금 시청에서 긴급대책회의를 열고 있습니다."

2019년 10월, 경남에서 가장 외국인이 많이 사는 김해시. 그 후 어떤 변화가 있었을까? 동상동·서상동 고려인마을을 찾았으니 거의 2년 만이었는데…. 어쩔 수 없이 창원에 사는 친구 전규태와 김주열 열사 시신이 떠올라 1960년 4월혁명이 시작된 곳을 시작으로 마산의 구도심 창동예술촌, 진해의 해양공원 등을 둘러보고 창원중앙역에서 헤어져 서울로 돌아왔다.

다시 1년이 지난 2022년 5월 11일 경남대 사학과에서 대면 강의를 마치고 조호연 교수와 함께 김해로 향했다. 이번에는 평일이기도 하고 학생들과 현장탐방수업은 아예 포기했다. 대신 학생들에게는 개별 방문을 권하면서 글로벌드림다문화연구소와 구소련친구들 단체 위치와 동상시장 등이 표시된 김해고려인마을 탐방용 문화지도를 소개했다.

마산 4월혁명 발원지에서. 전규태와 필자(오른쪽)

조호연 교수와 동상동 글로벌드림다문화연구소에 도착하니, 안윤지 소장의 연락을 받고 구소련친구들 황원선 대표도 나와 있었다. 소장실에 올라갔다. 지난 3월 법무부 부산출입국·외국인청 이동휘 청장 일행이 특별히 동포 문제에 관심이 많아 글로벌드림다문화연구소를 방문

글로벌드림다문화연구소 안윤지 소장

II. 지역의 고려인마을(광주, 경상, 충청)

했는데, 이때 김해시 시민복지국장과 여성가족과장, 그리고 2021년 신설된 외국인지원팀장도 참여해 대화를 가졌다고 설명했다.

━ 고려인대표도 참여하는 가야글로벌지원단 발족

김해시는 등록외국인과 외국국적 동포를 포함해 외국인이 2만 명에 이른다. 전국에서도 거주 외국인 수가 많은 지자체에 속한다. 김해시는 2021년 여성가족과 가족지원팀에서 외국인주민지원팀을 분리해 신설했고, 2022년 행정안전부 주관 외국인주민 기초인프라 공모사업에 선정되었다.

김해시는 외국인 이용시설 대표와 17개국 외국인공동체 주민대표가 참석한 가야글로벌지원단(비영리민간단체, 대표이사 안윤지) 회의(1차 3월 20일, 2차 3월 28일)를 개최했다. 상기 공모사업에 선정되어 운영하는 외국인주민지원사업의 총괄 조정 역할을 하는 곳을 '가야글로벌센터'로 명명하고 가야글로벌지원단에서 위탁·운영하기로 했다.

2022년 1월 20일 오후 시청 소회의실에서 가야글로벌지원단 회의 후 참석한 외국인이용시설대표와 공동체 주민대표들. (사진 김해시)

김해시는 2021년 7월 우즈베키스탄과 베트남을 시작으로 중국과 네팔과 인도네시아(8월), 스리랑카와 필리핀과 캄보디아와 미얀마(10월), 또 2022년 3월 태국과 5월 방글라데시 등 11개국 공동체와 협약을 체결했다. 또 6월에 우즈베키스탄·카자흐스탄·러시아·우크라이나·키르키스스탄·타지키스탄 등 6개국 출신 고려인대표를 추가해 총 17개 외국인공동체와 업무협약을 체결했다. 가야글로벌지원단 위원들이 외국인공동체로 고려인을 추가한 것은 외국인 근로자보다 가족을 동반해 정착하고 있는 고려인동포를 배려한 것으로 보인다.

━━ 김해에 우즈벡 빵 가게도 들어서다

김해시는 9월 말 동상동 소재 주차타워 6층에 가야글로벌센터를 정식 개소할 예정이다. 외국인주민이 소통·교류할 수 있는 공간과 상담실, 교육장, 쉼터 등이 들어설 예정인데, 김해 거주 외국인주민의 지역사회 정착에 도움을 줄 것으로 기대된다. 김해의 구도심인 동상동은 1990년대 중반 이후 김해의 중소기업에 고용된 이주노동자들이 증가하면서 현재 이주민 생활공간의 일부로 자리를 잡았다.

두 개의 탄드르가 있는 우즈벡 빵집

동상시장거리는 다문화거리, 외국인거리로 변했고, 우즈베키스탄에서 들어온 고려인동포들이 많이 들어와 상권을 이루게 된 '우즈벡거리'도 생겨났다. 우즈베키스탄

김해 글로벌드림다문화연구소 앞에서. 왼쪽부터 임영상, 황원선, 안윤지, 조호연.

출신 이주민이 운영하는 탄드르(화덕)에서 고려인도 주식으로도 먹는 둥근 빵(레표시카)을 구워 팔고 있다.

　또한, 김해시는 2022년 여성가족부 공모사업에도 선정되어 2월과 7월에 김해시 외국인주민 및 다문화가족 지원 협의회를 개최했다. 협의회에는 김해교육지원청과 김해중·서부경찰서, 김해고용센터, 부산출입국외국인청김해출장소, 김해외국인노동자지원센터, 김해시가족센터 등 유관기관 및 민간 전문가, 외국인주민 등 20명의 위원이 참여하고 있다. 학업과 진로문제, 지역사회 적응에 어려움을 겪는 이주배경 아동·청소년에게 학습언어 지원, 학습지원 및 진로·직업교육 등을 맞춤형으로 지원하는 지역자원 연계사업을 시행하려는 김해시의 노력이 기대된다.

〈아시아엔〉 2022-9-1)

● [김해 동상동②] 동포지원 단체, 글로벌드림다문화연구소를 롤모델 삼길

　김해시 동상동 김해중학교 맞은편에 있는 글로벌드림다문화연구소 안윤지 소장을 처음 만난 것이 2019년 10월이다. 2021년 봄 『한국에서 아시아를 찾다』(아시아발전재단, 2021) 책을 내면서, 또 그 이후에는 법무부 지원사업과 관련 몇 차례 전화와 문자로 대화를 나누다가 2022년 5월 만났으니 2년 7개월 만이다.

　그동안 연구소가 건물 2, 3층을 사용했는데, 연구소 건물이 들어서자 지하 동포지원센터 세움 간판과 함께 역사·문화체험관, 교육관, 상담관, 취업관 안내가 보인다. 필자가 제공한 고려인 자료가 궁금해 먼저 지하로 내려갔다.

　글로벌드림다문화연구소뿐만 아니라 동포지원센터도 경상남도에 등록된 단체인데, 다목적으로 사용되는 지하 동포지원센터 벽면에 '고려인의 발자취' 주제로 고려인동포를 알리는 사진 자료가 전시되어 있다. 고려인에 대한 간단한 정의, 고려인의 이주사와 고려인이 사는 중앙아시아, 그리고 1911년부터 러시아 연해주 블라디보스토크의 아무르만이 내려다보이는 곳에 고려인이 세운 신한촌(新韓村) 전경과 2004년 한국외대 연구팀이 3D로

동포지원센터는 연구소 건물 지하에 고려인 전시실을 꾸며 역사·문화체험관과 교육관 등으로 활용되고 있다.

고려인의 발자취
전시 사진

복원한 신한촌 모습, 1999년 8월 15일 (사)해외한민족연구소가 세운 신한촌 기념비와 2004년 고려인 이주 140년을 맞아 '발해의 꿈'을 부른 가수 서태지가 헌정한 최초의 고려인마을 지신허 기념비 사진 등이다.

연구소를 방문하는 지역주민과 외부 손님들에게, 또 연구소에서 한국어를 공부하는 고려인동포에게 고려인과 고려인 역사를 이해시키는 소중한 자료들이다. 그런데 아쉽다. 신한촌기념비와 지신허기념비 사진은 세로로 찍은 것인데, 전시공간 때문에 가로로 편집되어 사진이 왜곡되었다.

'고려인 자녀들의 한국생활' 주제로 전시된 사진들은 글로벌드림다문화연구소에서 한국어를 공부하는 중도입국 고려인 아동·청소년 수업 장면과 한국의 역사와 문화 탐방 모습이다. 초기에는 조상의 나라 한국으로 귀환하는 부모를 따라 한국에 온 고려인 자녀 중에는 미처 중앙아시아 현지에서 학적(學籍) 증빙자료를 챙기지 못하고 온 경우가 많았다.

그동안 안윤지 소장은 고려인 학생의 학적을 만들기 위해 중앙아시아 현지와 연락하는 등 많은 수고를 해왔다. 지금은 다행히 교육청에서 학력심의위원회가 만들어져 무학적 학생도 편입할 수 있게 되었는데,

고려인 자녀들의 한국생활 사진

중도입국 학생의 나이 등을 고려해 학년을 정하고 중학교 교육을 받을 수 있게 하고 있다.

고려인 자녀들의 한국생활 사진을 보면서, 글로벌드림다문화연구소가 경남 지역의 중도입국 고려인 청소년들이 자신의 꿈을 키워나갈 수 있는 '마을학교' 역할을 하고 있음을 알 수 있었다.

─ 안윤지 소장, 경남 세계인의날 행안부 장관 표창 받아

2022년 5월 22일 경남도청에서 열린 경남 세계인의 날 기념행사에서 안윤지 글로벌드림다문화연구소 소장이 행안부 장관 표창을 받았다. 김해 지역 외국인주민이 보다 신속하게 지역사회에 적응할 수 있도록 한국어 교실 및 각종 사업을 활발히 운영해 가족관계, 근로계약 등의 각종 고충 상담을 지속해서 지원한 공로를 인정받은 것이다.

안윤지 소장은 여성가족부 산하 이주배경청소년지원재단 사업(레인보우스쿨)과 김해교육지원청, 김해시청과 함께 입국 초기 중도입국 학생들의 한국어 교육 및 진로상담 후 제도권으로 편입학을 연계해주는 언어연수 프로그램을 운영해 오고 있다. 또한, 편입학한 이주배경 학생들이 학교 교육을 따라가기 어려운 점을 고려해 방과 후, 주말, 방학 기간에 공교육 제도권 밖의 틈새 보충교육으로 한국어와 한국문화·한국사회 이해교육, 진로상담(학부모 포함), 영·수, 특기 적성 교육 등을 실천함으로써 이들의 한국사회 조기 적응을 돕고 있다.

안윤지 소장의 글로벌드림다문화연구소는 다문화연구소이자 이주배경 다문화청소년 지원센터가 되었다. 그동안 동반가족(F1) 비자로 들어온 고려인 자녀는 체류 기간을 1년마다 연장해야 했으나, 2022년 1월부터 부모의 체류자격·기간과 상관없이 재외동포(F4) 자격으로 변경 허가를 받아 국내에서 고등학교 졸업까지 학업을 계속 이어갈 수 있고, 이후 국내에서 취업도 할 수 있게 되었다.

근래 안윤지 소장은 김해의 모 중소기업(전자제품)에 고려인동포를 소개해 현재 10명 이상이 일하고 있다. 고려인에 대한 좋은 반응이 나오자, 안 소장은 아예 고려인동포(30명)로 한 조립공정(라인)을 맡기는 방안도 제안할 예정이다. 바로 그 기업은 고려인동포 교육에 써달라고 빔 프로젝트와 컴퓨터 등 교육 기자재를 기증했다.

지역의 기업이 외국인주민의 교육 발전에 이바지하는 것을 보면서 김해의 행복마을학교 사업이 김해의 새로운 이웃, 중도입국 이주민자녀의 교육도 고려해야 한다고 생각했다.

2019년 2월부터 김해교육지원청은 "온 마을이 학교다"라는 목표로 김해행복마을학교(2019년 2월), 장유행복마을학교(2019년 4월)에 이어 무계행복마을학교(2022년 5월)를 개관하고 학교와 지역이 함께 하는 김해교육공동체 구축 사업을 시행하고 있다.

2022년 1학기 학생중심 마을학교 운영(김해·장유·무계 행복마을학교 330명 28강좌) 등이 나와 있는데, 다양한 분야의 마을학교 강사진이 활

김해 무계동 행복마을학교 개관식 테이프커팅 장면 (사진 연합뉴스)

동하고 있다. 그런데 대부분 한국 학생이 수혜자로 보인다. 같은 '마을 학교'를 지향하고 있지만, 2021년 8월 인천 선학중학교 내에 민(지역주민)·관(인천교육청과 연수구)·학(선학중학교) 협력을 바탕으로 건립된 교육문화공간 '마을엔'은 지역의 외국인주민에 더 다가가고 있다.

이런 점에서 김해시 동상·서상동 고려인마을 학생들이 이용할 수 있는 김해여자중학교 등에 4번째의 행복마을학교가 들어선다면, 글로벌드림다문화연구소와 협력할 수 있는 김해의 특별한 마을학교로 발전할 것으로 보인다. (《아시아엔》 2022-9-2)

- **[김해 동상동③] '구소련친구들' 황원선 대표 "김해에도 통합지원센터 필요"**

— **매일 300통 전화 상담… 부산서 김해로 이주 '구소련친구들' 결성**

1966년 부산에서 출생한 황원선 씨는 부산에서 정수기판매사업을 하다가 2002년 월드컵을 계기로 우즈베키스탄에 갔다. 정수기 판로를 개척하기 위해 우즈베키스탄 타슈켄트에 가서 12년 동안 생활했는데, 그때 러시아어도 익히고 고려인 친구들을 많이 사귀게 되었다.

어느 날 그가 몸져누워 있을 때 찾아와 "우리는 한인이다. 가족이다. 동포다. 한민족"이라고 하면서 밥까지 차려주었던 고려인동포의 도움을 잊지 않고 있다. 2014년 한국으로 돌아왔을 때 김해에 도움이 필요한 고려인들이 참 많다는 것을 알게 되었다. 김해에 정식 사무실을 열고 고려인들과 함께 2015년 2월 구소련친구들을 결성했다. 창원에도 구소련의친구들 지회가 있다.

고려인들이 황 대표를 찾는 이유는 대부분 전세계약서 작성과 회사 면접 시의 동행 등 생활 속에서 의사소통이 되지 않아 도움을 요청하는 일이다. 물론 갑작스러운 사고가 났을 때나 한국인과 다툼이 생겼을 때도 전화를 주고 있다. 또, 숙소와 직장, 혹은 병원과 약국에서 스피커폰을 통해 통역을 요청하는 일도 많아졌다.

구소련친구들 사무실에서. 오른쪽이 황원선 대표.

"Mr. 황, 내가 지금 병원에 가는데, 30분 후에 의사 선생님 만 날 때 스피커폰으로 전화할게요. 통역 부탁해요."

황원선 대표는 매일 200~300통 전화를 받는다. 370통까지 받은 날도 있다. 김해뿐이 아니다. 위급한 상황에 부닥친 고려인동포들이 안산과 광주, 그리고 심지어 우즈벡으로 돌아간 상태에서도 4개의 공동체 단톡방을 통해 문자를 보내고 또 무료 스마트폰으로 전화 통역도 해주고 있다. 최근 사례를 소개하고 싶다고 하자, 기저질환 미상으로 국민건강보험처리가 되지 못해 치료비 등 도움을 요청해 공동체 단톡방과 페이스북에 올려 도움을 주었던 광주 거주 고려인 여성이 보낸 의사소견서와 문자와 황 대표가 보낸 문자 일부를 캡처해서 보내주었다.

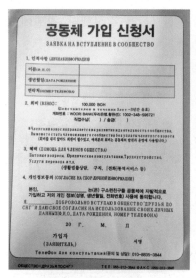

구소련공동체 가입 신청서

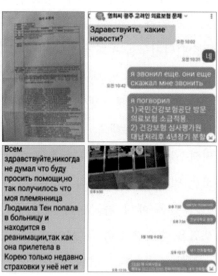

광주 고려인 여성이 요청한 내용이 담긴 문자.
(황원선 대표 제공)

황원선 대표는 별도의 후원금이나 기부금을 받지 않고 구소련친구들을 운영하고 있다. 구소련친구들의 4개 공동체에 가입한 고려인들이 내는 회비로는 사무실에 있는 통역사 2명과 활동가 1명의 임금을 감당하기에도 벅차다. 그래서 자신이 운영하는 작은 노래방의 수익금을 대부분 단체 사무실의 운영 경비로 지출하고 있다. 이제 김해시와 경상남도가 김해에 정착하고자 하는 귀환 고려인동포에 적극적인 관심을 가져야 할 때이다.

2019년 10월 아시아발전재단의 지원을 받아 지방의 고려인마을을 둘러볼 때, 한중문화학당 일행은 김해에 사는 사할린 한인의 소개로 부원동 구소련친구들 사무실을 찾았다. 대화하는 중에, 황원선 대표가 우리에게 꼭 만나야 할 분이 있다면서 글로벌드림다문화연구소 안윤지 소장께 전화했다. 구소련친구들은 김해살이를 시작한 고려인동포의 초기 정착을 돕는 창구로, 글로벌드림다문화연구소는 고려인동포에게 한국어·한국문화를 가르치는 교육장으로 서로 합력(合力)하는 처지이기도 했다.

2022년 5월 다시 김해의 활동가인 황원선 대표와 안윤지 소장은 이구동성으로 재외동포(F4) 비자를 받은 고려인과 결혼한 타민족 배우자(F1)도 최소한 아르바이트라도 합법적으로 할 수 있게 해주어야 한다고 힘주어 강조했다. 불법으로 일하다 보니 형편없는 저임금을 감내하다 또 엄청난 벌금을 받기도 하는 현실에 대해, 고려인과 결혼한 타민족도 고려인 가족으로 수용해야 하지 않느냐는 것이다.

'귀환' 동포로 들어오고 있으나 한국살이가 어렵다. 그래서 광주광역시(2013)를 시작으로 경기도(2016), 인천광역시(2018), 그리고 경상남도(2020)까지 고려인주민 지원조례를 제정했다. 그러나 조례만 제정했지 고려인의 정착을 실질적으로 지원할 수 있는 재정 지원은 아주 미약

한 형편이다.

다만, 경기도가 2019년부터 공모사업을 통해 도내 5개 고려인지원 단체에 5천만 원 내외를 지원하고 있다. 그러나 고려인주민 지원사업을 총괄할 수 있는 '고려인 주민통합지원센터' 설치를 명시한 광주광역시와 인천광역시도 유명무실한 상태이다. 후발주자인 경상남도는 제5조(지원사업)에서 명시한 5항(한국어교육, 통번역 서비스 등 언어지원)과 6항(고려인 주민 자치모임 및 지원단체 지원)만이라도 지원사업을 시행하고, 나아가 제6조(위탁) 지원사업을 효율적으로 수행할 수 있는 전문 인력이나 전문 시설을 갖춘 단체를 위탁해야 할 것이다.

경남에서 고려인주민이 집중적으로 거주하는 곳은 양산시와 진영읍을 포함한 김해시이다. 따라서 이미 김해 고려인주민의 교육장(글로벌 드림다문화연구소)이자 창구(구소련친구들)를 갖추고 5~8년을 소임을 다하고 있는 단체를 중심으로 김해고려인통합지원센터를 설립하고 고려인 주민 지원사업을 위탁, 운영해야 할 것이다.

광역시가 아니나 귀환 고려인동포의 '고향'인 안산시가 고려인 이주 150년을 기념하여 중앙정부의 지원까지 끌어들여 설립한 안산고려인문화센터에 연 2억 원 이상의 운영비를 지원하고 고려인 및 지역주민 지원사업을 (사)너머에 위탁, 운영하는 점을 참고할 필요가 있을 것이다. (〈아시아엔〉 2022-9-3)

* * *

2023년 9월 23일 김해 구소련친구들 사무실에 공동체 활동을 열심히 하는 사람들이 왔다. 6년 전 공동체 사무실을 방문, 황원선 대표가 양산까지 가서 일자리를 소개해준 고려인 3세 페루자 씨와 우즈벡인 남편 아보스 씨다. 지난 9월 18일 양산시 북부동 한 식당에서 화재가 발생하자 아보스 씨가 맨몸으로 뛰어들어 화상을 입고 쓰러진 60대 여성을 구조한 사실이 언론에 보도된 바 있다. (《연합뉴스》 2023-9-19「불 난 식당에 갇힌 할머니... '펑' 소리에 달려온 우즈벡인에 구조」) 오랜만에 김해에 온 것이다. 우즈베키스탄 국기가 걸려 있는 사무실 앞에서 이들 부부와 함께 찍은 사진을 황원선 대표가 필자에게 보내왔다.

양산에서 다니러 온 고려인
부부(오른쪽)와 함께

● **[김해 동상동④] '한국 속의 아시아' 김해, 동포역사문화관 개관**

전국의 중국동포타운과 고려인마을을 탐방할 때마다 아쉬웠다. 중국동포와 고려인동포가 누구인지? 왜, 한반도를 떠났다가 귀환(歸還)하는지? 대체 해외에서 어떻게 살았는지? 동포들이 모여 사는 곳마다 한눈에 알아볼 수 있는 '작은 전시자료/공간'이 있었으면 했다.

물론 경기도 안산시와 광주광역시 광산구가 운영을 지원하는 안산고려인역사관(2016년)과 광주 월곡고려인문화관(2021년)은 예외다. 어쨌든 80만 중국동포와 10만 고려인동포가 함께 사는데, 너무 우리가 동포들을 잘 모르고 있다. 아니 잘못된 정보를 알고 있기도 했다.

2023년 3월 31일 경남 김해시 동상동 글로벌드림다문화연구소 부설 동포지원센터에 고려인, 사할린한인, 조선족 동포의 역사·문화를 한눈에 살펴볼 수 있는 동포역사·문화관이 문을 열었다. 안윤지 소장의 요

고려인역사·문화관 내부

김해 고려인마을
동포역사문화관 개관식
필자의 특강

청으로 광주 월곡고려인문화관 김병학 관장이 소중한 역사 사진을 제공
했다. 필자도 고려인과 조선족의 역사·문화를 압축적으로 소개하고 또
지도와 사진 자료도 제공했다. 중국동포(리광평)와 고려인동포(채예진)도
사진 자료를 제공했고, 조선족의 역사·문화관 한어(漢語) 번역은 전북이
주민통합센터 김지영 대표가 수고했다.

　　개막행사로 김정호 국회의원과 정희정 부산 출입국·외국인청 부청
장, 임주택 김해시 복지국장의 축사가 있었다. 이어서 필자('귀환' 동포사
회의 현황과 과제)와 김병학 관장(광주 월곡고려인문화관의 자료와 의의)의 짧
은 특강 후에, 동포지원센터는 동광초등학교, 푸른숲 법률사무소, 화이
트치과, 그리고 김해시가 설립한 가야글로벌센터와 업무협약(MOU)도

체결했다. 이제 김해 동포지원센터는 경남이 아니라 부산·울산·경남 거주 동포와 연구자·학생들이 방문할 수 있는 명소(名所)가 될 것이다.

오후 1시 조금 지나 동포지원센터에 도착했다. 전시관을 둘러본 후, 개막식 행사까지 40여 분의 시간이 있었다. 필자는 서둘러 동상시장 공영주차장으로 향했다. 보도를 통해 확인했지만, 80개 이상의 나라 출신 이주민이 모여 사는 김해시가 설립한 외국인주민 정착 및 화합을 위한 글로벌 커뮤니티 공간인 가야글로벌센터가 궁금했다. 동상동 다어울림센터 6층에 올라갔다.

교육, 상담, 체육·문화행사, 취업, 지역연계 센터를 알리는 홍보영상이 눈에 들어왔다. 개소 1주년이 안 되어 한국어교육 외에 다른 사업은 준비 중인 듯했다. 앞으로 외국인주민 커뮤니티의 활성화를 위한 어떤 사업과 활동이 있을지 기대된다.

김해 가야글로벌센터 내부 홍보 자료

한국 속의 아시아촌 김해의 상징인 동상시장과 '종로'를 찾았다. 평일 한낮이라 시장은 조용했지만, 점심시간 때여서인지 종로에는 중앙아시아 출신 사람들이 많았다. 이주민집거지는 더는 게토(ghetto, 빈민지역)가 아니다. 오히려 에스닉 경제로 낙

한국 속의 아시아시장 '김해 동상시장' 내부

후 지역이 재생된 사례가 훨씬 많다. 김해 구도심 동상동 또한 이주민이 모여들면서 지역이 활성화되지 않았는가? 보고, 먹고, 듣고 세 가지 즐거움을 누릴 수 있는 김해의 에스닉타운을 학생과 연구자, 시민들이 더 찾으면 좋겠다. (〈아시아엔〉 2023-4-10)

● **[김해 진영읍①] 진영으로 고려인들이 몰려드는 이유는?**

전국적인 명성의 특산물인 진영단감의 원산지이며, 창원시 근교 지역으로서 개발 수요가 급증하고 있는 김해시 진영읍. 고려인동포가 많이 산다고 해서 한번 꼭 가봐야겠다고 생각했다. 지난 3월 31일 아침 9시 KTX 진영역에 내린 후에 바로 노무현 대통령기념관이 있는 봉하마을로 향했다. 5.9km 승용차로 10분 거리였다.

> "중국동포 여러분 힘내세요. 국경과 법, 제도가 우리를 자유롭게 왕래하지 못하게 하고 있지만, 우리 국민의 믿음은 여러분과 함께하고 있습니다."

서울 구로동 조선족교회를
방문한 노무현 대통령
(사진 노무현사료관)

2003년 12월 29일 노무현 전 대통령이 서울 구로동 조선족교회를 찾아 강제추방 중단을 요구하며 단식농성을 벌인 조선족 동포들을 찾아 방명록에 남긴 말이다. 이후 불법체류 중국동포에게 자진 출국의 기회가 주어졌고, 2007년 마침내 한국에 아무런 연고가 없는 만 25살 이상의 중국과 CIS 동포들도 최장 4년 10개월 자유롭게 왕래하면서 취업할 수 있는 방문취업(H-2) 비자제도가 시행되었다. 역설이지만, '코리안'이면서 '코리아'에서 중국동포와 고려인동포의 합법적인 한국살이가 가능하게 되었다.

사실 방문취업 비자제도는 재외동포를 국적에 따라 차별한 것이다. 15년이 지난 현재도 입국 후 5년째에 되면 무조건 출국해야 하는 H-2 비자로 한국살이를 하는 동포들이 많다. 장기체류가 가능한 재외동포(F-4) 비자제도와 통합해야 할 때가 되었다.

김해 고려인마을은 동상동을 비롯한 구도심에 있는 것으로 알고 있었다. 그런데 진영읍에 고려인이 더 많이 살고 있었다. 그뿐만 아니라 우크라이나에서 온 복싱선수 염아나톨리 등 고려인 청소년 관련 소식이 자주 보도되었다. 지난 3월 31일 아침 봉하마을에 들렀다가 진영읍 경남단감원예농협 금병지점 2층에 있는 김해글로벌청소년센터를 사전 약속도 없이 방문했다. 짧은 대화를 나누고 다시 찾기로 했다.

1942년 읍으로 승격된 진영읍은 남해고속도로와 KTX 진영역, 부산과 창원 등 대도시와 접근성이 쉽고 5개의 산업단지(농공단지)가 가까이 있어 일자리가 많다. 또, 학교와 관공서, 상점 등 삶에 필요한 모든 곳이 걸어서 갈 수 있을 정도로 밀집해 있다. 깨끗하고 편안한 느낌을 주는 진영을 둘러보면서 중등학생 자녀를 둔 고려인 가족이 진영에 많은 이유를 알 수 있을 듯했다. 김해 구소련친구들 황원선 대표가 들르고 싶은 곳이라 해서 고려인 부부가 운영하는 상점에 갔다. 전국의 고려인마을

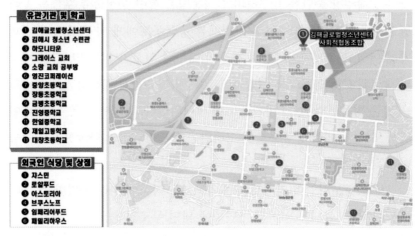

김해 진영 고려인마을 지도 (제작 김해글로벌청소년센터)

마다 볼 수 있는 임페리아푸드(IMPERIA FOODS)였다.

　다시 진영을 찾기 전에 김해글로벌청소년센터 사회적협동조합 손은숙 이사장께 진영의 고려인마을 문화지도 제작이 가능한지 문의했다. 며칠 후 관내의 주요 유관 기관(규모가 큰 인력소개소인 영진코퍼레이션도 포함)과 고려인이 운영하는 식당과 상점 6곳이 들어 있는 지도를 받았다. 임페리아푸드도 들어 있었다.

　6월 1일 진영에 도착하자마자 먼저 임페리아푸드에 들렀다. 마침 3년 전에 러시아 사라토프에서 들어온 둘째 딸 라리사(23세)와 태어난 지 6개월 아이까지 가게에 나와 있었다. 츠가이라디온(Tskhay Rodion)과 텐 나제즈다(Ten Nadezda) 부부가 한국에 들어온 것은 10년 전이다. 7년 전에 한국에 온, 진영초등학교 3학년인 10세 막내아들을 잘 가르치고 싶었다. 부부는 국내 여러 곳에서 일하다 3년 전에 진영에 정착했다. 48세와 44세인 부부가 손자만 벌써 셋이다. 아이가 둘인 큰딸(24세)과 최근

고려인 가족
츠가이라디온·텐나제즈다
부부와 딸 라리사와 O세
손자. 왼쪽은 필자.

결혼한 셋째 딸(20세) 가족은 현재 우즈베키스탄에 살고 있다. 부부는 우즈베키스탄에 있는 딸네 가족도 모두 진영으로 부를 생각이다. 고려인마을을 다니면서 3대가 사는 고려인가정을 많이 보았다. 그런데 바로 진영에서 젊은 할아버지와 할머니, 젊은 엄마와 6개월 젖먹이까지 3대 고려인 가족과 기념사진을 찍을 수 있었다.

임페리아푸드는 새벽 5시에 문을 연다. 아침 출근하는 사람도 가게를 찾지만, 야간근무를 마친 고려인동포가 주 고객이다. 고기만두인 삼사는 츠가이라디온이 직접 만들지만, 레표시카(식빵) 등 여러 종류의 빵은 임페리아푸드 본사에서 보내주는 냉동생지로 빵을 굽는다. 그래서 전국의 임페리아푸드에서 판매하는 빵은 어디에서나 맛이 똑같다고 한다.

━ 중도입국 고려인 청소년 학부모 모임, 김해글로벌청소년센터

진영의 고려인들은 주말이면 인력사무소 영진코퍼레이션이 제공하는 큰 홀에서 함께 모여 생일잔치도 갖고 댄스파티도 즐긴다. 중앙아시아에서의 생활문화로 한국살이의 고단함도 달랜다. 김해글로벌청소년센터에서 한국어도 배우고 진로와 취업지도까지 받는 고려인 청소년들이 행사를 돕고 때로는 서툰 공연이나 부모님들을 즐겁게 해주고 있다. 사실 고려인부모들은 교육의 주체로서 역할을 다하지 못하고 있다. 일주일 내내 고된 노동에다 한국어 소통이 어렵기 때문이다. 센터에서 고려인 청소년 학부모 모임을 가져온 김해글로벌청소년센터 Mrs. 손(은숙)에 고마워하는 이유였다. (〈아시아엔〉 2023-6-29)

김해글로벌청소년센터

● **[김해 진영읍②] 청소년 진로·취업교육, 어떻게 할 것인가?**

전국의 고려인마을 중에 김해 진영이 특별했다. 신도시로 개발된 곳이라 거리가 깨끗했고 편안한 느낌을 주었다. 외관뿐만 아니다. 2022년만 해도 레인보우스쿨(여성가족부 이주배경청소년지원재단), 중도입국청소년 학업복귀 프로그램(경남교육청), 중도입국청소년 방과 후 아카데미(경남 김해교육지원청), 이주민·선주민 청소년들이 함께하는 글로벌청소년체육대회(김해시 여성가족과), 글로벌청소년 진로체험박람회(김해시 여성가족과), 이주배경청소년·지역청소년 사회통합 프로젝트(김해시 도시재생지원센터) 등 고려인 차세대에게 꼭 필요한 사업이 진행되었다. 중도입국 고려인 차세대 교육의 모범이 될만했다. 그래서 재외한인학회에 '찾아가는 재한동포간담회'가 경남 김해에서 열렸으면 좋겠다고 추천했다.

김해글로벌청소년센터에서 열린 재외한인학회의 제3회 찾아가는 재한동포 간담회(2023년 8월 31일). 왼쪽 앞줄 네 번째가 임영언 회장.

━ 중학교 과정부터 필요한 진로·취업교육

중도입국 고려인 청소년들은 초등과정부터 한국학교 생활 적응이 쉽지 않다. 그래서 안산의 노아네러시아학원처럼 러시아학제로 공부하고 러시아 중·고등학교 졸업장을 받는 러시아학원에 다니는 고려인 아이들이 안산, 인천, 광주, 청주, 부산 등에 많다. 문제는 한국 학교생활이 자력으로는 거의 불가능한 중등과정 청소년들이다. 이에 15~25세 고려인 청소년에게 기숙사형 고려인청소년 전문 대안학교인 안성 로뎀나무국제대안학교가 희망이 되고 있다. 이곳은 오전에는 등급별로 한국어 집중교육, 오후에는 다양한 동아리 활동과 진로교육을 받고 학력까지 인정받는 경기도 교육청 위탁형 다문화 대안학교다. (《아시아엔》 2022-5-10 「고려인 청소년의 숨터·꿈터 '안성 로뎀나무국제대안학교'」)

진영읍의 김해글로벌청소년센터가 법인으로 정식 설립이 된 것은 2019년 5월이다. 그 전신인 봉사단체 하나래가 개소된 2017년만 해도 주변에서는 왜, 다문화 학생인가? 의구심을 갖는 사람들이 적지 않았다.

김해글로벌청소년센터를
섬기는 분들. 필자
옆에서부터 손은숙,
김옥증, 이말련.

그러나 3년 전부터 지역사회의 이해가 달라졌고 교육청 관계자도 학교
밖 다문화교육의 중요성을 인식하기 시작했다.

이미 전국적인 명성을 얻고 있는 김해글로벌청소년센터에는 놀라
운 점이 또 있다. 교직에서 은퇴한 교장 선생님들이 재직 시절의 학생지
도 노하우를 활용해 센터에 오는 고려인 청소년들을 돕고 있다. 김옥증
전 장유고등학교 교장은 김해글로벌청소년센터장으로, 이말련 전 용지
초등학교 교장은 센터가 필요하면 한걸음으로 달려와 온갖 궂은일을 도
맡아 봉사하고 있다.

아파트단지 관리동을 활용한 글로벌진로·취업센터

권용재 센터장(왼쪽)

　　　　Ⅱ. 지역의 고려인마을(광주, 경상, 충청)

지난 2023년 5월 김해글로벌청소년센터는 산하 기관으로 글로벌 진로·취업센터를 시작했다. 김해시 행복주택 내 사무공간 무상임대 업무 협약 체결로 커뮤니티센터 공간을 사용하게 된 것이다. 글로벌진로·취업센터 센터장으로 봉사하기로 한 분도 전 창원남중학교 권용재 교장이다. 현재 기업의 일자리와 학생들의 희망 직종에 대한 데이터를 구축 중인데, 곧 고려인 청소년의 건강한 한국살이에 큰 힘이 될 것으로 보인다.

▬ 김해 진영지역의 이주배경아동·청소년교육

손은숙 이사장은 2022년 5월 16일 한국청소년정책연구원 전문가 회의 참가에 앞서 자료를 준비하다가 마음이 아팠다고 한다. 2020년 11월 기준 김해시 이주배경청소년 고등학교 재학률이 64%였는데, 2022년 4월에 46.7%가 되었다. 그렇지 않아도 진영의 고려인 중학생도 절반 이상이 고등학교 진학을 포기하고 있었다. 고려인 청소년들은 한국어가 약하고 또 친구가 다니는 집 근처 학교만 다니고 있다. 그래서 고등학교에 다니다가 학교가 왜 필요한지 고민하다가 자퇴하기도 한다. 다양한 직업으로 나갈 수 있는 특성화고에 대한 지식도 거의 없다. 손은숙 이사

김해건설공고 진로탐방 교육 (사진 손은숙)

제2회 한국어 골든벨(2022년 중도입국청소년 방과 후 아카데미) (사진 손은숙)

장은 2022년 5월 18일 이주배경 중학생 13명 및 학교 밖 청소년 8명과 함께 김해건설공업고등학교 진로탐방을 다녀왔다. 학생들의 눈이 크게 떠졌다. 포크레인 기사를 하게 되면 월급이 얼마인가를 알게 된 것이다. 마침 김해건설공고에 기숙사가 있어 학교 편입학 전인 고려인 학생 3명을 안내해 주었다.

　김해글로벌청소년센터는 진영읍에 이주배경아동·청소년 교육센터가 필요함을 역설하고 있다. 김해시는 경남 도내 가장 많은 이주배경아동아동·청소년 거주로 경남교육청 다문화교육특구로 지정된 바 있다. 특히, 진영지역은 고려인 이주배경아동·청소년의 비중이 95% 이상이다. 그래서 학교적응 및 안정적인 한국살이를 위한 한국어교육과 한국문화 등을 사전에 교육받을 수 있는 고려인 및 동포자녀 전문교육센터 설립을 준비하고 있다. 손은숙 이사장은 '경남형 다문화예비학교'를 제안했다. (《경남신문》 2023-11-26) 전국의 고려인마을마다 각 지역의 실정에 맞는 고려인 교육에 대한 공론의 장이 필요한 시점이다. (《아시아엔》 2023-6-29)

● [창녕 창녕읍] 경상남도가 '창녕고려인마을' 지원해야 할 이유

2019년 10월 필자는 동료들과 아시아발전재단의 지원으로 두 차례에 걸쳐 지방의 고려인마을을 방문했다. 1차(10월18~20일)는 충남 당진, 아산, 천안, 충북 청주, 광주광역시, 2차(10월25~28일)는 경북 경주, 부산광역시, 경남 김해와 창녕을 둘러볼 기회가 있었다. 그런데 당시 아쉽게도 마지막 방문지인 창녕엔 들르지 못했다. (아래 지도의 24번)

2022년 12월 16일 오전 10시 경북대 학술행사 발표를 서둘러 마치고 창녕 고려인마을 란데뷰카페로 가서 고려인 음식으로 점심 대화를 갖고자 했다. 그런 후에 경주 고려인마을로 이동하려 했다. 그런데 란데뷰카페 이베라 사장의 일정으로 오후 2~3시 사이에 방문해야 했다. 일정을 바꾸어 먼저 경주 고려인마을을 들르고 오후 3시 가까이 창녕에 도착했다.

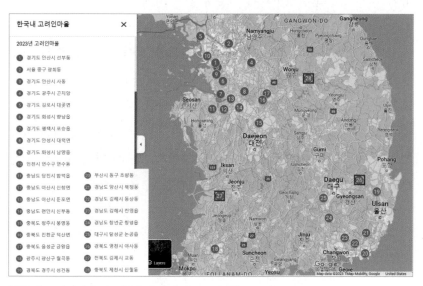

한국 내 고려인마을 지도(붉은색 테두리는 조성 중) (제작 한국외대)

창녕읍 란데뷰카페 앞에서.
왼쪽부터 황원선, 이지언,
이베라, 윤애숙, 필자.

　란데뷰카페에는 이베라 사장과 그녀의 조카인 이지언 고려인 보험
설계사, 김해고려인마을 황원선 '구소련친구들' 대표도 기다리고 있었
다. 타슈켄트에서 식당 영업을 했던 이베라 사장이 2017년 개업한 란데
뷰카페는 창녕 고려인사회의 사랑방이다. 이베라와 이지언 두 사람은
모두 타슈켄트 주 '북쪽등대콜호즈' 출신이었다.

　필자가 한국외대 재식 시에 "타슈켄트주 '북쪽등대콜호즈'의 김게
오르기, 문화일꾼에서 한국어 교사로" 글을 썼다고 하자 두 사람은 콜
호즈의 65번 학교를 나왔고 김게오르기 선생에게서 한국어를 배웠으며
김게오르기 선생이 친척이라고 했다. 갑자기 두 사람은 나를 고향사람
만난 듯이 반갑게 대해주었다. 필자도 얼마 전에 작고한 김게오르기 선
생을 생각하면서 두 사람이 남다르게 느껴졌다.

타슈켄트 주
상·중·하치르치크구역
고려인 콜호즈들

━ 창녕의 고려인마을, 2년 전 상태와 전혀 변함이 없다

〈동포세계신문〉 2019년 12월 3일자에 실린 기사에 따르면, 창녕 거주 고려인들이 겪는 어려움은 한국어 문제였다.

> "한국어를 못해 겪는 어려움이 많다. 한국어를 가르쳐줄 사람
> 이 필요하다. 한때는 교회에서 한국어를 가르쳐준다고 해서 30명
> 정도가 참여했지만, 러시아통역 없이 하다 보니 못 알아듣는다면
> 서 인원이 많이 줄었다. 한국어를 배우고 싶어도 가르쳐줄 사람
> 이 없는 것이다. 한국어를 조금 할 줄 아는 고려인들이 있는데 별
> 도로 시간을 내기가 쉽지 않다고 한다."

꼭 2년 전 아시아발전재단 '한국에서 아시아를 찾다' 조사연구팀이 방문한 후에 나온 기사의 일부이다. 그때 이베라 사장은 "한국어를 가르쳐줄 사람이 필요하다"라고 요청했다. 이번에도 똑같은 대답이었다. 창녕에는 여전히 한국 정착을 위해 노력하는 고려인동포를 지원하는 단

체가 없다. 전국의 고려인마을마다 한국인 활동가가 고려인동포를 돕고 있는데, 창녕은 그렇지 않은 듯이 보였다. 환갑이 넘은 이베라 사장이 창녕 고려인사회의 리더이지만, 그렇다고 고려인단체를 결성할 수 있는 상태는 아니다. 전국에서 최초로 인천 연수동 고려인동포들이 '함박마을 고려인주민회'를 만들었는데, 한국인 활동가의 도움 덕택이었다.

같은 고향 콜호즈 출신인 이베라 고모의 요청으로 8년 전 창녕에 온 이지언 씨는 더 구체적으로 고려인가족이 겪는 어려움을 이야기하면서 한국사회의 도움을 요청했다. "고려인 아이들이 한국에 와서 1학년 또는 2학년 낮춰 학교에 가는 것을 억울해하고 있어요. 한국어 실력 때문인데, 그래서 고려인 아이들을 위한 방과 후 혹은 학원 교육이 필요해요." 김해 고려인마을 구소련친구들 황원선 대표도 거들었다. 덩치가 큰 고려인 아이들이, 한국어가 서툴러도 동생뻘인 한국 아이들과는 어울리지 않고 고려인 아이들끼리 러시아말로만 이야기해서 학교생활 적응이 더 어려운 현실이라고 지적했다.

아버지가 광주, 어머니가 전주 출신인데 창녕의 고려인동포를 위해 출입국·외국인사무소에 가서 통역도 해주고 있는 이베라 사장, 2년 전 보험설계사 자격까지 취득할 정도로 한국어 소통이 가능한 초등학생 어

창녕고려인마을을 준비하는 이베라 사장(왼쪽)과 조카 이지언 씨

II. 지역의 고려인마을(광주, 경상, 충청)

머니인 이지언 씨. 그러나 그들의 한국어는 한국에 살면서 배운 '길거리 한국어'다. 타인에게 체계적으로 한국어를 가르칠 정도는 아니다. 2015년경부터 가족동반으로 들어오는 고려인동포들도 이미 어느 고려인마을이 자녀교육에 좋은 곳인지를 알고 이동하고 있다. 황원선 대표 사무실에서 일하는 고려인 여성도 자녀교육 때문에 김해로 이주한 사례였다. 창녕 지역사회의 지원과 도움이 절실한 것으로 보인다.

━ 창녕은 '지역특화형 비자 사업'이 가능한 인구감소 지역

2022년 10월부터 1년간 법무부는 '지역특화형 비자 (시범)사업'을 시행하고 있다. 전국 89개 인구감소지역의 생산인구를 늘리기 위한 적극적인 이민정책의 하나로 우수인재(유형1)와 동포가족(유형2)을 정착시키려는 사업이다. 당연히 외국인/동포의 한국 정착을 돕기 위한 한국어교육 등의 사업이 필연적으로 수행될 예정이다.

전라북도는 6개 시군, 전라남도와 경상북도는 각기 5개 시군, 충청남도와 충청북도는 각 2개 시군, 그 외 부산광역시(3개구)와 대구광역시(1개구), 경기도(2개군)와 경상남도(1개군)도 사업이 진행 중이다. 그런데, 지자체마다 동포가족을 유치해야 하는 유형2 사업에 관심이 적다. 만일 창녕군이 내년 사업에 지원해 참여한다면 창녕군은 이미 고려인마을이 형성되어 있어 (고려인) 동포가족 유치에 어려움이 없을 것이다.

사실 전국 지자체마다 한국인과 외국인이 결혼한 다문화가족을 위한 (다문화) 가족센터가 운영되고 있다. 창녕군도 마찬가지다. 그런데도 2013년 광주광역시를 시작으로 여러 광역지자체와 기초지자체가 한국어를 상실한 고려인동포의 한국 정착을 돕기 위한 지원조례를 제정했다. 경상남도도 2020년 5월 14일 '경상남도 고려인 주민 지원 조례'를 제정한 상태다. 이미 2년이 넘었다. 김해시(동상동, 진영읍)와 양산(북정동), 창녕(창녕읍)에 고려인마을이 형성되었음에도 아직 경상남도 차원에서 지원사업이 시행되지 않고 있는 것은 아쉬운 일이다. 아래는 경상남도 고려인 주민 지원조례 제5조 ①항 내용이다.

> 제5조(지원사업) ① 도지사는 고려인 주민의 지원을 위하여 다음 각호의 사업을 수행할 수 있다.
> 1. 고려인 주민 실태조사 및 연구사업
> 2. 고려인 주민의 처우 개선에 필요한 시책
> 3. 경제적 자립을 위한 취업·창업 지원
> 4. 차별 방지 및 인권옹호를 위한 교육·홍보
> 5. 한국어교육, 통번역 서비스 등 언어지원
> 6. 고려인 주민 자치모임 및 지원단체 지원
> 7. 도내 고려인 주민 집중 거주지에 대한 주거 및 환경 개선 사업
> 8. 자녀돌봄 및 영육아보육 지원
> 9. 문화·예술·체육행사
> 10. 응급구호 등 보건의료 지원
> 11. 그 밖에 도지사가 고려인 주민의 지역사회 정착에 필요하다고 인정하는 사업

김해와 양산 고려인마을에도 지원사업이 필요한 실정인데, 창녕 고려인마을은 더 절실하다. 특히 '한국어교육, 통번역 서비스' 부분은 조금만 신경을 쓰면 가능한 일일 것이다. 창녕의 고려인동포 사회의 리더인 이베라 사장은 조카 이지언 씨와 준비 중이다. 내년에는 '창녕고려인마을' 단체를 만들어보겠다고 했다. 그런데 고려인들만의 힘으로 자조 단체를 만드는 일은 참으로 어렵다. 이 또한 한국사회가 도와야 할 것이다.

(〈아시아엔〉 2022-12-24)

● [양산 북정동①] "그곳에도 고려인들이 살고 있었네"

　　2022년 12월 국립민속박물관에서 국내 고려인의 생활문화에 대한 두 권의 보고서가 나왔다. 먼저, 국내 체류 중앙아시아 고려인들의 생활문화 이야기를 담은 재외한인동포 생활문화 조사보고서인 〈새로운 정착, 고려사람〉(글 김형준·백민영, 사진 김영광)이다. 국내거주지(3장), 고려인 지원단체(4장), 고려인의 세시와 의례(5장), 고려인의 삶의 이야기(6장)에 앞서 역사 및 현황(2장)에서 "고려인의 극동 및 중앙아시아 이주와 삶의 궤적"(김영술), "구소련권 고려인의 한국 이주와 정착 및 생활실태"(김경학)의 논문과 고려인 국내현황 및 통계, 정책과 비자까지 소개했다. 국내 고려인동포 연구에 유익한 자료들이다.

　　국립민속박물관의 '우리 안의 다문화' 시리즈로 나온 〈부산·경남 러시아어권 이주민들의 생활문화〉(노용석·이정화·현민) 보고서는 부산·경남 지역 러시아어권 이주민들의 생활사와 이주민 지원단체의 활동을 다루고 있다. 이 보고서의 양산(북정동)과 부산(초량동) 내용을 보고, 2022년 겨울에 제작한 한국 내 고려인마을 구글문화지도를 수정하기로

2022년 국립민속박물관
간행 국내 고려인
조사보고서

했다. 양산의 고려인 상점들과 고려인 지원단체(양산 하나인교회)의 활동을 볼 때 이미 '양산 고려인마을'이었다.

─ '양산 고려인마을'을 찾아가는 길

5월 31일 오전 10시 30분 부산역에 도착했다. 생각보다 양산이 멀었다. 동행한 대한고려인협회 채예진 부회장은 목적지를 검색해보더니 망설임 없이 택시를 불렀다. 부산지하철 2호선 종점인 양산역에서 버스를 타고 부산에 돌아와야 할 시간을 고려해서다. 또 양산 고려인마을의 지도자인 하나인교회 목사님과 사전 약속이 되지 않은 점에 당황하는 눈치였다. 구글 검색을 했으나 연락처를 찾지 못했기 때문이었다.

그러나 〈부산·경남 러시아어권 이주민들의 생활문화〉 보고서에 나오는 러시아 상점 콜로속에 가면 고려인사회를 돕는 하나인교회 김동원 목사와 연결이 될 수 있다고 생각했다. 북정중앙로 10번지 콜로속 상점에 도착하자마자 물었다. "김동원 목사님을 아느냐?" 고려인 부부가 알려준 전화번호를 입력하고 문자로 '양산 고려인마을'에 온 이유를 알렸다. 그리고 전화했다. 사전 약속이 없었는데도, 또 사실은 선약이 있는데도 김동원 목사는 흔쾌히 우리의 방문을 환영했다. 걸어서 7분 거리의 교회 위치를 알려주었다.

'고려인마을'은 고려인이 대략 500명 이상 모여 살고, 상점가가 형성되고, 무엇보다도 고려인이 모일 수 있고 사회·문화적인 활동을 할 수 있는 자조/지원단체가 있어야 한다. 주지하듯이 고려인동포는 한국어를 상실했고 또 생업에 바쁜 탓에 스스로 자조(自助) 단체를 만드는 일은 쉽지 않다. 또한, 많은 고려인이 자신의 역사를 잘 모른다. 왜, 한반도를 떠나 러시아 연해주로 갔는지? 1920~30년대에 소비에트 고려인으로 새로운 정체성을 갖게 되었는지? 물론, 고려인동포와 함께 사는 한국인들

최근 개업한 마카롱을 포함한 북정동의 고려인 상점들 (사진 양산 하나인교회)

도 고려인을 잘 모른다. 강제이주 이야기는 조금 알지만. 고려인의 연해
주와 중앙아시아에서의 삶에 대한 이해가 부족하다. 왜, 한국어를 상실
했는가? 고려인과 한국인은 같은 한민족이지만 상호이해가 필요하다.
전국의 고려인마을마다 한국인이 설립하고 운영하는 고려인 지원단체
의 역할이 중요한 이유이기도 하다.

　　양산 고려인마을은 어떤 상황일까? 양산은 인근 산업도시(부산, 울
산, 김해)와 인접하고 상당수의 공단이 조성되어 단순노무직에 종사할 수
있는 외국인 근로자와 또 고려인동포가 일할 수 있는 일자리가 많은 편
이다. 〈새로운 정착, 고려사람〉에 소개된 고려인 식품점 스카즈카는 동
양산 서창동에 있는 유일한 고려인 상점이다. 동양산은 동남아 출신 이
주민이 많은데 고려인도 늘어나고 있다고 한다.

동양산 서창동의
고려인 상점
(사진 국립민속박물관)

고려인마을에 가면 키릴 문자로 쓴 상점 간판을 읽는(보는) 재미가 있다. '작은 이삭'이란 뜻의 콜로속(Колосок) 간판은 처음이다. 소련 시기 자주 사용한 빵집 명칭이라 고려인동포에게는 친숙할 수 있겠다. 또한, 고려인마을에서는 중앙아시아 현지에서 맛볼 수 있는 고려인 음식을 체험할 수 있다. 그런데 아직 양산에는 전문 고려인식당은 보이지 않는다. 콜로속 간판에 '고려인식당' 글씨가 있으나 편의점과 같이 간편식을 먹을 수는 작은 테이블이 전부다. 양산 고려인마을에서는 고려인동포의 아침 식사 고기가 들어 있는 빵(삼각형 모양의 삼사와 유사)으로 점심을 먹고 다시 택시를 타고 서둘러 부산(초량동)으로 이동했다.

〈아시아엔〉 2023-6-10)

콜로속에서 빵으로 점심을 먹고 있는 필자

● **[양산 북정동②] 구심체 역할, 하나인교회와 고려인마을학원**

양산 북정동 고려인마을에서 러시아어 키릴 문자 간판을 보고, 중앙아시아 고려인의 음식을 먹고, 고려인의 한국살이 혹은 지원단체 활동가의 경험을 듣고 싶었다. 그런데 '듣고'가 잘 될까 걱정되었다. 양산 일정이 너무 빠듯했기 때문이다.

다행히 고려인동포의 신앙 지도자이자 고려인청소년의 배움터인 양산 고려인마을 학원 대표인 김동원 목사와의 대화는 특별했다. 대한고려인협회 채예진 부회장도 양산을 떠나면서 "러시아어를 정말 잘 하시고 비전도 훌륭한 목사님"이라고 이야기했다.

양산 하나인교회 김동원 목사는 경북대학교 노어노문학과 출신이다. 러시아어를 전공한 것은 러시아 선교사가 되기 위해서였다. 그러나 지금 그는 러시아 파송 선교사가 아니라 러시아/CIS 지역에서 들어오는 고려인동포와 러시아어를 사용하는 이주민을 섬기고 있다. 특별한 사례다. 사실 현재 한국사회는 '더 많은 김동원 목사'가 필요한 때이다.

양산 하나인교회 노인한글반에는 우크라이나 가정도 있다. 모두 여성인데 성경도 배우고 한글도 배우고 함께 나들이도 하고 친자매들처럼

양산 고려인마을 하나인교회
김동원 목사님(오른쪽)과
대한고려인협회 채예진
부회장, 필자(왼쪽)

2023년 부활절에 모인 양산 고려인마을 하나인교회 신도들 (사진 김동원)

이웃사촌으로 나이 들어가는 아름다운 모임이다. 양산에 들어온 고려인 노인도 대부분 한국살이에 힘든 자녀들의 자녀, 손자녀를 돌보기 위해 한국에 들어왔다. 고려인사회의 세대 간 돌봄은 더 특별하다. 강제이주 와 정착, 끝나지 않은 재이주에서 더 돈독해졌다. 올해 74세의 김라리사 할머니도 9년 전 한국에서 일하는 딸의 요청으로 한국에 들어왔다. 처음에는 손주들을 돌보았는데 지금은 손녀들이 자라 결혼해 아이를 낳아

양산 고려인마을 하나인교회 노인한글반. 왼쪽 두 번째가 카자흐스탄에서 온 김라리사(74) 씨다. (사진 김동원)

     II. 지역의 고려인마을(광주, 경상, 충청)

증손주를 돌보고 있다.

양산 하나인교회는 북정동 고려인마을 동포가족의 피난처이자 안식처다. "다니엘(김동원) 목사님이 러시아말 참 잘해요." 말만 잘하는 것이 아니다. 대부분의 고려인마을 지원센터 운영자처럼 고려인동포의 일상생활을 돕고 있다. 임대서류 번역과 집주인과의 대화 통역, 그리고 은행·병원·행정기관 업무 등 고려인이 필요로 하는 곳에 늘 김동원 목사가 있다. 임금체불과 병원 등 다양한 통역 활동을 해온 목사로 귀환 고려인동포의 '주민권'이 온전하게 보장받을 수 있도록 노력하고 있다.

▬ 대한고려인협회와 청소년 진로지도 합력했으면…

현재 양산 고려인마을에서는 양산초, 삼성초, 북정초, 어곡초와 삼성중학교에 고려인 학생들이 많이 다니고 있다. 고등학생도 있다. 한국 학교생활 적응이 어려운 고려인 청소년을 돕고 나아가 진로교육을 위해 '양산 고려인마을 학원'이 설립되었다. 마침 지난 2023년 1월 26일(목), 1월 31일(화), 2월 11일(토) 3차례 한국시티은행이 후원하고 JA(Junior

양산 고려인마을 진로코칭 교육. JA Korea가 주관했다. (사진 김동원)

Achievement) Korea에서 주관한 고려인학생 진로코칭교육에 양산 고려인 마을 학생들도 참여했다. 1월 31일 프로그램은 서울견학(연세대, 게임회사 크레프톤)도 가졌다. 주변에 중도 포기하는 고려인 학생들이 많아지는데, 고려인 중고등학생에게 꼭 필요한 행사였다.

한국에서 삶의 뿌리를 내릴 고려인 청소년을 위한 진로·취업 지도를 어떻게 할 것인가? 한국대학에 진학하여 한국 학생들과 경쟁하면서 공부하거나 특성화고등학교를 졸업하고 자신의 직업을 찾은 고려인 청소년들이 동생들의 멘토가 될 수 있을 것이다. 대한고려인협회 채예진 부회장이 작년에 경기도의 지원사업으로 안산에서 가진 2박 3일 워크숍을 소개했다. 올해는 제천시에서 가질 예정이라고 했다. 김동원 목사는 제천 워크숍 또한 수도권 고려인 청소년에게는 가능하나 지역은 어렵다고 했다. 광주 고려인마을을 중심으로 한 호남권, 부산과 경남 양산과 김해, 때에 따라서는 경북 경주 고려인마을까지 아우르는 영남권으로 나누어 진행함이 어떨까? 대한고려인협회와 지역 고려인마을이 협력하여 진행할 수 없을까?

2022년 8월 '나는 누구인가?'를
주제로 열린 대한고려인협회
워크숍.

II. 지역의 고려인마을(광주, 경상, 충청)

양산 고려인마을 학원

　　부모를 따라 한국에 온 고려인 청소년들. 중고등학교 연령대는 한국학교 적응이 어렵다. 교육 여건이 미비해 아예 편입이 거절되곤 한다. 그래서 고등학교 편입이 가능한 안산, 광주, 인천 고려인마을 주변 학교에 들어가거나, 아니면 기숙사를 제공해주는 안성 로뎀나무국제대안학교를 찾고 있다. 양산의 고려인 중학생은 처음부터 직업을 찾기 쉬운 특성화고등학교 진학을 권할 수도 있다. 경상북도가 도내 55개 특성화고등학교에 CIS와 동남아 지역 중학교 졸업생을 입학시켜 (부모도 한국 초청해 일하게 하면서) 경북에서 공부하고 또 직장을 가질 방안을 준비 중이다. 경상남도도 고려인 청소년의 건강한 한국생활과 정착을 위한 다양한 정책을 추진할 필요가 있겠다.

　　주지하듯이 지금 한국은 인구감소 문제가 최대 현안이다. 경북 영천시, 충북 제천시, 전북 김제시 등 지역특화형 비자 유형2(동포가족) 사업을 수행 중인 인구감소지역에서는 고려인가족의 이주와 정착을 지원하기 위한 정책을 수립하고 있다. 고려인동포의 권익을 대변하는 대한고려인협회가 지역특화형 비자 사업과 관련, 지역의 고려인마을에서 지원 활동을 펴고 있는 NGO 등과 협력해 고려인 동포가족의 '한국살이'를 위한 방안을 제시하고 또 협력해야 할 때이다. (《아시아엔》 2023-6-10)

4년 만에 다시 찾은 초량동 차이나타운. 텍사스거리 간판과 고려인
마을마다 문을 연 임페리아(부산 초량동 차이나타운만 옛 간판) 등 고려인동
포가 운영하는 상점들도 여전하다.

아시아발전재단에서 간행한 『한국에서 아시아를 찾다』(2021) 제2
부〔지방의 고려인마을〕 제3장〔경상남북도(부산광역시)〕 편에 초량동(텍사스거
리의 고려인동포와 가게들)을 소개하면서도 '부산시 초량동 차이나타운'이
라고 했다. '고려인마을'이라고 하지 않은 것은 고려인사회의 구심점이
될 만한 지원단체를 찾지 못했기 때문이다.

2022년 국립민속박물관이 간행한 〈부산·경남 러시아어권 이주민
들의 생활문화〉(노용석·이정화·현민) 보고서에 소개된 초량 TCK(Third

초량동 차이나타운

전국 유일의 옛 간판인 초량동
임페리아푸드

Culture Kids) 하우스를 방문하고 생각을 바꾸었다. 부산 초량동 고려인마을도 한국 내 고려인마을 지도에 넣기로 했다. 초량동 차이나타운 속의 러시아타운은 이제 '부산 고려인마을'로 부족함이 없었다. 러시아어권 이주민 학생을 돌보는 애드하트 NGO '초량 TCK 하우스'가 초량동 고려인사회를 품고 있었다.

해외 봉사활동을 위주로 하던 에드하트 NGO 소속 교사들이 코로나 시기를 겪으면서 방향을 바꾸었다. 해외에 나가는 대신에 초량의 고려인 및 러시아어권을 포함한 다문화 사람과 그들의 자녀(제3의 문화권 아이들)를 돌보는 TCK 하우스를 설립했다.

1990년대 초반 부산외국어대학교 러시아어과 학생 때부터 초량동 차이나타운/러시아타운에서 아르바이트부터 시작해 무역업을 해온 장임식 TCK 하우스 기획실장은 이미 2019년부터 초량에서 한국어수업을 해왔다.

초량에 사는 러시아어권 사람들은 대부분 비즈니스에 종사하는 사람들인데, 부산이 좋아 부산에 정착하려고 한다. 그는 이들 가족의 한국 정착을 돕는 것이 인구절벽을 맞고 있는 대한민국에 중요한 일이라고 생각했다. 임마누엘교회 교인들이 자원봉사로 TCK 하우스를 돕고 있다.

초량 TCK하우스

부산교육청은 부산에 정착하는 외국인 학생의 한국학교 적응을 위해 한국어학급(늘샘반)을 운영하는 거점학교를 지정했다. 인구감소지역 동구의 초량초등학교도 그중의 하나로 러시아어권 학생들이 100여 명에 이른다. 그런데 거점학교의 늘샘반은 이미 포화상태다. 학생이 거의 다 러시아어권이다. 따라서 한국어 실력이 잘 늘지 않는다.

방과 후와 또 주말에 TCK 하우스에 오는 학생들은 자원봉사 선생님들의 지도로 한국어뿐만 아니라 러시아어, 중국어, 프랑스어, 그리고 음악 수업과 체육활동도 한다. 학생들의 변화에 초량초등학교에서도 고마워하고 있다. 한국어가 부족한 대학생 유학생들도 TCK 하우스에 온다. TCK 하우스와 협력관계에 있는 익투스 엔터테인먼트의 익투스 밴드는 지역주민과 다문화 가정을 위해 매월 1회 공연(찬양, 기타 음악)도 갖는다.

TCK 하우스는 '작은도서관 사업'을 수행 중이다. 3천여 권의 다양한 언어의 책이 갖춰져 있다. 함께 모여 책을 읽는 아이들이 행복해 보인다. 선생님을 따라 운동하는 꼬마들도 신나 보인다. TCK 하우스의 모든 수업은 자원봉사로 이루어지고 있다. TCK 하우스는 매일 봉사자뿐만 아니라 방문자 이름을 기록하고 있다. 2년도 채 되지 않았는데, 벌써 2만 명이 넘었다. TCK 하우스가 (초량동 고려인마을의) '플랫폼'이 된 것이다.

TCK 하우스는 초량동 외국인 주민들이 더 잘 모일 수 있도록 러시

초량TCK하우스
작은도서관 책읽기
(사진 TCK하우스)

초량 TCK하우스
방명록

초량 TCK하우스에서
필자, 장임식, 최희,
알료나.

아어권 중에서 가장 많은 우즈베키스탄부터 커뮤니티를 구성하라고 권하고 있다. 물론 고려인동포가 대부분이다. TCK 하우스에서 힐링플레이 상담을 담당하는 최희 씨와 한국어수업도 강의하는 TCK 하우스 장임식 기획실장, 그리고 카자흐스탄에서 온 러시아인 알료나 라지레바씨와 대화를 나누었다. 1976년 출생인 알료나는 고등학교 1학년인 아들 다니일과 TCK 하우스에 산다. 알료나의 이야기가 더 알려졌으면 좋겠다. (〈아시아엔〉 2023-6-14)

● **[부산 초량동②] 2030부산엑스포와 초량 외국인거리**

2023년 5월 31일 부산광역시의회 대회의실에서 개최된 국제신

2023년 5월 31일 부산시의회 회의실에서 열린 2030부산세계박람회 유치를 위한 제2회 해외기자포럼 참석내빈들이 '외국인이 안전하게 일하고 살기 좋은 국제도시 부산 선언' 협약서를 들고 기념촬영하고 있다. 협약 당사자인 박형준 부산시장(오른쪽에서 9번째), 아시라프 달리 아시아기자협회 회장(왼쪽에서 8번째), 구본홍 이사장(박형준 시장 왼쪽) 등이 보인다. (사진 전민철 국제신문 기자)

문·아시아기자협회 주최 2030부산엑스포 유치기원 제2회 해외기자단 포럼이 열렸다. 주제가 '외국인이 안전하게 일하고 살기 좋은 국제도시 부산 선언'이었는데, 경남·부산 지역 고려인마을 탐방 중에 행사 참여를 권유받았다.

러시아와 중앙아시아 등에서 온 고려인동포·외국인을 초청해도 좋다고 했다. 마침 부산 초량에서 이주민 자녀를 돌보는 TCK(Third Culture Kids) 하우스의 카자흐스탄 출신 알료나 라지레바(1976년생) 씨를 주최 측에 추천했다.

━ 지역특화형 비자사업과 부산광역시

2021년 10월 행정안전부가 발표한 인구감소지역 89곳에 부산광역시(동구·서구·영도구)와 대구광역시(남구·서구)가 포함되었을 때 한국사회는 충격에 빠졌다. 결국, 적극적인 이민정책이 필요하다는 여론 속에 법무부는 89개 인구감소지역에 지역특화형 비자 사업(2022.10~2023.10)

인구감소지역 첫 지정
보도 (KBS부산)

을 공모했다. 부산광역시도 시범사업에 선정되어 수행 중이다.

지역특화형 비자 시범사업은 유형1(우수인재)과 유형2(동포가족) 두 가지다. 유형1은 법무부가 인원을 배정한다. 2023년 6월 1일 현재 경북이 290명 인원을 100% 달성했고, 전북도 400명 가운데 80.5%인 322명을 선발했다. 경기, 충북, 전남도 좋은 성과를 거두고 있다.

그러나 법무부 규정 외에 추가 요건을 요구하는 부산, 충남 등은 상대적으로 부진하다. 부산은 110명 중에서 19명밖에 선발하지 못했다. "부산지역 전문학사 이상 졸업자, 학교 추천 등 별도 요건이 걸림돌로 작용한 것으로 보인다."(《서울신문》 2023-6-2)

경북은 처음부터 유학생뿐만 아니라 고용허가제 비전문취업(E-9) 비자를 소지한 외국인 근로자도 지원할 수 있게 했다. 경상북도가 성공하자 전라북도도 다른 지역 유학생뿐만 아니라 한국 정착에 어려움이 없는 외국인 근로자도 지원할 수 있게 했다.

결과적으로 좋은 성과가 나와 곧 100% 목표 달성을 앞두고 있다. "부산 인구 '330만 명 붕괴'가 연내 이뤄질 가능성이 클 것이다."(《국제신문》 2023-6-9) '외국인이 안전하게 일하고 살기 좋은 국제도시' 부산시는 경북과 전북보다 한 발 더 나가 부산과 대한민국에 도움이 될 수 있는

부산세계시민축제
TCK하우스 부스
(사진 TCK하우스)

부산세계시민축제의
TCK하우스 러시아커뮤니티
공연단. 왼쪽 두 번째가
알료나 라지레바.
(사진 TCK하우스)

외국인 가족도 유형1 사업에 포함해야 하지 않을까?

　　2023년 5월 20일 제18회 세계인의날 기념 부산세계시민축제 (Global Gathering 2023)가 성황리에 해운대 영화의 전당에서 개최되었다. '부산과 함께 하는 237'(237 with Busan) 주제로 참여한 TCK 하우스 부스 의 전시 내용(힐링플레이, HOW동아리, 익투스 엔터테인먼트)은 많은 사람들 의 주목을 받았다. 또한, 러시아커뮤니티 대표단으로 무대에서 공연한 알료나도 큰 박수를 받았다.

　　TCK 하우스에서의 대화로 2030부산엑스포 유치기원 제2회 해외 기자단포럼에 조금 늦게 도착했다. 본회의 이후, 2부 만찬 자리에서 필자는 한국 남성을 만나 아들 다니일과 경남 남해에 살다가 러시아인이 많이 사는 부산 초량으로 온 알료나 씨를 소개했다.

알료냐는 부산에 살고 싶었으나 체류비자가 없었다. 우선 아이를 학교에 보내야 한다는 생각에 초량초등학교를 찾아갔다. 말이 통하지 않았음에도 불구하고 알료냐의 사정을 들은 학교는 아이의 교육 문제를 책임지겠다 했다. 결국, 학교의 적극적인 도움으로 아들 다니일은 인도적 차원에서 학교에 입학했고, 알료냐는 아들의 보호자 신분으로 가족동반(F-1) 비자를 받았다.

알료냐는 지금 '부산 초량동 고려인마을'의 핵심 일꾼이나 고려인동포는 아니다. 더욱이 비자도 합법적으로 일을 할 수 없는 상태다. 그런데 필자는 '외국인이 안전하게 일하고 살기 좋은 국제도시 부산 선언' 이전에 부산에 사는 외국인이 먼저 부산에서 살 수 있도록 부산이 노력해야 하지 않느냐고 만찬 참석자들에게 이야기했다.

인구감소지역에 살 경우, 고려인동포의 동반가족(F-1)은 일할 수 있는 비자 특례를 주고 있다. 고려인동포와 다를 바가 없는 동반가족(F-1) 비자를 소지한 알료나가 부산광역시 박형준 시장이나 동구 김진홍 구청장의 노력으로 비자 특례를 받아 부산에서 아들과 또 고려인동포들과 함께 행복하게 살 수 있으면 좋겠다. (〈아시아엔〉 2023-6-16)

3
충청도의 고려인마을

● **[천안 신부동] 천안 신부동에 '고려인센터'가 필요한 까닭**

2022년 4월 28일 단국대 러시아학 전공에서 '재외동포 이해교육'으로 고려인동포의 귀환과 고려인마을: 경기남부·충청북부 강의를 마친 후, 단국대 학생과 함께 천안 신부동 고려인마을을 찾았다. 2019년 10월 방문했으니 1년 6개월 만이다.

천안 신부동의 고려인 식품점

그동안 어떤 변화가 있었을까? 고려인이 운영하는 식품점이 1곳에서 3곳으로, 식당이 2곳(1곳은 우즈벡 식당)에서 3곳으로 늘었고, 정육점과 꽃집도 각 1곳이 생겼다. 신부동이 천안의 중심거리

238

에서 가까워 임대료가 비싼 곳임을 고려할 때에 고려인의 상권이 커졌으며, 정육점도 식품점이므로 신부동에 거주 고려인이 늘어났다는 것을 알 수 있다. 또한, 꽃집이 생겼다는 것도 주목할 만하다. 특별히 꽃을 사랑하고 선물하기를 좋아하는 러시아문화가 천안 고려인사회에도 자리를 잡아가고 있음을 알 수 있겠다.

천안 신부동의 고려인사회가 언론의 주목을 받은 것은 2014년 1월이다.

> 천안시 신부동 천안외국인교회 내 휴먼터치센터(센터장 석정림)는 고려인들의 유일한 '사랑방' 역할을 자임하고 있다. 새벽녘 터미널부근을 서성이는 고려인들 (…) 이들을 한 명 두 명 보듬어 안아주다 보니 어느덧 외국인교회는 이들에게 '양산박'이 돼버렸다. 2014년 1월 26일 오후 1시에 시작된 고려인협동조합 총회에는 조합원으로 가입한 고려인 125명이 대부분 참석했고, 소식을 듣고 찾아온 양승조(민주당 최고위원) 국회의원과 김미경·황천순 민주당 의원들이 함께 했다. 또한 이광형 천안시청 다문화가족팀장도 얼굴을 보였다.

2014년 1월 28일자 〈충남시사신문〉에 실린 '고려인들, 천안에 이렇게 많았나?' 기사의 일부이다. 2014년이면, 경기도 안산시 선부동과 광주광역시 월곡동 등 공단 배후지에 고려인동포 집거지가 나타났을 때였다. 천안종합터미널 등 천안의 중심거리가 가까운 신부동에 고려인 집거지가 생긴 것은 주변의 단국대, 호서대, 상명대 대학생들이 선호하는 저렴한 원룸주거단지가 형성되었기 때문이다.

천안 지역의 정치인들까지 참여하고 축하해준 천안 고려인협동조합은 아쉽게도 창립 1년 후인 2015년 해체되었다. 대신에 천안외국인

교회에서 분리, 독립한 천안고려인교회가 천안 고려인사회의 중심이 되었다.

　　천안 지역 내 고려인 집합소가 된 천안러시아교회는 천안외국인교회와 휴먼터치센터에서 출발했다. 기독교대한감리회 소속인 이강헌(64) 목사는 고려인들이 늘어나자 2015년 10월 현재 러시아교회 담임인 이게라심(56) 목사를 초빙했다. 이 목사 부임 후 천안외국인교회는 러시아공동체를 독립교회로 분리시켰다. 예배를 드리는 공간은 같지만, 시간을 달리하고 순차적으로 재정도 자립시켰다. 1년여 만에 성도 수는 30여 명에서 4배 가까이 늘었다.

　　위는 2017년 6월 6일 자 〈국민일보〉에 실린 「이주민 선교 성공의 키, 현지인 목회자 세워라」 기사 중의 일부이다. 현재 천안러시아교회는 신부동 휴먼터치센터에서 천안역 가까운 성황동(천안천7길)으로 옮겼다. 고려인 교인도 200여 명으로 늘어났고 매주 7차례 집회도 한다. 지난 4월 28일 목요일 저녁 최세르게이 집사의 안내로 교회를 찾아갔을 때도 막 집회가 끝난 직후였다.

예배당 안에서 이게라심 목사(중앙)와 강우석 단국대 학생(왼쪽), 최세르게이 집사(오른쪽)

천안러시아교회, 예수사랑교회를 인도하는 이게라심 목사는 우크라이나에서 최대의 고려인집거지인 크림반도 장코이 출신이다. 그는 오뎃싸에서 신학을 공부하고 목사 안수를 받았으며, 2014년 러시아가 크림반도를 장악하자 가족과 함께 한국으로 이주했다. 필자는 2001년 여름 키예프(키이우)를 거쳐 크림반도 심페로폴과 장코이, 또 현재 전쟁 중인 헤르손과 니콜라예프(미콜라이우)를 다녀왔다. 자연스럽게 천안에도 우크라이나 출신 고려인 전쟁 난민이 들어왔는지 물었다. 중부의 크리비리흐(Кривий Ріг)에서 탈출해온 고려인 가족이 있다고 했다. 물론 고려인교회가 돌봐주고 있다.

충남북부인 천안, 아산, 당진과 청주, 진천(충북), 그리고 경기남부인 평택, 안성, 화성 등에 각기 수천 명의 고려인동포가 집거지를 이루고 있다. 이들 도시 가운데 단지 화성에만 외국인복지센터가 운영되고 있다. 현재 고려인집거지에서 귀환하는 고려인동포 가족을 지원하기 위해 시정부가 협력해 운영하는 고려인지원센터(문화센터)는 경기도 안산시, 광주광역시, 인천광역시 세 곳이다. 그 외 경북 경주시와 경남 김해시, 경기도 화성시 등은 사실상 민간단체가 고려인사회를 돕고 있다.

교통의 요지인 천안 신부동에 고려인지원센터가 설립된다면, 천안뿐만 아니라 아산과 청주, 평택과 안성 지역까지 고려인 주민에 대한 서비스를 수행할 수가 있을 것이다. 오늘날 천안종합터미널은 과거 '천안삼거리' 임무를 수행하고 있는데, 신부동 고려인마을이 바로 이곳에 있다. (〈아시아엔〉 2022-5-15)

* * *

2023년 6월 22일 청주대 이영범 교수와 함께 천안 신부동을 다시 찾았다. 중요한 변화가 있어 추가한다.

FUSION 레스토랑   정육점 지하 레슬링클럽 ELIZER

    다시 1년 만에 찾은 천안 신부동 고려인마을. 천안의 오래된 고려인 상점(황금스푼) 등이 폐업했지만 새로운 상점들이 눈에 띄었다. 상호와 메뉴 모두 퓨전인 FUSION 레스토랑과 무엇보다도 레슬링클럽이 생겼다. 아직 문을 여는 시간이 아니어서 내부는 보지 못했으나, 고려인사회에 다양한 스포츠클럽이 생기는 것은 반가운 일이 아닐 수 없다.

    더 중요한 것은 천안에서 자동차 딜러를 해온, 천안의 원주민 격인, 대한고려인협회 천안지부장인 최세르게이가 고려인을 위한 서비스 기관을 세운 것이다. 그만큼 천안 고려인사회의 요구가 많아진 것이다.

서비스센터 KOREA LIVE   최세르게이 대표

        II. 지역의 고려인마을(광주, 경상, 충청)

● **[아산 신창면①] "우리도 함께하고 싶어요!"**

━ **신창에 사는 고려인동포들이 소리쳤다. "우리도 함께하고 싶어요!!!"**

2023년 8월 22일 오후 2시. 충남 아산시 신창면 순천향대 인문과학관 대강당에서 2023 신창면 제1회 주민총회가 개최되었다. 우연히 참석했지만, 지역에 필요한 사업을 발굴하고 이를 주민들이 투표해 내년 사업예산 반영 여부를 결정하는 중요한 자리였다. 200여 명의 주민과 외부인사들이 참여했다.

주민총회에 참석한 고려인동포와 외국인들 (사진 신창외국인행복학교)

'외국인 행복학교' 사업 발표장, 이정(무대 오른쪽) 사무국장이 발표하고 있다.

마지막 순서로 신창고려인청년모임 이정 사무국장이 신창외국인행복학교 사업을 소개했다.

"여러분, 잠시 뒤를 돌아보세요. 지금 이곳에 외국인들이 참여했습니다. (그 순간 '우리도 함께하고 싶어요!!!' 피켓이 나타났다.) 여러분도 잘 아시듯이, 신창에 많은 외국인이 살고 있습니다. 한국어가 잘 안 되고 분리수거도 잘하지 않는 등 불편한 점도 있죠. 그렇다고 외국인들에게 신창을 떠나라고 하실 건가요? 우리와 함께 살아야 하지 않을까요? 외국인들에게 한국의 생활언어와 지켜야 할 법 등을 가르쳐야 하지 않을까요? 신창외국인행복학교가 하고 싶은 일입니다."

주민들의 공감을 끌어낼 수 있는 호소였다. 그날 저녁 이정 사무국장이 문자를 보내왔다: "저희 선정되었습니다^^"

사실 필자가 신창에 간 이유는 '신창외국인행복학교' 소식이었다. 2022년 충청남도 청년공모사업으로 6월부터 12월까지 6개월간 신창고려인청년모임이 주관했다. 행복학교 수업은 주말 시간에 운영했다. 외

현장체험학습.
아랫줄 왼쪽 첫 번째가
최세르게이 회장.

II. 지역의 고려인마을(광주, 경상, 충청)

국인이 참석할 수 있게 하려고. 실생활에 바로 적용할 수 있는 한국어 수업, 안전 운전을 위한 한국교통법규 소개, 지역 명소와 문화유산 탐방 등 현장체험학습도 진행했다. 외국인들에게 이용법을 알려주면서 지하철과 버스도 함께 탔다. 외국인들의 반응이 뜨거웠던 것은 당연했다.

그런데 2023년에는 아예 공모사업에 참여하지 못했다. 외국인 청년단체는 지원 자격이 없어진 것이다. 이정 사무국장은 '국경없는 신창' 모임(2023년 4월 설립)에서 논의했다. 신창면 주민자치회(회장 성재경)가 주최하는 주민총회(8월 22일)에서 신창외국인행복학교 사업을 2024년 신창면 민관협력사업으로 신청, 주민의 선택을 받아보자. 좋은 결과가 나와 2024년 다시 신창외국인행복학교를 운영하게 되었다.

사실 신창고려인청년모임이 주관하는 신창외국인행복학교는 이미 신창고려인지원센터 역할을 해온 셈이다. 카자흐스탄 변호사 출신인 최세르게이 회장은 각종 상담에 응하고 있다. 외국생활 경험으로 이주민의 힘든 삶을 잘 이해하는 이정 사무국장은 '국경없는 신창' 모임의 회장 일도 수행하면서 각종 행사에 참여하고 있다. 한국어 소통이 가능한 박크리스티나와 필리핀에서 20여 년을 살았던 이성주 씨도 신창고려인청년모임의 아름다운 동역자들이다. 마침 네 사

행복학교 안내 설명이 보이는 계단에서. 왼쪽부터 이성주, 박크리스티나, 최세르게이, 이정.

람이 지하 사무실에 올라오는 장면을 카메라에 담았다.

━ 신창면 주민자치회, 외국인에게도 '주민의식' 갖게 해야!

신창면 주민자치회는 2023년 4월 설립되었다. 초대 회장인 신창다문화공동체 성재경 대표는 1910년 개교한 신창초등학교 동창회 사무총장이다. 신창 토박이다. 고향을 떠났다가 6년 전에 다시 신창으로 돌아왔다. 이후 신창청년회는 '함께 사는 외국인주민'도 포용하는 신창다문화공동체로 변모했다.

2023년 7월 현재 신창면은 총인구 2만 7,565명 중에 외국인이 8,984명으로 그 비율이 33%다. 성재경 대표는 2023년 4월 주민자치회 회장이 되면서 '국경없는 신창'이 되어야 한다고 생각했다. 국경없는 신창 모임은 관민(?) 모임으로 신창면과 신창면 주민자치회, 아산시가족센터와 신창분원, 신창초등학교 다문화돌봄교실(선문대)과 순천향대 글로벌교육팀 등이 참여하고 있다. 아름다운 '동행'이다.

성재경 대표는 외국인주민도 주민자치회에 참여해야 한다고 생각해 주민자치회 교육문화분과를 열린분과로 운영하고 있다. 비록 주민총회에서 투표권은 없으나, 고려인동포들이 주민사업 논의에 참여하게 한

신창고려인청년모임 차담회. 왼쪽부터 이영범, 필자, 윤향희, 임영아, 성재경, 이정.

것이다. 신창면 주민자치회는 안산시 원곡동이나 시흥시 정왕본동 주민

자치회 등과 교류하려고 한다. 원곡동의 외국인주민은 이미 글로벌 원

곡동의 주체로 지역발전을 선도해 왔다. 정왕본동의 외국인주민도 살기

좋은 동네 만들기에 앞장서 왔는데, 정왕본동 주민자치회의 글로벌분과

는 중국동포 출신 오성호 씨가 분과장이다. (〈아시아엔〉 2023-8-26)

● [아산 신창면②] 다문화 지역사회에서 대학의 역할은?

2023년 9월 11일 충남 아산시(조일교 부시장)의 주도로 경기 안산시

(이민근 시장)와 인천 연수구(이재호 구청장)가 '국내 거주 외국인 및 동포

정책 제도 개선'을 위한 공동건의문을 냈다. '외국국적동포 한국어 의무

교육 강화'(한국어를 상실한 채 한국에 들어오는 고려인동포 이야기)와 '지역특

화형 비자 사업 신청 자격 확대'(89개 인구감소지역이 아닌 지역으로 확대해달

라는 이야기) 등이다. (〈노컷뉴스〉 2023-9-12 「아산시, 인천 연수구·안산시와 외국인 정

책 개선 공동건의」) 사실상 관내 고려인동포 가족을 위한 내용이다.

━ 선문대, 이주민 정착을 위한 바람직한 방향 제시 '돋보여'

2019년 10월 이후, 거의 4년 만인 지난 8월 22일 다시 신창면 고려

인마을을 찾았다. 고려인동포 자조 모임이 생긴 것이 큰 변화였다. 한국

인 활동가와 협력하는 형태이지만, 2022년 '신창고려인청년모임'(대표

최세르게이)이 발족하고 '신창외국인행복학교'도 운영했다.

그런데 더 중요한 변화는 1910년에 개교한 신창초등학교의 변화였

다. 2019년에도 다문화(고려인) 학생이 많이 늘어나 한국어학급을 맡는

교사가 3명이 있을 정도였는데, 2023년 현재 다문화(절대다수가 고려인)

선문대 글로컬다문화교육센터가 운영하는 신창초등학교 다문화돌봄교실과 선문대 교수-
대학원생이 만든 다모여세계시민 사회적협동조합. 이들은 신창면 하모니 마을학교도
함께 운영하고 있다. (사진 선문대)

학생의 비중이 70%로 늘어났다. 그뿐만 아니라 2020년부터 선문대학
교 글로컬다문화교육센터가 운영하는 다문화돌봄교실이 학교 안에 생
겼다. 지역사회(대학)와 학교의 협력 사업이 자리를 잡은 것이다.

　　선문대에 따르면 신창초 다문화돌봄교실은 주중 방과 후와 토요일
한국어 교육은 물론 동화구연과 예체능 활동을 위한 프로그램을 다채롭
게 구성해 학교생활에 적응하고 인지적 정신적 영역과 사회성 발달에
도움을 주고 있다. 특히 토요일 태권도 프로그램은 개인별 맞춤형 지도

다문화돌봄교실 동화구연 수업을 진행하는 이정민 강사

주말 러시아어 말놀이(한국의 전래동화를 한국어와 러시아어로 듣는 놀이) 수업을 진행하는 남라이사(붉은색)와 임영아(검은색) 강사

고려인 어르신 한국어 수업을 진행하는 박은주 강사(왼쪽)

를 통해 신체적 정서적 건강증진 효과를 기대해 볼 수 있는 활동으로 정착했다. 매월 1회 진행하는 신창면 마을주민과 함께하는 문화체험 활동은 마을 어른들과 학부모들이 함께 참여하며 한국문화를 배워보는 기회가 됐다.

선문대의 신창면 다문화 공간(고려인마을) 활동은 신창초등학교에 그치지 않았다. 2020년 남부현 교수와 대학원 다문화교육학과 졸업생들이 모여 만든 다모여세계시민 사회적협동조합(이사장 남부현)이 2020년 6월부터 다문화 학생과 고려인 이주민 학부모와 어르신을 위한 한글 공부방인 '하모니마을학교'를 시작했다. 2021년 10월에는 천안 목주로타리클럽의 후원으로 신창면 읍내2리 마을회관 옆에 수업과 상담이 가능한 컨테이너가 만들어졌다. 2023년부터는 읍내2리 백종용 이장과 마을주민의 협력으로 마을회관 2층에 교육공간을 마련했다.

필자가 확인한 '이주민 동네와 대학의 협력' 사례로는 광주광역시 월곡동 고려인마을 행사에 호남대학교(미디어영상공연학과와 태권도경호학과) 학생들의 음악극 공연(《아시아엔》 2023-3-6 「'고려일보' 100주년 기획전의 특별한 '감회'와 광주 고려인마을의 새로운 '시도'」)과 충북 음성군 금왕읍 소피아외국인센터가 강동대 국제교류센터 한국어교실 운영을 맡은 경우다. (《아시아엔》 2023-8-13 「[음성 고려인마을②] 강동대-소피아외국인센터의 협력을 주목한다」)

저출산·고령화 시대 지역과 대학의 상생을 위한 협력이 절실한 오늘이다. 이런 점에서, 선문대의 사례는 이주민 동네, 다문화 공간의 초등학교와 마을회관에 들어가 장기적으로 협력할 수 있는 시스템을 구축했다는 점에서 특별하다 아니 할 수 없다. 바로 신창에 있는 순천향대학교도 지역의 다문화 청소년을 위한 축구교실을 여는 등 학교 개방을 준비하고 있다는 소식이다. 반가운 일이다. 특별히 한국어 교육이 시급한 전국의 고려인마을과 지역 대학/단체의 협력을 기대해본다.

(《아시아엔》 2023-9-21)

놀이 수업을 진행하는 정현희·남라이사 강사

● **[아산 둔포면] "아산 둔포를 수도권 관문도시로"**

아산 둔포에도 고려인동포가 많다는 소식을 처음 들은 것이 2019년 10월이다. '한국에서 아시아를 찾다' 조사팀과 함께 천안시 신부동 고려인 슈퍼 코진카에서 아침식사를 하는데, 고려인 주인이 둔포에 코진카 2호점을 냈다고 했다.

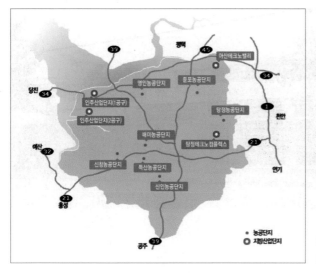

아산시 산업단지
(사진 아산시)

　"아산 둔포를 수도권 관문도시로". 박경귀 아산시장의 꿈이자 목
표다.

　마침내 2023년 6월 20일 둔포를 찾았다. "둔포는 충남의 최북단으
로 아산의 관문이기 때문에 둔포를 발전시키지 않고는 아산과 충남의
발전을 이끌 수 없다." 박경귀 아산시장이 둔포 센트럴파크 도시개발 사
업설명회에서 언급한 말이다. (〈충청뉴스〉 2022-9-30)

　아산시 산업지도를 보니 둔포에 왜, 고려인동포가 많이 사는지 알
수 있었다. 일자리 때문이다. 충남에서 가장 고려인이 많이 사는 아산 신
창면은 전철 1호선의 종점으로 이미 수도권인데, 아산 둔포면도 대중교
통은 불편해도 수도권이나 다름이 없어 보였다. 아쉽게도 둔포에 대한
정보가 없었다. 라두가(무지개) 고려인 상점이 나왔다. 평택 포승에서 보
았는데, 이곳 둔포에도 두 곳이 있으며, 고려인 상점이 모두 10곳이 넘
는다고 한다. 식당과 카페도 여러 곳이라니 그만큼 고려인이 많이 산다
는 뜻이다.

둔포의 고려인 상점

둔포초등학교에서도 고려인 학생이 많은데 러시아어를 구사하는 이중언어 강사가 2명이다. 그런 점에서 한국어를 모르는 고려인 동포를 위한 통번역서비스 제공과 각종 생활서비스를 제공하는 전문 업소인 '고려 오피스'가 지난 5월 문을 열었다는 것은 아산(둔포) 고려인마을의 규모를 짐작할 수 있게 하고 있다.

'고려 오피스'에 따르면, 근래 고려인의 영주권 신청이 많아졌다. 영주권을 취득하면, 건강보험료 부담도 줄어들고 범칙금 등으로 쉽게 추방되는 것도 피할 수 있기 때문이다. 국적취득도 얻으려는 고려인동포도 늘어나고 있다. (충남연구원 윤향희 박사의 연구에 따르면, 아산 신창에 2,910명, 둔포에 2,160명의 외국국적

통·번역 등 생활서비스를 제공하는 고려 오피스

고려 오피스 직원
최디아나(오른쪽)

동포가 체류 중이다. 대부분 고려인동포로 보인다.)

우즈베키스탄 출신인 최디아나 가족의 친정부모와 시부모 모두 이제 한국에 살고 있다. 조상의 나라, 한국에 정착하려는 '귀환' 동포다. 고려 오피스를 떠나면서, 최디아나의 시아버지가 했다는 말이 계속 뇌리에서 떠나지 않았다: "나의 할아버지는 부산 출신인데, 왜 우리가 한국 사람이 아니냐? 우리는 한국 사람이다."

고려 오피스(2층) 바로 위 3층 러시아 어린이집을 찾았다. 등록은 '키즈카페'로 해야만 했다. 고려인마을마다 러시아 어린이집에 다니는 아이들이 많다. 고려인 부모들이 이른 아침부터 늦은 저녁까지 일해야 하는데 한국 어린이집은 보통 오전 9시부터 오후 5시까지가 돌봄 시간이다. 또한, 한국어 의사소통도 어렵다.

남인나 원장은 키르기스스탄에서 유치원을 오랫동안 경영했다고 한다. 그녀는 1년 후에는 아이들이 한국학교에 들어가야 하는데, 어린이집에서 한국어를 가르쳐줄 선생님을 찾고 있다. "어떻게 도와줄 수 없느냐?" 평택 포승읍 도곡리 고려인마을도 같은 처지였는데, 둔포도 대중교통접근이 불편하다. 그만큼 한국어 강사를 구하기 어려운 실정이다.

자료를 찾다 보니 아산시가 2023년 1월부터 만 3~5세 외국인 아

원더키즈카페 아이들.
왼쪽 여성이 남인나 원장.

아산시의 외국인아동
보육료지원
(사진 충청뉴스)

동 보육료를 전액 지원한다는 뉴스가 나왔다. (《충청뉴스》 2022-12-21 「아산
시, 3~5세 외국인 아동 보육료 '전액 지원'」) 그런데 관내 (한국) 어린이집 아동이
대상이다. 고려인이 날로 늘어나는 아산시다. 아산시가 고려인 아동을
돌보는 러시아 어린이집도 지원할 수 없을까? 이제 한국인과 외국인이
결혼한 다문화 가정보다 법적으로 외국인인 고려인 가정의 아이들이 늘
어나는데, 한국사회가 이를 감당할 때가 되었다. 고려인동포 모두 아산
에서 일하면서 사는 '주민'이 아닌가? (《아시아엔》 2023-8-19)

● [당진 합덕읍] 합덕에서 '고려인 농촌공동체'가 가능할까?

충남 당진시 남부권역인 합덕읍과 우강면은 아산시 신창면과 이웃한 지역으로 고려인 등의 다문화 인구가 지속해서 증가하는 지역이다. 특히 합덕읍에는 인근에 산업단지가 조성되어 공장이 많아지고 노동자를 위한 원룸촌이 형성되었다. 처음에는 중국동포들이 많이 거주하다가 2016~17년경부터 고려인동포가 늘어나 합덕 시내 원룸촌이 고려인마을이 되었다.

2019년 3월 당진 고려인동포들이 많이 산다는 것을 알게 된 당진역사문화연구소 김학로 소장(당시 초록별교육협동조합 이사장)은 '고려인 자녀를 위한 돌봄교실'을 열었다. 그동안 장소를 옮겨 다니다가 마침내 2021년 2월 당진시 합덕읍에 문을 연 도담도담공립지역아동센터에 둥지를 틀었다. 도담도담아동센터는 당진시의 공립아동복지시설 1호로 합덕지역의 고려인, 다문화, 맞벌이 가정, 취약계층의 돌봄이 필요한 아동에게 문화적, 교육적, 정서적 기회를 제공하기 위해 설립되었다.

2023년 6월 20일 센터에서 김학로 소장, 변영인 센터장, 그리고

합덕청소년문화의집.
1층이 도담도담
공립지역아동센터.

합덕 고려인마을의
든든한 도우미들과 함께.
왼쪽부터 필자, 김학로,
박류다, 변영인.

2022년 4월 5일 당진
고려인동포 한식명절
대잔치

2019년에 만난, 당진시 가족문화센터에서 일하는, 고려인동포 박류다 통역사도 만났다. 당진 합덕 고려인의 든든한 도우미들이다.

　김학로 소장 주선으로 대한고려인협회 당진 지부(지부장 김엘마르)도 생겼다. 또, 합덕의 고려인들도 한식명절 행사를 치르고 있다. 2022년 행사에는 한광호 당진시장도 참석했다. 고려인들이 '조상의 날'로 지켜온 4월 5일 한식은 소련 시기 페레스트로이카 이전에도 고려인을 고려인답게 해준 '민족' 명절이었다. 한국에서 한식 행사는 2016년 안산시 선부동 고려인마을에서 처음 시작되었는데, 귀환 고려인동포가 지역공동체마다 한식 행사를 치르는 것을 한국사회도 존중해주고 협력해주어야 할 것이다.

─ 합덕에도 러시아어 능통 한국인 교사 절실

고려인이 많이 사는 합덕의 초등학교마다 고려인 아동을 위한 이중언어 수업이 진행되고 있다. 합덕의 남쪽, 가톨릭교의 신리성지 근처 신촌초등학교를 찾았다. 신촌초등학교는 인구감소지역인 고덕면(예산군)이 지척인 농촌학교다. 한국 학생보다 고려인 등 외국인 학생이 더 많다. 25명 중 한국 학생 6명, 외

고덕면(예산군)과 이웃한 합덕읍 신촌초등학교 위치

국인 학생 19명, 유치부 한국인 2명 외국인 6명 등이다.

신촌초교의 고려인 아동들은 러시아어가 능통한 한국인 교사 덕분에 한국어 실력이 부쩍 늘었다. 작은 학교라는 이점도 있다. 역사체험 수업도 많이 다니고 있다. 한국인 학생과 합동수업 후에 별도로 기초학력

정문에서 본 신촌초등학교

등 수업도 진행한다.

합덕 시내가 아니라 농촌의 작은 학교를 어떻게 알았을까? 고려인 학부모들의 선택이 놀랍다. 고려인마을마다 고려인 학생이 너무 많아 어려움이 발생하고 있다. 대구시 달성군 논공읍의 경우, 북동초등학교에 고려인 학생이 많아지자 이웃 논공초등학교로 학생들을 나누며 좋은 성과를 올리고 있다. 당진 합덕에서는 자연스럽게 고려인 학생의 분산이 이루어졌다. 그런데 역시 러시아어 소통이 원활한 한국인 교사의 중요성을 새삼 확인할 수 있었다.

━ 당진 합덕에서 꿈꾸는 고려인 농촌공동체

김학로 소장은 평소 "소농이 살아야 한국 농촌에 희망이 있다"고 주장해온 분이다. 공장생활의 스트레스보다 차라리 농사를 짓고 싶다는 반게오르기 외 몇몇 고려인과 작년에 양파 농사를 시작했다. 아쉽게도 파종 시기를 놓쳐 절반이 얼었다. 고려인의 농사꿈은 미뤄지고, 김학로 소장 혼자 양파 농사를 지었다. 전업 농사로는 공장임금을 따라갈 수 없기 때문이다.

고려인동포에게 수확한 양파를 나눠주는 김학로 소장(오른쪽)

당진 고려인의 농사 실험을 들으면서 경기도 시흥 정왕동에서 고려인 농업공동체를 준비하는 이알카지 목사의 주장과 구상이 생각났다.

"한국 내 고려인도 벌써 60~70대가 많아졌다. 공장일은 불가능하지만, 구소련 시절 부모와 함께 농사를 지은 사람들이 많다. 농지를 저렴하게 빌릴 수 있다면, 노인과 부녀자들이 모여 농사를 지으면서 도시에서 일하는 젊은이들의 아이들을 돌볼 수 있다. 주말에는 젊은 부모들이 내려와 공기 좋은 농촌에서 자녀들과 쉼의 시간도 가질 수 있을 것이다."(《아시아엔》 2023-8-22)

● [청주 봉명동①] 충청북도도 '고려인주민지원조례' 제정 서둘길

── 귀환 고려인동포와 지자체의 지원조례

2004년 재외동포법(1999년 제정) 시행령 개정으로 1948년 대한민국 정부수립 이전에 한반도를 떠난 중국 조선족과 구소련 고려인도 법적으로 '재외동포'가 되었고, 2007년 방문취업비자(H2) 시행으로 불법체류 상태를 벗어나 한국에서 일할 수 있게 되었다. 이후 중국동포사회

청주 봉명동/사창동 고려인마을 문화지도 (제작 주동완)

는 다양한 자조(自助) 단체를 만들었으나, 한국어를 상실한 고려인은 '코리안'이지만 '코리아'에서 '외국인/이방인'일 뿐이었다. 따라서 고려인동포는 한국인 NGO의 도움을 받지 않을 수 없었는데, 2013년 10월 1일 광주광역시가 '광주광역시 고려인주민지원조례'를 제정했다.

이를 계기로 광주 월곡동 고려인마을은 매년 10월 셋째 주 일요일을 '고려인의 날'로 함께 축하하고 있다. 2016년 2월 24일 경기도, 2018년 11월 5일 인천광역시, 2019년 4월 15일 경상북도, 2020년 5월 14일 경상남도, 2021년 4월 9일 전라북도, 2021년 8월 17일 충청남도까지 고려인 주민 지원 조례를 제정했다.

사실 전라북도에는 고려인동포 집거지가 형성되지 않았는데도 지원 조례가 제정되었다. 반면에, 충청북도에는 청주시 봉명동/사창동 일대에 2천여 명, 진천군에 1천여 명, 음성군에도 상당수의 고려인 주민이 있음에도 아직 고려인 주민지원조례가 없다. (마침내 충북도의회도 2023년 7월 고려인 주민 지원조례를 제정했다.) 2022년 6월 30일 현재 청주시 인구는 등록외국인 1만 2,474명을 포함해 86만 1,477명이다. 외국인 주민 비율이 1.4%이다.

산업단지와 기업체가 많아 외국인 근로자가 많은 청원구 오창읍 (1,455명/내국인 6만 9,855명) 다음으로, 흥덕구 복대2동(1,143명/내국인 1만 5,966명)과 봉명1동(856명/내국인 9,592명), 서원구 사창동(865명/내국인 1만 4,694명) 순이다. 외국인 주민의 비율이 높은 봉명1동(8.9%), 복대2동(7.1%), 사창동(5.8%) 모두 다문화사회 기준인 5%가 넘는다. 특히, 봉명1동과 사창동은 러시아어를 사용하는 고려인동포와 구소련 출신 외국인이 모여 사는 고려인마을로 발전하고 있다.

청주시 흥덕구 봉명동에 고려인이 모이게 된 것도 전국의 여타 고려인마을과 유사하게 인근에 단순노동 일자리가 많은 공단과 가깝고 대학생들이 살던 주거비가 싼 지역(보증금 15만 원에 월 10만 원)이기 때문이다. 충북대가 기숙사 시설을 확충하면서 학생들이 많이 빠져나가고 고려인동포가 들어왔다. 그런데 초기 청주 고려인마을의 형성 배경에는 청주상당교회의 역할이 컸다. 일자리를 찾아 청주로 들어오는 고려인동포에게 쉼터(임시숙소)를 제공하고 공장에도 걸어갈 수 있는 저렴한 봉명동에 주거를 알선해 주었다. 고려인동포들이 일요일에 상당교회에 모여 예배도 드리고 식사도 하면서 한국정착에 도움을 받은 것이다.

청주 고려인마을에도 고려인 주민지원센터 필요

봉명동 일대에는 고려인 목회자가 러시아어로 예배를 인도하는 고려인교회가 여러 곳이다. 지난 9월 15일 재외동포재단이 지원하는 재외동포 이해교육으로 청주대 학생들에게 특강을 한 후에, 러시아 모스크바국립대학 출신인 청주대 교양학부 이영범 교수와 함께 봉명동을 찾았다. 2019년 10월과 마찬가지로, 이번에도 대한고려인협회 장류보위 청주지부장의 안내를 받았다.

Kim's Russian Food(구 Lee Cafe) 식당 바로 옆 봉명초등학교 교문과 대각선 건물(학원 자리) 2층에서 예배를 드리기 시작한 New Zabet 교회를 방문했다. 6년 전에 우크라이나에서 한국에 온 고려인 박알렉산드르 목사(우크라이나에서 신학 공부)가 최근 세운 교회다. 박알렉산드르 목사 내외와 큰아들 모두 평일은 일하고 주일에 고려인 교우들을 위해 러시아어로 예배를 드린다. 예배 후 점심 식사도 고려인들과 함께 먹는데, 지난 5월 1일부터 오후 3~5시 교회에서 청주시평생학습관이 주관하는 '이국동성(異國同成)' 한국어교실을 열고 있었다.

마침 지난 5월 말에 우크라이나 미콜라이우(니콜라예프)에서 온 딸 알리나(19세)가 문을 열어주었는데, 이번에 알리나는 여동생, 남동생, 그

리고 할머니, 할아버지와 함
께 '우크라이나 피난 동포'로
한국에 들어왔다. 방문취업
비자(H2)를 받은 알리나는
한국에서 일하면서 살겠다
고 했다. 전쟁 덕분에 우크
라이나 알리나 가족의 한국
'귀환'이 앞당겨진 셈이다.

New Zabet 교회 내부

장류보위 대한고려인협
회 청주지부장에 따르면, 현
재 우크라이나 출신 고려인
동포 40여 가정이 전쟁 난민
으로 폴란드, 루마니아 등지
로 피난한 상태인 가족의 한

교회 내부 이국동성 한국어교실

국 입국을 도와달라고 신청한 상태다. 그는 "실제로 이보다 더 많이 있
다"라고 했다. 마침 9월 16일 충남 아산시 선문대학교에서 '우크라이나
피난 동포 지원 지역 연대 전국연대회의'가 열렸다. 장류보위 지부장도
청주 지역 고려인동포를 대표해서 참여했다.

2019년에도 그리고 2022년에도 청주에는 고려인동포 지원단체가
보이지 않았다. 2004년부터 청주에 사는 장류보위는 2018년 국회 의원
회관에서 결성된 대한고려인협회의 청주 지부장으로 활동하고 있다. 그
녀는 사창동 자택에서 고려인한국어교실과 친정 부모님을 생각해 고려
인 노인활동실도 열었으나 코로나로 한국어교실은 문을 닫은 상태다.
부모님도 러시아 연해주로 다시 들어갔다고 한다.

현재 장류보위는 토요일 오후 1~3시, 3~5시 두 차례 청원구 율량

우크라이나 피난 동포를 위해 모인 고려인마을 관계자들. 아래 줄 왼쪽에서 네 번째가 장류보위 (사진 너머)

동 이주민노동인권센터에서 열리는 한국어교실 수업(통역)을 돕고 있고, 흥덕구 복대2동 청주 서부종합사회복지관에서 진행하는 외국인 대상 한글 교육에도 관여하고 있다. 그 외 청주 고려인 관련 자문과 통·번역, 안내 등을 맡고 있다. 청주 이주민노동인권센터와 청주 서부종합사회복지관 등이 시행하는 청주에 사는 외국인 주민을 위한 다양한 사업에 일부 고려인동포도 주말 프로그램에 참여하고 있다. 그러나 평일이든 주말이든 고려인동포들이 이용할 수 있는 사랑방 역할도 하면서 고려인마을을 널리 알리고 한국사회와 연결할 수 있는 '고려인 주민 지원센터'가 필요하다는 목소리가 크다.

인구소멸시대인 만큼, 충청북도(도지사 김영환)와 청주시(시장 이범석)도 '귀환'하는 고려인동포의 '한국살이'에 관심을 기울일 것으로 기대된다. 이를 위한 준비로 장류보위는 고려인동포들의 적극적인 지지와 청주대 이영범 교수 등 한국인들의 지원 아래 곧 '고려인의꿈' 단체를 등록을 준비하고 있다. 〈〈아시아엔〉 2022-9-23〉

● **[청주 봉명동②] 러시아어 현수막·간판 내건 거리… "이젠 홍보도 신경 써야!"**

충북의 다문화가정 학생 1위 청주 봉명초등학교

1986년 3월 개교한 청주 봉명초등학교(교장 손희순)는 2017년부터 외국인 가정의 학생들이 편입학(중도입국)하면서 2023년 9월 현재 전교생 539명 가운데 301명이 14개 국적으로 다문화 학생 비율이 55.8%이며, 러시아어를 사용하는 고려인 학생이 대다수다. 그래서 학교 공사를 알리는 한국어와 러시아어 현수막을 함께 걸었다.

봉명초등학교는 선주민 학생들과 이주민 학생들이 언어적 제약을 넘어 함께 어울릴 수 있도록 다양한 놀이프로그램도 진행하고 있다. 지역공동체와 연계사업도 적극적으로 추진하고 있다. 지역아동센터 3곳과 연계해 다문화 학생들의 학교 밖 돌봄을 추진하기 위해 충북대 러시아언어문화학과, 청주교대 다문화지원센터, 서원대 유아교육과와 MOU를 체결해 이주배경 학생들의 수업 협력을 지원할 수 있도록 했다.

한국어와 러시아어로 된 현수막이 함께 걸린 청주 봉명초등학교

하지만 고려인 아동의 방과 후 돌봄교실에 지원하는 아동은 많은데 조건이 까다롭다. 따라서 바람직한 방향은 인천 선학중학교 교정에 설립된 주민/학생이 함께 이용할 수 있는 '교육문화공간 마을엔'처럼 봉명초등학교 교정에 마을교육 공간을 마련하는 것이다. 그런데 이는 장기적인 과제이다.

우선은 경기도 안성시 대덕면 내리 고려인마을에서 경로당 2층을 '안성시 다함께돌봄센터 1호점'으로 만들어 큰 효과를 올리는 것처럼, 봉명동 고려인마을에 적절한 공간을 확보해 지역아동센터(돌봄센터)를 확대해 나가는 것이다. 인천과 안성의 사례를 주목할 필요가 있다.

현재 봉명초등학교는 외국인(다문화) 학부모를 위한 교육 노력으로 청주시평생학습관과 연계해 외국인 주민과의 동행 프로그램인 '이국동성'(異國同成: '異' 다름을 이해하고 '國' 다양한 국가의 주민이 '同' 함께 성장하는 지역사회를 '成' 이루는)' 업무협약을 체결했다. 외국인 학부모와 지역주민이 함께하는 '요리교실'을 시작으로 평생교육 프로그램 등을 진행하고 있다.

2023년 6월 23일 충북도의회·충청북도가 공동 개최한 고려인 정착 지원 정책토론회에 참여한 좌장(이상정 의원)과 토론자들. 왼쪽 두 번째가 손희순 봉명초등학교 교장.

━ 봉명동·사창동 고려인마을, 직접 체험과 탐방 절실

2022년 9월 15일 오후 6시 봉명초등학교 정문 앞에서 홍익대 광고홍보학부 장안리 교수와 대학원 학생들이 '재외동포 이해교육'으로 청주 고려인마을 현장탐방·수업을 시작했다. 장 류보위 대한고려인협회 청주지부장과 청주대 교양학부 이영범 교수도 함께 봉명동 고려인마을을 탐방하고 율량동 이주민노동인권센터로 이동해 밤 9시까지 수업과 대화시간을 가졌다.

다문화의 현장인 고려인마을 탐방수업은 언어 경관(linguistic landscape)에 주목했다. 먼저, 다문화 학생이 55%가 넘는 봉명초등학교에 한국어와 러시아어로 걸려 있는 현수막을 가리켰다. 이어서 길가의 고려인 식당에 러시아어로 적은 음식 메뉴를 살펴보면서 구글지도에도 나오는 미쓰노이 정육점에 이르렀다.

고기의 러시아어 먀쏘(мясо)의 형용사 형태를 그대로 정육점의 상호로 쓰고 있다. 인천, 안산, 광주에서 레표시카(лепёшка)를 빵집 간판으로 쓰는 것과 같은 방식이다. 그만큼 러시아어를 사용하는 사람에게는 '우리 동네' 의식을 줄 수가 있다. '비조브이 첸트르'(비자 센터) 간판도 마찬가지다. 이들 간판의 뜻(언어 경관)을 알아야 우리와 색다른 고려인

고기의 러시아어 간판을
내건 정육점

'비자 센터' 뜻의
러시아어 간판

마을을 느낄 수 있게 된다.

　이날 홍익대 광고홍보학부 대학원생들은 고려인마을 탐방을 마치
고 고려인이 운영하는 ABC STORES 상점에서 고려인이 애용하는 레
표시카(빵)와 베고자(큰만두), 마르코피(당근김치), 그리고 러시아 사람들
이 즐겨 먹는 청량음료인 크바스 등을 구매했다.

　봉명동 거리 탐방을 마치고 장류보위 지부장이 일하는 이주민노동

봉명동에서 성업 중인 고려인 상점 앞에서. 왼쪽 필자, 오른쪽 청주대 이영범 교수, 그 옆의
장류보위 지부장 사이는 고려인 가족.

홍익대 대학원생 청주 고려인마을 현장수업. 왼쪽부터 장안리 교수, 이영범 교수, 장류보위 지부장, 및 홍익대 대학원 학생들.

인권센터에 도착했다. 우리는 비대면만 가능한 학생들을 고려해 이주민 노동인권센터 강의실에서 대면 및 비대면 수업을 동시에 진행했다. 먼저 장안리 교수가 사전에 학생들과 함께 읽은 공공PR의 관점에서 이주민과 동포들을 바라보는 논문을 소개한 후, 필자가 사전에 보낸 고려인 동포의 귀환과 경기남부, 충청북부 고려인마을 자료를 중심으로 살펴보았다. 이어서 고려인 상점에서 구입한 고려인의 일상음식을 하나하나 소개하고 음식을 나누어 먹으면서 봉명동 고려인마을 탐방과 관련 질의 응답 시간을 가졌다.

청주대 이영범 교수도 봉명동 고려인마을 탐방이 처음이라고 했다. 홍익대 대학원생들은 한국 대학에 유학 중인 외국인과 재외동포에 대해 가졌던 생각을 나누면서 직접 체험(탐방)이 이주민과 고려인동포에 대한 이해를 높일 수 있음을 확인했다. 다시 기회가 닿으면 보다 여유를 갖고 고려인마을을 걷고 싶다는 이야기로 모든 일정을 마쳤다. (〈아시아엔〉 2022-9-24)

* * *

2023년 11월 24일 봉명초등학교는 '함께 어울리며 성장하는 봉명 글로벌 축제'를 열었다. 11월 18일 서울 마곡동 LG사이언스파크에서 열린 제11회 전국이중언어말하기대회에서 교육부장관상(은상)을 받은 바 있는 한엘리자베타(5년) 학생은 "친구들에게 모국인 우즈베키스탄을 소개할 수 있어 뿌듯했고, 여러 나라의 친구들과 함께 하는 봉명초 다문화학교에 다니고 있어서 너무 행복하다"라고 소감을 밝혔다. 손 희순 교장은 "다양성을 존중하고 함께 어울리며 성장하는 봉명초 공동체 의식을 형성하게 하는 소중한 교육 활동으로 학생들이 글로벌 역량을 키우는 소중한 시간이 었다"라고 말했다. 《충청매일》

CJB청주방송 화면 캡처

2023-11-26 「전교생 절반이 다문화학생 '봉명초' 글로벌축제 개최」)

● **[청주 봉명동③] '귀환' 고려인동포의 한국 정착에 누가 함께 하나?**

1990년 한국과 소련(러시아) 수교 이후, 한국에 사는 러시아 사람들이 많아지면서 러시아대사관 부설 학교만으로는 학생 수용이 어려워지자 한국에서는 학원이지만, 러시아 쉬콜라(초중등과정 1~11학년 통합학교)

시스템으로 운영하는 루스끼돔어학원이 2011년 11월 서울 용산구 삼
각지 인근에 설립되었다.

2018년 11월에 설립된 청주 루스끼돔어학원은 서울의 루스끼돔어
학원과 자매기관으로 현재 40~50명의 고려인 자녀와 한국 학생들이 교
육을 받고 있다. 2019년에는 9학년까지 운영되고 있었는데, 2022년에
는 11학년까지 학생들이 공부하고 있다. 장류보위 대한고려인협회 청주
지부장, 청주대 이영범 교수와 같이 루스끼돔어학원을 찾았다.

2018년 청주 루스끼돔어학원이 설립된 배경을 장류보위 지부장이
자세히 설명해 주었다. 이미 청주에도 고려인동포들이 많아지자 당시
한국 대학에서 러시아어를 가르치던 라리사 피사레바 교수와 대한고려
인협회 장류보위 청주지부장 등이 방법을 찾아 나섰다. 대한고려인협회
는 고려인동포를 위한 서비스기관 설립을 원했다.

그러나 루스끼돔어학원 설립을 준비하는 피사레바 교수는 처음부
터 영리사업임을 분명히 밝혔고, 결국 독자적으로 어학원을 설립했다.
현재 안산과 광주, 인천, 부산과 광주 등 전국의 주요 고려인마을에 설
립, 운영 중인 러시아학원 모두 월 40만 원 내외의 교육비를 받고 있다.

루스끼돔어학원도 오전 8시 30분부터 오후 4시 30분까지 러시아

루스끼돔어학원
라리사 피사레바 원장,
이영범 교수, 청주고
학생(왼쪽부터)

학교와 똑같이 운영하는데, 토요일에는 한국학교에 다니는 아이들이 러시아어를 공부하기 위해 온다. 또한, 학령 전인 유치원과정도 운영하고 있다. 마침 러시아 상트페테르부르크대학에 진학하고자 하는 청주고등학교 3학년 학생도 만났다.

청주시 청원구 사직동에 있는 충인태권도장은 청주뿐만 아니라 한국의 어떤 태권도장과 다른 점이 하나 있다. 과거 3년 동안 러시아 선수를 지도한 바 있는 우즈베키스탄 출신 한올레그 사범이 2018년부터 고려인 아이들만 모아서 태권도를 가르치고 있는 점이다. 러시아어를 할

충인태권도장 앞에서.
뒷줄 흰옷을 입고 있는
한올레그 사범과 그 앞의
고려인 어린이 수련생들.
양옆은 필자와 이영범
교수(오른쪽)

줄 아는 고려인 사범이 있다는 소문이 퍼지면서 고려인마을에서는 꽤 먼 거리인데도 고려인 학생들이 모여들었다.

현재는 30~40명 정도 가르치고 있는데, 마침 어린 학생팀이 끝나고 귀가하는 시간이었다. 말이 통하는 사범이 가르쳐주어 아이들도 행복했지만, 러시아 및 중앙아시아 시절의 자신의 전문직업을 찾은 한올레그는 충인태권도장의 배려에 고마워했다. 한올레그 사범은 학생들이 많은 저녁 7시 30분경에 다시 방문해달고 했으나 일정 때문에 어쩔 수 없었다.

봉명동과 사창동 고려인마을에서 더 멀리 떨어진 청원구 율량동 소재 이주민노동인권센터(소장 안건수)는 지난 20년 가까이 '이주민노동자의 벗'으로 활동했다. 상담 및 복지, 연구, 금융서비스와 교육, 그리고 궁극적으로 지역사회와 융합하는 사업을 펼치고 있는데, 아무래도 주력사업은 임금 체불 해결이다. 이주민노동인권센터는 이주민 노동자들에겐 둘도 없는 지원군이지만, 체불임금 업체쪽에게는 저승사자나 다름없다. 지금까지 체불임금 해결만 100억 원 내외에 이른다.

현재 장류보위 대한고려인협회 청주 지부장은 이주민노동인권센터

고려인마을 탐방 및 수업을 마치고. 왼쪽부터 필자, 장류보위 지부장, 장안리 교수와 대학원생 2명, 이영범 교수.

II. 지역의 고려인마을(광주, 경상, 충청)

의 교육사업(한국어교실)에 통역으로 일하면서 이주민센터와 고려인동포를 위한 사업 협력을 하고 있다. 2019년 7월 대한고려인협회 행사도 이주민센터 강의실에서 가진 바 있다. 지난 9월 15일 홍익대 대학원생의 '재외동포 이해교육' 강의 장소로도 활용했다.

2022년 9월 6일 법무부는 지역특화형 비자 시범사업에 선정된 지방정부를 발표했다. 대학과 협력하여 지방자치단체가 사업제안서를 제출했는데, 제1차 시범사업에 선정된 지방은 다음과 같다.

연번	지자체명	시범지역
1	충청남도	(유형1) 보령시, 예산군 (유형2) 예산군
2	전라북도	(유형1, 2) 김제시, 남원시, 정읍시
3	전라남도	(유형1) 영암군, 해남군 (유형2) 강진군, 영암군, 장흥군, 해남군
4	경상북도	(유형1, 2) 고령군, 영주시, 영천시, 의성군
5	경기도 연천군	(유형1, 2) 연천군
6	경상남도 고성군	(유형1, 2) 고성군

내년도에는 사업이 더 커질 예정이다. 이번에 빠진 충청북도는 2021년 조사에서 인구소멸지역에 들어간 음성군을 포함해 도농복합지역의 인구 부족 현안과 관련, 러시아의 연해주와 중앙아시아, 이후 러시아 남부와 우크라이나 남부의 흑토지대에서 농사의 천재로 이름을 알린 고려인동포의 한국정착을 도우면서 지역을 살리는 방안을 추진해도 좋을 것이다. 이를 위해서라도 청주 고려인마을의 '고려인의꿈' 단체가 발전하기를 바라는 마음 간절하다. (〈아시아엔〉 2022-9-25)

청주 봉명/사창동 고려인마을 기관 및 단체 지도 (제작 주동완)

● **[청주 봉명동④] 외국인주민 3.4%, 충청북도가 변하고 있다**

2022년 8월 청주대학교 이영범 교수와 대화하다 법무부가 공모 중인 인구감소지역을 대상으로 시행하는 지역특화형 비자 사업 이야기가 나왔다. 특히 유형2(동포가족) 사업이 '귀환' 고려인동포의 한국 정착에 큰 도움이 되겠다는 생각을 공유했다. 이 교수가 바로 충청북도에 문의했다. "지자체와 대학이 협력하여 사업을 신청하는 법무부의 지역특화형 비자 사업에 청주대가 관심이 있다."

법무부가 시범사업을 추진할 지자체를 선정, 발표했는데 충북은 포함되지 않았다(2022.9.5). 그런데 충북의 인구감소지역을 살피는 중에 제천시가 있어 놀랐다. 지방 명문사학인 세명대학교도 있고 인구 13만이 넘는데 89개 인구감소지역에 들어가다니….

2023년 3월 6일(월) 충청북도 영상회의실에서 개최된 충청북도 외국인정책 자문회의는 '외국인의 유입·정착·통합'을 중심으로 논의되었다. '저출산과 고령화 대응을 위한 인구정책담당관'을 신설한 충북도가

II. 지역의 고려인마을(광주, 경상, 충청)

충청북도 외국인정책 자문회의 (사진 충북도청)

외국인정책을 본격화한 것이다.

2021년 11월 1일 기준, 충북에는 전국 외국인주민(213만 4,569명)의 3.4%인 7만 3,529명이 거주하고 있다. 경기(33.5%), 서울(20.0%), 인천(6.3%), 충남과 경남(5.8%), 경북(4.6%) 다음이다.

충청북도 제천시의 지역특화형 비자 사업

2021년 행안부가 발표한 전국 89개 인구감소 시군구 중에 전북(6), 전남(6), 경북(5), 부산(3), 충남(2), 충북(2), 경기(2), 경남(1), 대구(1) 등 광역지자체에서 현재 28개 기초지자체가 법무부의 지역특화형 비자 시범사업(2022.10.4~2023.10.3)을 진행하고 있다.

그런데 충북 제천시만이 유형2(동포가족) 사업에 적극적이다. 2023년 2월 '제천시 고려인 등 재외동포 주민 지원에 관한 조례'를 입법 예고한 상태인 제천시는 5월부터 고려인마을 조성을 본격화할 예정이다. 제천시 관계자들이 2013년 전국 최초로 '광주광역시 고려인주민 지원조례'를 제정한 광주 월곡동 고려인마을을 이미 다녀갔다. 고려인마을 가운데 롤모델로 발전한 광주고려인마을에서 배울 것이 많겠으나, 제천

고려인마을은 가까운 청주 고려인마을의 도움과 협력이 필요할 것이다. 재외동포(고려인)를 제천시민으로 유치하려는 제천시가 고려인마을 조성에 성과를 이룬다면 그 자체로 역사적인 일이 될 것이다.

━ 빠르게 변화 중인 청주 봉명동·사창동 고려인마을

충북도 외국인정책 자문회의를 마치고 하루게 다르게 발전하는 청주 고려인마을을 다시 찾았다. 작년 9월에 왔으니 6개월 만이다. 짧은 기간인데 새로운 상점(식당과 식품점)들이 늘어났다. 한국인이 운영했던 ABC STORES 2호점이 지난해 9월 고려인으로 주인이 바뀌었는데, ABC STORES 1호점도 고려인이 운영하는 밀리온카점(MILIONKA)으로 새 단장을 하고 있었다. '아이세 우즈벡 음식점' 간판을 단 고려인 식당도 한 달 전에 문을 열었다.

짬뽕 맛집이 러시아어와 우즈벡어로 환영한다는 인사말이 쓰인 보스톡(Vostok 동방) 식당으로 최근 고려인동포가 개업했다. 바로 옆에 화덕에서 빵을 구워 파는 고려인동포가 식당도 인수해 개업한 것인데, 그는 우즈벡 농촌 출신이라 우즈벡어도 구사한다. 청주 고려인마을의 우즈베키스탄 사람들을 겨냥해 종업원도 우즈벡사람을 고용했다. 안에 들어가

중국집에서 우즈벡 사람이 많이 찾는 고려인식당으로 변한 동방(Vostok)

치킨집에서 고려인
상점으로 바뀐
가스트로놈 베이커리

니 모두 우즈벡 사람들이다. 청주고려인마을의 명소가 될 것으로 보였다.

청주 고려인마을의 중심은 고려인 학생의 증가로 '1교실 2교사제'로 운영하는 청주봉명초등학교 앞 대로변 주변이다. 방문취업(H-2) 비자를 재외동포(F-4) 비자로 바꾸기 위한 기술교육과정을 운영하는 고려학원 건너편에 외부 방문객까지 끌어들일 수 있는 고려인 상점이 최근 개업했다. 고려인이 운영하는 홈베이커리(Home Bakery)가 바로 옆 치킨집에 러시아식품점 가스트로놈 베이커리까지 연 것이다. 가게 안으로 들어가니 다양한 식품들이 깨끗하게 진열되어 있다.

청주 고려인마을의 더 놀라운 변화는 이미 6개월 전에 한국인이 운영하는 외국어학원 건물 2층에 고려인교회(New Zabet)와 청주시평생학습관이 주관하는 '이국동성(異國同成)' 한국어교실을 연 고려인 박알렉산드르 목사가 3층에 복싱(Boxing) 교실을 연 것이다. 방과 후에 갈 곳이 없는 고려인 아동들이 권투를 배우면서 몸과 마음을 단련하게 하는 교육장이다. 지역아동센터가 있지만, 러시아어로 지도하는 복싱 교실이 고려인 아동에게는 더 즐거운 곳이 될 것으로 보였다. 그런데 청주고려인마을에 아직 고려인주민회가 없다. 충북도와 청주시의 도움이 필요할 것으로 보인다. (《아시아엔》 2023-3-11)

고려인 아동들의
즐거운 복싱 교실

● **[진천 진천·덕산읍①] '블라디보스토크'의 조명희를 '진천'에서 만나다**

2020년 8월 19일 주러시아 블라디보스토크 총영사관은 러시아 연해주 주도인 블라디보스토크시 악사콥스카야 공원(옛 극동기술대학교) 내에 '조명희 재소한인 작가를 기억하며'라는 이름의 조명희 문학비를 설명하는 석물을 설치했다.

조명희 선생 문학비는 '작가모임'이라는 단체가 2006년 세웠는데, 14년 만에 한국정부가 '설명석'을 설치한 것이다. 충북 진천 출생인 포석(抱石) 조명희(1894~1938)는 조선프롤레타리아예술가동맹(KAPF 카프) 작가로 알려졌다. 그러나 1988년 발표된 '월북문인의 해방이전 작품 공식해금조치' 이후에는 디아스포라 문학의 선구자이자 고려인 문학의 아버지로 새롭게 평가받고 있다.

조명희는 1927년 일제 수탈의 실상과 한인의 저항을 묘사한 단편집 〈낙동강〉을 발표한 후, 일제 탄압이 심해지자 1928년 7월 소련 연해주로 망명했다. 블라디보스토크 신한촌에 머물던 조명희는 〈선봉〉의 편

블라디보스토크의
포석 조명희 문학비와
설명석(왼쪽)
(사진 주러시아
블라디보스토크
총영사관)

집자로 참여했다.

1928년 11월 한글신문 〈선봉〉(창간 1923년 3월)에 한인사회에 큰 반향을 일으킨 장편 서사시 '짓밟힌 고려'를 발표했다. 한진은 연해주의 한인들을 '조선인'이라고 하지 않고 '고려인'이라고 한 것도 '짓밟힌 고려' 때문이라고 증언했다. (〈고려일보〉 1992-7-24 '민족문학의 진로'/한진)

조명희는 그 후 지속해서 〈선봉〉에 글을 기고했고 후일 편집자로 참여하여 '문예면'을 만드는 등 그의 주도로 현지 고려인들의 문학이 본격 문학의 형식과 구조를 갖게 되었다. 그는 연해주와 중앙아시아 그리고 북한과 연변까지를 포함한 고려(조선)인 문학의 전통과 부흥에 지대한 영향을 끼쳤다. 강태수, 조기천, 태장춘, 한진, 정상진, 연성용, 김세일, 한 아나톨리 등이 모두 그의 제자였다.

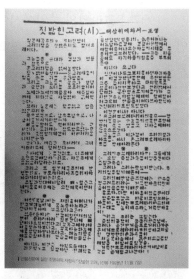

〈선봉〉(1928.11.7)에 실린 '짓밟힌 고려'

육성촌농민청년학교
앞에서. 왼쪽부터 민병용,
김백순, 강진갑, 이홍로,
김상윤, 임영상, 최병호.
(사진 아시아발전재단)

　조명희는 1930년 우수리스크 근교의 육성촌(푸칠로브카), 1931년
우수리스크, 1935년 하바로프스크 등으로 옮겨 다니면서 〈선봉〉의 편
집자로 육성촌농민청년학교 교사로, 고려사범전문대학과 고려사범대학
의 교수로, 또 〈노력자의 조국〉 주필로 활동하면서 재소한인문학 건설
에 힘썼다.

　1937년 고려인의 중앙아시아 강제이주에 앞서 소련은 지도자급 한
인 2,000여 명을 체포하여 처형했는데, 조명희 역시 친일파이자 반혁명
분자라는 죄목으로 1937년 9월 체포, 1938년 5월 공개재판도 없이 비

조명희와 가족 거주 지도
(포석조명희문학관)

밀리에 총살되었다. 그의 나이 44세였다. 그의 가족은 중앙아시아로 이주했다.

1988년 12월 우즈베키스탄 타슈켄트시 나보이문학박물관 4층에 조명희 상설전시관이 세워졌고, 1994년 탄생 100주년에 기념사업의 목적으로 그의 생가터에 표지석이 세워지고, 이를 계기로 매년 포석조명희문학제가 개최되는 등 추모사업이 전개되고 있다.

중국 연변에서는 2001년에 연변포석회가 창립되어, 2002년부터 연변포석문학제가 매년 개최되었다. 2003년에 진천읍 벽암리에 문학비가 건립되고 포석문학공원이 조성되었으며, 2003년 제1회 포석추모 전국시낭송경연대회가 열렸으며, 2006년에는 러시아 블라디보스토크 극동기술대학교 교정에 조명희 문학비가 건립되었다.

1905년 을사늑약 이후 국권회복을 위해 한인 명망가들이 러시아 연해주를 찾는 가운데 1911년 새롭게 건설된 블라디보스토크 신한촌은 1920년까지 국외독립운동의 중심이었다.

'귀환' 고려인동포 10만 시대, 광주고려인마을이 '월곡고려인문화관 결'을 세우고 고려인의 이주와 문화유산을 전시하고 있다. 또 고려인마을의 어린이공원을 '홍범도공원'으로 조성하고 있다. 안산 땟골 고려인마을 고려인문화센터는 지하에 역사관을 설치했고, 경남 김해 글로벌드림다문화연구소도 '동포역사문화관' 문을 열었다.

2015년 문을 연 진천의 '포석조명희문학관'은 진천에 사는 1천 명에 달하는 고려인동포뿐만 아니라 전국의 고려인동포, 그리고 고려인동포 지원센터 관계자와 연구자들이 꼭 방문해야 할 곳이다.

고려인의 정체성이 확립된 특별한 시기인 1920~30년대 연해주 고려인사회를 만날 수 있기 때문이다. 이제 충청북도와 진천군, 포석조명희문학관은 조명희문학 행사에 조상의 나라 한국에 정착하는 고려인(청

진천 포석조명희문학관

소년)을 초청하는 프로그램('짓밟힌 고려' 낭송회 등)을 개발해야 할 것이다.
(〈아시아엔〉 2023-7-31)

● **[진천 진천·덕산읍②] 나그네 대접 잘했더니 100개월 연속**
   인구증가

비수도권 유일 100개월 연속 인구 증가… 진천군에 무슨 일이 벌어
졌을까? 진천군을 검색하다가 나온 〈한겨레신문〉(2022-12-06) 기사 제
목이다. 전국 기초자치단체 중에 100개월 연속 인구가 증가한 곳은 진
천을 포함해 경기 평택과 화성 3곳뿐이라는 내용이다. 진천의 인구 증
가가 시작된 건 2014년 진천군 덕산읍과 음성군 맹동면 일대에 충북혁
신도시(면적 6.9km²)가 들어서면서부터다. 여기에 필자는 같은 2014년
3월에 전주에 있는 우석대학교가 진천캠퍼스를 만든 것도 진천의 발전
에 적지 않은 영향을 끼쳐온 것으로 생각한다.

진천 고려인동포들의
구심체가 되어야 할
진천형제의집, 충북
외국인노동자 지원센터

2023년 6월 12일 이른 아침 동서울터미널을 떠난 버스가 안성 두원공과대학에서 학생들을 내리고 충북 진천에 들어서자 산업단지들이 계속 이어졌다. 이월면을 지날 때는 고려인 직원 대상 뿌리찾기 역사교육으로 알려진 (주)면사랑 간판도 보인다. 면사랑에 알아보니 180명의 외국인 직원 가운데 130명이 고려인이다. 공장 기숙사에 사는 40여 명의 독신자를 제외하고 가족동반 고려인은 진천읍에 살고 있다.

━ "외국인 노동자도 우리의 이웃이다"

2003년 6월 12일 〈충청리뷰〉 홍강희 기자가 진천 충북외국인노동자지원센터 고은영 소장(당시 42세)을 인터뷰한 기사의 제목이다. 진천 종합터미널에서 내린 후 청주대 이영범 교수와 함께 진천전통시장 상인회 건물 내 충북외국인노동자지원센터를 찾았다. 오전 10시 이른 시간인데도 반갑게 맞이해 주었다. 온화한 모습의 고은영 소장, 어떻게 저분이 '싸움닭'으로 살아야 했을까? 진천의 불우한 아동과 또 외국인 노동자를 위해서.

고은영 소장께 오늘은 진천의 고려인동포에 대한 말씀을 듣고 싶다고 요청했다. "고려인은 성실합니다. 생활력이 강합니다. 토요일도 쉬지 않고 일합니다. 한국에 정착하려고 합니다. 재외동포(F-4) 비자에서 영

고은영 소장(왼쪽)과
대화 중에

주(F-5) 비자로, 그리고 귀화(국적취득)까지 하려고 하는데, 한국정부의 귀화 조건이 대단히 까다롭습니다. 고급 한국어 실력이 필수인데… 한국어를 상실한 채 들어온 고려인동포는 한국어를 체계적으로 배울 여건이 되지 않습니다. 6일 일하고 일요일 하루 쉬지만, 가족과 시간을 보냅니다. 그래서 일요일 사회통합프로그램에 나와서 한국어를 공부하는 것도 버거운 상태입니다."

고은영 소장은 비전문취업(E-9) 비자로 들어온 아시아 출신 다른 외국인 노동자는 혼자 오기 때문에 동족끼리 잘 어울린다. 따라서 커뮤니티 형성이 잘 되어 외국인 축제에도 적극적으로 참여하는데, 고려인동포는 수도 적지 않고 가족동반 상태라 지역사회 구성원으로 중요한데 커뮤니티 형성이 과제라고 지적한다.

━ 진천 고려인 커뮤니티는 전천읍 충북외국인노동자지원센터에서

2023년 6월 말 현재 진천군의 총인구는 9만 3,096명이다. 내국인이 8만 5,876명 외국인이 7,226명이다. 10만 시대가 멀지 않았다. 진천의 중심 진천읍도 인구가 늘고 있다. 그러나 2014년 충북혁신도시가 들어선 이후 인구가 큰 폭으로 꾸준히 증가해 2019년 7월에 읍으로 승격하고 2022년 7월 마침내 진천읍을 넘어선 덕산읍의 인구 덕택이다. 내국인보다 외국인이 빠르게 늘어났다. 고려인동포도 덕산읍에 더 많이 산다. 덕산읍에는 고려인교회도 2곳, 고려인마트와 카페(식당)도 6곳이다.

고려인 최드미트리 목사가 인도하는 덕산읍 농협 근처에 있는 은혜교회는 문이 닫혀 있어 사진만 찍었다. 덕산읍을 걷다가 고려인동포가 운영하는 덕산빵집(러시아 슈퍼)을 찾았다. 잠깐 사이에 여러 손님이 들어와 레표시카와 소세지 등을 구입했다. 주로 주말 저녁에 고려인동포의 만남의 장이 된다는 고려인 카페도 보았다.

덕산 고려인 은혜교회

고려인 직원을 위한 역사교육과 한국어교육도 진행한 바 있는 이월면, 고려인 업소가 더 많은 덕산읍보다 역시 고려인이 함께 모이기에 편리한 곳은 진천의 중심 진천읍으로 보였다. 5일장 외에 한산한 진천 전통시장 상인회 사무실, 충북외국인노동자지원센터가 적임지로 보였다. 진천의 역사와 문화(포석조명희문학관 포함), 그리고 대학(우석대학교 진천캠퍼스) 때문이다.

다만, 아쉬운 점이 하나 있다. 특히 사회통합프로그램(한국어 수업)이 온종일 운영되는 일요일은 외국인노동자지원센터가 너무 비좁다. 진천군과 진천전통시장 상인회는 진천의 새 이웃인 고려인동포와 외국인주민의 학습장이자 만남의 장으로 상인회의 빈 넓은 공간을 이용할 수 있게 해주면 더 좋을 듯하다. (《아시아엔》 2023-8-5)

진천읍의 중심 지도.
조명희문학관은
청소년수련관 바로 위에,
충북외국인노동자지원센터는
진천전통시장 내에 있다.

● [음성 금왕읍①] 외국인주민 비율 15%, 전국 1위

전남 영암과 충북 음성을 오래전부터 꼭 방문하고 싶었다. 아래 기
사를 읽고서다.

「외국인 인구 비율 10% 넘어선 영암·음성은 '작은 아시아'」
(《중앙일보》 2016-12-20)
「안산 12%, 음성 15%가 외국인…」 (《조선일보》 2021-6-28)
「'이주노동자의 도시' 음성」 (《경향신문》 2022-4-13)

'군 단위' 이주노동자의 도시, 충북 음성과 전남 영암. 궁금했다. 어
떻게 농촌 지역 외국인주민이 전체 주민의 10%를 넘어 12~15%까지
되었나? 2016년부터 영암·음성이 '이주노동자의 도시', '작은 아시아'

로 주목을 받았는데, 마침내 2019
년 11월 1일 기준 음성군이 15%로
전국 1위가 되었다.

음성 외국인 노동자를 품어준
소피아외국인센터 입구

영암군은 12.6%로 7위. 한국
의 대표 다문화도시 안산시가 13%
로 5위였다. 2023년 6월 12일 음
성을 찾았다. 영암은 7월 1일 방문
했는데, 이로써 필자는 안산시(경
기), 화성시(경기), 평택시(경기), 포
천시(경기), 김해시(경남), 달성군(대
구)에 이어 음성군(충북)과 영암군
(전남) 등 한국 속의 대표적인 다문
화 공간을 경험할 수 있었다.

음성군에 외국인이 늘어나기 시작한 것은 1990년대 중반 산업단지
가 본격적으로 개발되기 시작한 이후다. 수도권과 가깝고 땅값이 싸기
때문에 공장이 들어서는데 최적이었다. 음성의 외국인은 대다수가 공장
에서 일한다. 그중에서도 내국인이 꺼리는 이른바 3D 업종을 이주민이
채웠다.

음성읍보다 금왕읍 인구가 더 많아진 것도 외국인 덕분이다. 그래
서 그런지 한때 금광으로 유명했던 금왕읍, 무극리 무극전통시장 주변
을 둘러보니 번듯한 외국인 지원단체가 마주 보고 있다. 음성군가족센
터와 음성군외국인지원센터·음성군다문화이주민센터. 건물 크기도 상
당하다.

그런데 소피아외국인센터(음성외국인도움센터)는 어디에 있을까? 지
역 상인에게 물으니 대뜸 친절하게 알려준다. 무극전통시장 큰길가 상

음성군 금왕읍 Sophia TV Korea 유튜브 세트장

가건물 2층. 입구가 작아서 눈에 잘 띄지 않았다. 2층으로 올라가 먼저 사무실 반대편을 들어가 보니 Sophia TV Korea 유튜브 세트장. 그 앞에는 이주노동자들이 간단하게 음식을 준비할 수 있는 조리시설도 있다. 이주노동자의 사랑방이었다. 사무실 내부도 각종 사진과 상패, 감사장 등으로 빈틈이 없다. 이주노동자와 동행해온 소피아외국인센터의 18년 세월이 그대로 전해졌다.

━━ 음성에서 외국인주민과 제2의 인생을 시작한 사람들

고소피아는 직장생활로 외국에서 살았고, 또 대기업에서 해외지사 지원 업무를 수행했다. 그녀는 한국사회가 이주민과 살아야 하는 산업 생태 사회가 될 것으로 생각하고 자신이 잘 할 수 있는 일을 시작했다. 2006년 금왕읍에 작은 외국인 식품점을 내면서 센터운영의 재원 마련과 다문화가족들의 일자리를 만들고 스포츠 활동으로 외국인의 단합과 화합의 장을 마련했다. 이어서 나라별 커뮤니티를 구성, 인도네시아 축구팀을 시작으로 필리핀(농구), 스리랑카·캄보디아·네팔(배구)을 만들었다. 한마음국제체육대회와 작은 월드컵 축구대회도 개최했다.

고소피아 센터장과
이충섭 사무총장

　외국인의 한국살이에서 한국어 능력이 첫째다. 고소피아는 일요일 오전 9시부터 저녁 10시까지 수업을 시작했다. 150여 명의 외국인 학생을 혼자 가르쳤다. 2012년 고소피아의 삶을 지켜본 해외지사 근무 등 역시 외국 생활을 오래 한 이충섭 씨가 외국인을 돕는 삶으로 제2의 인생이 가치가 있다고 판단하고 사무총장으로 센터에 합류했다.

　두 사람은 '외국어로서의 한국어교육' 과정을 정식으로 공부하고 사회복지사 자격증도 땄다. 음성의 외국인을 돕는 가운데, 2015년 4월 충북지방경찰청으로부터 정식으로 '음성외국인도움센터' 지정을 받았다. 외국인들을 센터 회원으로 받아들여 공동체 의식을 갖게 했다.

　음성외국인도움센터는 외국인 회원들에게 일터에서의 안전교육과 한국에서 지켜야 하는 준법교육, 성예방·범죄예방교육 등 정착에 필요한 강좌를 운영했다. 한편, 매월 제2주 토요일 오후에는 외국인 자율방범 봉사, 제3주 토요일 아침에는 농촌이음봉사, 제4주 일요일 오후는 거리청소 등 사회봉사 활동을 전개했다. 지역주민과 외국인 간의 거리감을 좁히는 가교역할을 한 셈이다.

　센터는 지역사회의 협력과 후원이 절실함을 느껴 운영위원회도 구성하고, 매체의 중요성을 인식해 2022년 4월 소피아TV코리아 인터넷방송국도 개국했다. 외국인 노동자들도 영상 제작에 적극적으로 참여하

표창장 수여식에서. 왼쪽부터 이수연, 아이다, 김상오, 고소피아, 이상정, 라나, 하산, 이충섭.

고 있는데 2023년 7월 현재 19편이 제작되었다.

2022년 6월 고소피아 센터장은 외국인 인권향상과 지역사회 통합 발전에 이바지한 공로를 인정받아 충북도의회 의장 표창을 받았다. 이 날 표창을 대신 전달한 충북도의회 이상정 의원은 "보이지 않는 곳에서 시민사회 조직의 하나인 NGO 활동가로 꾸준히 활동해 지역사회에 본 보기가 된다"며 수상을 축하했다. 센터장과 사무총장, 그리고 외국인 회 원의 아름다운 협력의 결과였다. (〈아시아엔〉 2023-8-11)

● **[음성 금왕읍②] 강동대-소피아외국인센터의 협력을 주목한다**

음성 강동대학교(국제교류센터)와 소피아외국인센터의 협력의 산물 은 한둘이 아니다. 2020년 1월부터 법무부의 사회통합프로그램을 운영 중인 소피아외국인센터의 음성지역 한국어 및 한국문화 수업은 수강신 청 단 5분 만에 마감될 정도로 인기다. 또한, 윤동준 음성군 금왕읍장은 금왕읍의 다목적실과 소회의실을 강의실로 배정해주고 있다. 소피아외 국인센터는 2020년 12월 음성군의 강동대학교와 전문대학 혁신지원사

소피아외국인센터 토픽 합격자 사진과 이름 (사진 소피아외국인센터)

베트남 어학연수생의
강동대 한국어 교육과정
입학식에서 축사하는
류정윤 총장
(사진 Sophia TV Korea)

업 업무협약을 맺고 토픽(한국어능력시험) 과정을 운영하기 시작했다.

　　2022년에는 강동대가 국제교류센터를 개소하고 소피아외국인센터 고소피아 센터장과 이충섭 사무총장을 한국어 교육과정 교수로 공식 초빙했다. 대학 부설 한국어 교육과정을 관내 외국인지원 기관인 소피아외국인센터에 위임한 셈이다. 2023년 3월 6일 강동대학교 국제교류센터는 베트남 어학연수생 24명의 한국어 교육과정 입학식을 류정윤 총장 등 대학 관계자가 참석한 가운데 열었다. 2년 과정 입학행사에 총

강동대 글로컬사회복지학부의 입학식에서. 왼쪽부터 사회복지학과 홍윤경 교수,
스밋(스리랑카), 한이(베트남), 고소피아 센터장, 사밀라(스리랑카). (사진 Sophia TV Korea)

장까지 참석한 특별행사였다.

고소피아 센터장은 베트남 어학연수생의 한국어 교육을 맡은 것보
다 마침내 소피아외국인센터 회원 3명이 대학에 정식으로 입학한 것이
더 기뻤다. 비전문취업(E-9) 비자로 한국에 들어온 외국인이 전문취업
(E-7-4) 비자를 취득 후 한국에서 공부할 수 있는 루트를 만들어 주려는
것이 그녀의 목표였기 때문이다. 학위취득과 정착이 외국인에게는 코리
안드림을 이루는 것이요, 한국사회로서는 최대 현안인 인구증가를 이루
기 때문이다.

━ 400여 명의 고려인동포가 사는 음성군은?

필자는 지난 6월 12일 청주대 이영범 교수와 함께, 진천·제천·음
성·진천 고려인마을 탐방을 다녀왔다. 필자나 이영범 교수나 청주의 고
려인마을만 방문했는데, 진천(진천읍, 덕산읍)과 음성(금왕읍)을 들러보면
서 현장조사/연구가 필요함을 나누었다. 특히 음성 금왕읍 소피아외국

인센터가 음성의 외국인을 한 가족처럼 대해온 것에 감동했다.

충청북도의회와 충청북도는 지난 6월 23일 충북도의회에서 '고려인 정착지원 정책토론회'를 개최했다. 충북도는 고려인 지원을 위한 실태조사 연구가 수행될 것임을 언급했는데, 이영범 교수와 필자는 짧은 시간 진천과 음성을 둘러보면서 고려인 실태조사에 반드시 고려인을 잘 알고 러시아어 소통도 가능한 연구자의 참여가 필요하다고 느꼈다.

진천에서와 마찬가지로 음성에서도 가족을 동반한 고려인동포는 '가족돌봄'으로 나라별 커뮤니티에 참여하지 못하고 있었다. 특히, 현재 음성에는 고려인이 운영하는 상점(빵과 식료품 판매)이 단 한 곳이며, 고려인이 모여 함께 식사도 하고 친목을 도모하는 카페(식당)도 없었다.

그러나, 고소피아 센터장은 고려인 회원들에게 고려인 커뮤니티로 모이자고 권하면서 사인을 받고 있다. 이미 50여 명의 고려인이 모였다. 금왕읍뿐만 아니라 대소면, 삼성면, 생극면, 맹동면, 그리고 음성읍에서도 참여하고 있다.

새롭게 시작하는 고려인 모임의 회장에 황베르타가 맡기로 했다. 고려인 커뮤니티를 주선하는 과정에서 다시금 확인되고 있다. 그동안 고려인은 나라별 커뮤니티 참여가 저조했는데, 주말 시간은 '가족돌봄'이 우선이었고, 또 한국 정착을 위한 생활비를 버는데도 시간이 부족한 상태였다. 또, 고려인 커뮤니티 구성과 활동에 고려인 가족

음성 유일의 고려인 상점

소피아외국인센터 사무실. 왼쪽부터 고소피아, 임영상, 이영범.

간에 세대와 사고방식 등의 차이와 한국어 소통 능력이 어려움으로 작용할 것이라고 고소피아 센터장은 설명했다.

충북도의 고려인주민 지원 사업이 2024년에는 시행될 것으로 보인다. 이제 '고려인을 위한 별도의 한국어 교육'은 더는 미룰 수 없는 현안이다. 가족의 생계를 위해 평일 저녁 늦게까지 일하는 고려인동포는 야학 및 주말 교육이 필수다. 일찍 업무가 끝나는 기존의 가족센터나 다문화센터가 감당할 수 없다.

전국의 고려인마을마다 고려인통합지원센터 등이 운영되는 이유다. 한국어뿐만 아니라 한국역사와 경제 교육도 필요하다는 것이 고소피아 센터장의 진단인데, 필자는 고려인 이해를 위한 한국사회의 고려인 역사·문화 교육도 필요하다고 생각하고 있다. 또한, 이는 고려인 스스로 자긍심을 갖게 하는 데에도 도움이 될 것이다. (《아시아엔》 2023-8-13)

III
지역특화형 비자 사업과
고려인마을

지역특화형 비자 사업 '토론회'

● '고려인 콜호즈'로 한국 농촌이 살아날 수 있다면…

2022년 대한민국에서 '고려인 콜호즈' 토론회를 개최한다고 하니 소련 시대 농촌마을로 되돌아가자는 말이냐며 걱정하는 연구자도 있다. "한국인들의 브라질 노동이민도 실패했고, 미국에서 1980년대 시행한 농장노동이민(1년 중 단 90일 만 일하면 됐는데도)도 영주권 취득에만 이용되어 브로커들 돈만 벌려주고 사회적 혼란만 일으킨 채 실패했다." 이러한 의견은 연구자뿐이 아니다.

광주에 사는 고려인동포의 '농촌살이'를 지원하는 광주고려인마을 이천영 목사도 "농촌 콜호즈 가능성은 얼마인가?"라는 제목으로 의견을 주었다.

① 콜호즈 가능성은 그리 크지 않다. 이유는 우선 농지 확보와 자원하는 고려인동포 찾기가 상당히 어렵기 때문이다. 광주고려인마을에서 운영하는 농촌생활은 먼저 저희가 이미 확보한 주거지를 중심으로 노동력이 없는 노년층을 대상으로 돌봄 형태로

운영하고 있다.

② 노동력이 있는 젊은 층은 하루 일당이 최소 13만 원에서 최대 25만 원에 달하기에 농촌 콜호즈 수익이 따라갈 수 없다. 또한, 자원하고 나서는 농촌살이를 원하는 세대는 대부분 여성 노인 이고 남성 노인 역시 조금만 힘이 있어도 농촌일용직에 갈 수 있어 장기간 최소 3개월에서 6개월 투자를 통해 소득을 얻을 수 있는 농업 종사 가능성이 떨어진다.

③ 저희가 진행하고 있는 농촌살이는 대부분이 텃밭 농업과 양계 사업으로 노동력이 없는 노년층의 소일거리로 진행하고 있어 젊은 층이 참여하는 농촌 집단농장체제는 현재 상황으로는 성 공 가능성이 적을 것이다.

이천영 목사 말씀에 동의하지 않을 수 없다. 그런데도 '고려인 콜 호즈' 토론회를 개최하는 것은 '합력(合力)하면 선(善)을 이 룰 수 있다'라는 믿음에서다. 2021년 10월 행정안전부가 전국에서 89곳의 인구감소지 역을 발표했다. 수도권에서 경 기 가평·연천, 인천 강화·옹진 이 인구감소 지역에 들어갔고, 도심 공동화 문제를 겪는 광역 시 내 일부 자치구(부산 동구·서 구·영도구, 대구 남구·서구)도 포 함되었다. 오른쪽은 〈농민신 문〉이 「지자체 89곳 인구감소

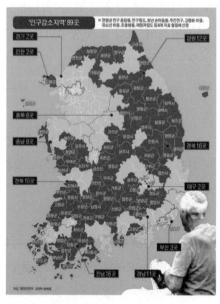

전국 인구감소지역 지도 (출처 농민신문)

소멸위기… 고향세가 해법되나」(2021-10-20) 제목으로 보도하면서 제시한 지도다.

2022년 5월 행안부는 지역 인구감소 위기에 대응하기 위한 인구감소지역 지원 특별법을 2023년 1월 1일부터 시행한다면서, 지방소멸대응기금(매년 1조원, 10년간 지원) 등을 인구감소지역에 집중적으로 투입하여 일자리 창출, 청년인구 유입, 생활인구 확대 등 다양한 인구활력 증진 사업이 시행되도록 뒷받침할 것이라고 밝혔다.

2022년 7월 법무부는 인구감소 지역의 산업, 대학, 일자리 현황 등에 적합한 외국인의 지역정착을 장려하고 지자체 생활인구 확대, 경제활동 촉진, 인구유출 억제 등을 목적으로 시범 시행되는 지역특화형 비자 사업을 공모했다. 이민청 신설과 관련, 지역사회 수요에 맞는 외국인 인재를 받아들이는 적극적인 이민정책으로 가겠다는 의지로 보였다. 9월 5일 시범사업에 선정된 6개 지자체(4개 광역지자체, 2개 기초지자체)가 발표되어 2022년 10월부터 1년간 시행한다고 발표했다. 또한, 10월 중에 추가공모를 실시한다고 했다.

현재 1차 시범사업에 선정된 지자체별로 사업 수행을 위한 절차를 밟고 있다. 그런데, 지자체 담당자와 법무부 체류관리과에 확인한 결과, 유형2(동포가족)은 동포 개개인이 직접 관내 출입국·외국인사무소에 가서 신청하게 되어있다.

필자는 인구감소 지역으로 이주해 삶터를 일굴 동포가족이 얼마나 될 것인지 정확히 알 수는 없으나, 고려인동포에게는 이번 사업의 취지와 내용 등을 알리고 인구감소 지역 지자체에서 더 적극적인 관심을 가졌으면 좋겠다고 생각했다.

'고려인 콜호즈' 토론회는 긴급하게 추진되었다. 다행히 인구감소 지역인 충청북도 제천시 김창규 시장이 사업 취지를 공감하고 적극적으

로 지원해 주었다. 제천시·단양군 엄태영 국회의원실에서 공동 개최자
로 합류해 의원회관에서 개최된다. 사업의 주관 부처인 법무부(체류관리
과), 사업 협업 주체인 행정안전부(지역균형발전과)와 지자체(제천시)가 토
론자로 참여한다. 재외동포재단과 대한고려인협회, 지역의 고려인마을
활동가도 참여한다.

토론회 자료집을 준비하는 중에 법무부의 '지역특화형 비자 시범사
업' 추가공모가 나왔다(10월 18일). 1차 사업 때와 큰 차이가 없으나 각
유형 내에서 세부내용을 추가해서 설명했다. 신청 기간은 10월 19일부
터 11월 18일까지이며, 12월 2일에 해당 지자체를 선정할 예정이다. 사
업 기간은 2023년 1월 1일부터 2023년 10월 3일까지 9개월이다. 종료
일시는 1차 시범사업에 선정된 것과 같다.

발제자인 필자가 토론회에 제기하는 내용의 핵심은 아래와 같다.

첫째, 고려인동포에게는 '농사 천재' DNA가 있다. 한국에 온 고려
인동포 중에 농촌살이를 희망하는 사람이 있을까? 당장에는 소수일 것
이다. 그러나 우선, '농촌의 외국인 5개월 계약노동자'를 대신해 안정적
인 노동력을 제공할 수 있다. 남은 7개월이 문제다. 그래서 고려인 젊은
남성은 농공/산업단지에서도 일할 수 있어야 한다. 여성과 노년 세대는
텃밭/하우스 농사를 연중 지을 수 있을 것이다.

둘째, 스마트 팜(Smart Farm) 시대다. 농촌살이를 희망하는 고려인동
포는 우선 한국어도 배워야 하고 신농업기술도 익혀야 한다. 한국사회
가 도와주어야만 가능하다. 고려인동포가 농촌으로 이주하면 폐교 위기
의 농촌학교도 살릴 수 있다.

충청남도 당진시 합덕읍 신리 신촌초등학교가 그 사례다. 다만, 마
을에서 고려인동포에게 한국어를 가르쳐 주어야 하고, 고려인 자녀가
다니는 초등학교와 중등학교에 이중언어 교사를 배치해야 한다. 한국

농촌과 농촌살이를 희망하는 고려인동포가 합력(合力)하면, 인구감소지역 한국 농촌이 달라질 수 있을 것이다. (〈아시아엔〉 2022-10-24)

● 토론회 후기: 인구감소지역에 '고려인 콜호즈'가 조성된다면

2022년 10월 27일 국회 의원회관 제7 간담회실에서 '고려인 콜호즈' 긴급토론회를 마쳤다. 1920년대 후반 소비에트 사회주의 체제의 농업집단화 정책인 농촌의 집단농장 콜호즈가 대체 오늘날 자유 대한민국에서 가당한 일인가?

사실 필자도 논란이 있을 수 있다고 생각했으나, 주최측은 사람들의 관심을 끌 수 있는 주제가 필요하다고 했다. 이에 필자는 "지역특화형 비자 사업(유형2)과 인구감소지역, 고려인동포 콜호즈(집거지)가 가져올 효과(效果)는 무엇인가?"라고 발제문을 다소 길게 적었다. 콜호즈 설명도 집단농장이 아니라 집거지라고 했다.

아울러 발제문의 제1장 왜, 긴급토론회를 개최하게 되었나? 에서도 "2022년 오늘 생각하는 '고려인동포 콜호즈'는 고려인 집단농장이 아니라 지역에서 농사일도 함께 할 수 있는 고려인동포 가족을 초청하는 형태"라고 밝혔다. 그리고 발제문을 토론자 모두에게 미리 전달했다.

결과적으로 토론회는 성황을 이루었다. 토론회 제목을 보고 어떤 언론은 소련 시대 콜호즈(집단농장)와 솝호즈(국영농장)까지 설명하면서 토론회 개최에 관심을 보였다. 토론회 후 보도가 이어졌다. 또 토론회에서도 소련 시대 사회주의 체제의 콜호즈가 어떻게 오늘날 한국 농촌에 적용될 수 있느냐? 고도 했다.

고려인 출신 토론자는 과거 고려인사회에서 부모들은 자식들에게

"콜호즈를 떠나 도시로 가라"고 전했다. 결국, 마지막 토론자도 용어에서 고려인 동포마을이 온당했다고 주장했다. 이에 좌장을 맡은 곽승지 교수는 주최측의 노이지 마케팅(Noise Marketing)이 성공한 셈이라고 평가했다. 긴급하게 개최한 토론회임에도 지역특화형 비자 사업 주체인 법무부(체류관리과)와 협업 부서인 행정안전부(지역균형발전과)와 지자체(제천시), 그리고 중도입국 고려인동포 자녀교육과 관련 교육부(교육기회보장과)에서 토론에 참여했다.

전국의 89개 인구감소지역에서 89번째로 인구감소지역에 들어간 제천시의 김창규 시장은 전날에도 또 다음 날에도 서울 출장 일정이 있을 정도로 바쁜 시정임에도 토론회에 참석했다. 김창규 제천시장은 본인 스스로 언급한 바와 같이 러시아어를 구사하는 유일한 지자체장이다.

오랜 기간 러시아와 카자흐스탄 등에서 외교관으로 일했고 중앙아시아 키르기스스탄과 카스피해에 연한 아제르바이잔 대사를 역임했다. 1993년 주카자흐스탄 한국대사관 개설 초기에 고려일보와 고려극장 등 민족언론과 문화단체에 대한 한국정부의 지원을 대폭 늘리는 데 노력했고 늘 고려인동포를 생각해왔던 터였다.

이번 토론회를 통해서 참석자 모두 '귀환' 고려인동포가 한국 정착에 어려움을 겪고 있음을 이해했다. 이에 법무부의 지역특화형 비자 유형2(동포가족) 사업에 89개 인구감소지역 지자체가 시범사업 지역으로 선정되면, 이미 체류 중인 동포뿐만 아니라 해당 지역으로 이주하는 동포의 경우에 방문취업(H-2) 비자 동포들이 출입국이 자유로운 재외동포(F-4) 비자로 선(先) 변경되면서도 방문취업(H-2) 상태에서 하던 일을 거의 그대로 할 수 있게 되었다. 또 비동포(非同胞) 배우자의 동반가족(F-1) 비자도 취업이 가능해졌다.

김해 고려인마을 활동가인 황원선 구소련대표는 김해 고려인공동체의 환영과 바람을 토론회에서 발표하기도 했다. 과연, 오늘 한국에서 농사를 지을 고려인동포가 있을까? 당진(합덕) 고려인마을에서 고려인을 돕고 있는 김학로 당진역사문화연구소 소장은 이미 고려인동포 다섯 가정과 농사를 지을 준비를 하고 있었다.

또, 광주 고려인마을 지도자인 이천영 목사는 공장노동이 어려운 여성과 노년 세대를 위한 돌봄 형태로 농촌살이를 시행하고 있었다. 5개월 계절 농사만이 가능한 농촌보다 오히려 1년 내내 할 일이 있는 어촌에서 고려인 콜호즈(집거지)가 가능하다는 이천영 목사의 주장에 참석자 모두 공감했다. 당진에서 온 김학로 소장이 지적했듯이, 이번 토론회에 농수산부 관계자도 초청했어야 했다.

지역특화형 비자 시범사업의 주관 부서인 법무부와 내년부터 인구감소지역에 대한 특별지원을 시행하는 행정안전부, 그리고 인구감소지역 학교에 편입하는 이주배경 학생을 위한 교육기회를 보장해야 하는 교육부 관계자도 유형2(동포가족) 사업에 기대를 거는 고려인동포 사회의 바람과 현실을 이해했다.

인구소멸시대 대한민국이 나아가야 하는 적극적인 이민정책이 인구감소지역을 대상으로 지역특화형 비자 시범사업으로 시작되었음도 알았다. 귀환 동포, 특히 고려인동포 가족을 한국사회에 안정적으로 정착할 수 있게 하는 정부 정책에 대한 기대를 나눈 토론회였다. (《아시아엔》 2022-10-29)

1
경북 영천시 고려인마을

● 고려인은 '비자 혜택', 영천시는 '인구 증가'

— '비자 혜택'을 받고자 영천으로 이주하려는 고려인동포

2022년 10월 27일 국회 토론회 이후 얼마 지나지 않아 경주 고려인마을 장성우 고려인협동조합 이사장이 연락했다. 경주 고려인마을에서 지역특화형 비자 혜택이 가능한, 인구감소지역인 이웃 영천으로 이주할 수 있는 고려인동포들이 많다는 것이다. 경주의 고려인동포 중에

영천시고려인
통합지원센터

비자 특례를 받을 수 있는 고려인에 관한 보도를 필자도 읽은 바 있다.

(〈단비뉴스〉 2020-12-21 「"쫓겨서 떠났는데...돌아오긴 더 힘들어요"」)

'방문체류' 고려인 3세 김스베틀라나 이야기였다. 스베틀라나는 2019년 2월 세 번째 조국 땅을 밟았다. 어떤 일이 있어도 할아버지 나라에 와서 살겠다는 일념으로 3년짜리 방문취업(H-2) 비자를 받고 들어왔다. 한국에 들어오기 위해 카자흐스탄 정부가 지급하는 연금도 포기했다. 김스베틀라나와 같은 고려인이 영천으로 이주해 2년 이상 산다면 선(先) 재외동포(F-4) 비자를 받고 H-2 비자 상태에서 해온 생업을 계속할 수 있다. 또, 경주에는 취업할 수 없는 방문동거(F-1) 비자인 배우자와 사는 고려인가족도 상당수다.

바로 이들이 경주에서 영천으로 이주해 유형2 사업 해당자로 등록하고 법무부의 허락을 받으면 안정적으로 한국에 정착할 수 있다는 판단에 장성우 이사장도 생각하고 또 생각한 것이다. "왜? 경주 고려인을 타지로 보내려느냐?"라고 오해도 받아가면서 장성우 이사장은 경주 고려인을 만나고 영천시도 방문하는 등 적지 않은 노력을 기울였다. 영천시에도 2021년 현재 119명의 고려인이 거주하고 있는 것으로 알려졌는데, 장성우 이사장 등의 주선으로 영천 고려인 일부가 모이기도 했다.

리사 통역원으로부터
영천 상황을 경청하고
있는 고려인동포 가족들
(사진 장성우)

영천시는 인구증가라는 생각에서 환영했다. 그러나 유형2 사업은 동포 스스로 대구 출입국·외국인사무소에 신청해야 했다. 결국, 일자리를 알아보고 거주지를 찾는 것도 장성우 이사장의 몫이었다. 고려인동포 스스로는 불가능한 일이다.

마침내 지역특화형 비자 유형2(동포가족) 사업의 첫 성과가 경북 영천에서 나오고 있다. 장성우 경주고려인마을 지도자는 경주에서 영천으로 이주할 고려인동포 40여 가족과 이미 영천에 사는 119명의 고려인동포가 소통하고 협력할 수 있는 쉼터가 필요할 것 같아 2023년 3월 20일 영천시고려인통합지원센터를 열었는데, 3월 24일 경주고려인마을 페이스북에 올라온 비자 혜택 소식을 보고 경기도 안성에 사는 고려인동포 가족 7인이 영천을 찾았고 곧이어 원룸까지 구한 것이다.

2022년 3월 31일 오후 필자는 영천 고려인통합지원센터 장성우 센터장, 대구 박경진 행정사와 함께 김해 동포지원센터 동포역사·문화관 개막식에 참석한 후 영천에 들렀다. 마침 이사할 집에 일부 짐을 갖다 두려고 안성에서 영천으로 내려온 심스베틀라나 부부를 만났다.

스베틀라나는 몸이 아파 더는 공장 생활을 할 수 없고 방문동거 (F-1) 비자인 남편 주마예프 파벨 (플로프)이 일할 수 있다는 소식에 다른 두 가족과 함께 영천으로 이주하기로 한 것이다. 스베틀라나 부부 자녀 둘은 이미 한국에서 일하고 있고 아직 러시아 볼고그라드

왼쪽부터 주마예프 파벨, 심스베틀라나, 필자

III. 지역특화형 비자 사업과 고려인마을

에 있는 자녀 둘도 한국에 들어올 날을 기다리고 있다. 당장은 이들 부부만 왔으나 장차 모두 영천에서 삶터를 이룰 예정이다.

━━ 이제 영천시가 귀환 고려인동포를 맞을 때이다

장성우 영천시고려인통합지원센터장은 그간 영천시를 방문했으나 유형2(동포가족) 사업은 동포 스스로 준비해야 해서 집을 구하고 일자리를 찾느라 고생이 심했다. 그런데 뜻밖에 영천시 설동수 부시장이 전화했다. 영천 거주 고려인과 영천으로 이주할 고려인에 관한 정보를 알고싶고, 고려인의 주거, 일자리, 교육 등에 관해 대화를 나누자는 연락이었다. 이제 영천시가 귀환하는 고려인동포를 맞고자 준비하는 듯해서 참으로 반가웠다.

부활절 4월 8일 일요일, 다시 장성우 센터장이 사진과 함께 영천 소식을 전해왔다. "어제는 한국어 수업을 위해 영천에 거주하는 고려인 동포들이 한자리에 모여 이야기했습니다. 이중 다른 지역에서 온 고려인 가족과 현재 영천에서 거주하는 고려인 가족 중 경산시 하양에서 온 가족도 있습니다."

일터는 영천인데 방값이 비싸서 대학도시 경산시에 사는 40여 고려인 가정 중에 일부가 영천 센터를 방문한 것이다. 이들은 영천에 고려인센터가 있어서 정말 좋다고 하면서 영천으로 이사하고 싶은 고려인 가정이 더 있을 것이라 했다.

한국어 초급과정(강사 황소영) 수업 소식도 전했다. "어제 진행한 초급반 한국어 첫 수업에 고려인동포들이 대만족을 표시하고 감사하다고 했습니다." 다음 주는 토요일과 일요일 초급과 중급반(강사 최성희)으로 나누어 수업을 진행할 예정이라고 했다. 경주의 40여 고려인동포 가족이 영천으로 이주하기도 전에 경기도 안성시 대덕면 고려인마을에서 또

황소영 강사의 수업을 듣고
있는 영천 고려인동포들
(사진 장성우)

이웃 경산시 하양읍에 거주하는 고려인동포 가족이 영천고려인센터에
모였고 한국어 수업까지 진행했다. 2022년 10월 27일 국회에서 가진
지역특화형 비자 사업(유형2)과 '고려인 콜호즈' 토론회 이후 5개월 만
이다.

　이제 경상북도도 지원해야 하겠지만, 영천시가 고려인마을 조성에
나설 때다. 혹자는 고려인마을에 모여 사는 것에 부정적이다. 한국어 습
득과 한국사회 적응이 더딜 것이라고 주장한다. 또, 고려인마을이 게토
(ghetto)가 될 수 있다고 한다. 그러나 그렇지 않다. 미국(LA, 뉴욕 등)과 일
본(오사카, 도쿄 등)의 코리아타운, 국내 광주와 인천, 청주 등 고려인마을
이 낙후된 게토인가? 오히려 도시재생이 이루어지고 지역경제도 활력
을 찾고 있다.

　지역특화형 비자 사업의 주체인 법무부도 불법으로 취업한 방문동
거(F-1) 비자 동포가족이 인구감소지역으로 이주할 수 있도록 배려해
야 하겠다. 법을 어겼으니 벌금은 내야겠지만 크게 감면해주면 좋겠다.
대신에 준법 생활을 할 수 있도록 교육을 의무화하면 좋겠다. (《아시아엔》
2023-3-19, 2023-4-12)

● 지역특화형 비자 유형2(동포가족) 사업, 이대로 좋은가?

　2022년 10월 4일부터 2023년 10월 3일까지 1년간 진행되는 지역특화형 비자 사업(시범)이 2개월도 채 남지 않았다. 현재, 지자체 차원에서 유형2 사업을 추진하는 곳은 충북 제천시가 유일하다. 전담 직원을 배정하고 행·재정 지원 계획을 실천 중인데, 제천시는 지난 7월 28~30일 고려인 등 재외동포 이주정착 지원사업의 본격 시행에 앞서 대한고려인협회와 공동으로 고려인 청소년 여름 캠프를 가졌다. 그러나 제천시도 2023년 10월까지 80명의 고려인동포를 유치한다는 목표라서 아직 구체적인 성과는 나오지 않은 상태다.

　2023년 8월 현재 유형2 사업으로 구체적인 성과를 올린 곳은 경북 영천시다. 비자 혜택을 받을 수 있다는 소식에 수도권에서 고려인동포 가족이 영천으로 이주한 것이다. 그 외 전북 김제시가 노력하는 중인데, 영천시(영천시고려인통합지원센터)나 김제시(전북이주민통합센터) 모두 민간

제천시·대한고려인협회 주최 고려인 청소년 여름 캠프 (사진 제천시)

영천을 떠나는 고려인이
행정센터를 찾고 있다.

단체 차원이다. 그런데 최근 필자에게 영천에서 안타까운 소식이 전해
졌다.

2023년 3월 31일 영천시고려인통합지원센터에서 만났던 심스베
틀라나·주마예프 플로프 부부 소식이다. 당시 심스베틀라나는 병색이
완연했는데, 주마예프 플로프가 다시 러시아로 돌아가게 되었다. 영천
에 오기 전인 2022년 아내의 병원비 등을 해결하기 위해 동반가족(F-1)
비자 상태로 일을 한 것이 대구 출입국·외국인사무소에 등록하는 과정
에서 드러난 것이다. 결국, 주마예프 플로프는 범칙금을 내고 러시아로
떠나게 되었다. 인구감소지역인 영천으로 이주하면 F-1 비자로 당당하
게 일할 수 있다고 했는데, 일이 잘못된 것이다.

━ 영천을 떠나는 동포가족, 무엇이 문제인가?

불법 취업은 결코 온당하지 못하다. 다만, 한국에 들어올 때 출신국
의 가산도 정리하고 들어오는 동포가족이 상당수다. 부부 가운데 한 사
람만 일해서는 정착하는 일이 쉽지 않다. 편법으로 일하는 예도 있을 것
이다. 따라서 인구감소 지역으로 이주하면 동거하는 배우자(F-1)가 취
업할 수 있다는 점이 유형2 사업의 매력 중의 매력이다. 그래서 수도권

'일할 수 있는 F-1 비자' 설명을 듣는 고려인 동포가족들

에서 영천까지 왔다.

그런데 막상 낯선 지역 영천에 와보니 일자리를 어떻게 구해야 할지 어려움이 많았다. 영천시고려인통합지원센터에서 백방으로 노력했지만, 영천시 관계자의 협력을 받기가 쉽지 않았다. 유형1(우수인재)의 경우, 취업박람회를 개최하는 등 적극적인 노력을 기울인 것과는 극명하게 대비된다.

그런데 이번에는 간신히 일자리를 찾아 근로계약서를 받았는데, 출입국사무소에서 허가해 주지 않았다. 영천에 사업장이 있는 아웃소싱 업체의 본사 주소지가 인구감소 지역이 아닌 경산과 경주라는 이유다. 영천시고려인통합지원센터에 모여 일할 수 있는 F-1 비자에 대한 설명을 듣는 동포 가족들의 표정이 어둡기만 하다.

지역특화형 비자 유형2(동포가족) 사업, 무엇이 문제인가? 시범사업 기간이 끝나가고 있다. 그동안의 성과와 진행은 어떠한지? 법무부는 현장의 소리를 경청하고 개선책을 내놓아야 할 것이다. (《아시아엔》 2023-8-16)

2
전북 김제시 고려인마을

● 전북 김제시에 '우크라이나 피난 고려인동포마을'이 조성된다면

2022년 10월 27일 목요일 오후 서울(대한민국 국회 의원회관 제7 간담회실)과 광주(시의회 예산결산특별위원회 회의실)에서 '고려동포' 관련 토론회가 동시에 열렸다. 서울에서는 지역특화형 비자 사업(유형2)과 '고려인 콜호즈' 토론회가, 광주에서는 광주고려인마을 우크라이나 난민보고

국회 의원회관 토론회 모습. 광주고려인마을 이천영 목사 발표로 녹음내용을 듣고 있다.

서 토론회였다.

추가공모 사업을 준비 중인 제천시는 김창규 시장이 직접 참여해 토론에 임했고, 광주, 김해, 경주, 청주, 당진 고려인마을 활동가(고려인, 한국인)들이 참여했다. 광주고려인마을 새날학교 교장인 이천영 목사는 참석을 못 해서 녹음한 토론문을 보내왔다.

비대면으로 참여한 김제시의 한국어교육 전문가인 김지영 박사가 전라북도에서 가장 외국인 비율이 높은 김제시에 고려인마을을 만들었 으면 좋겠다는 의사를 보내왔다. 외국인 대상 한국어교육센터(가칭)를 설립하려 했는데, 고려인동포 토론회를 통해 지역특화형 비자 시범사업 에 선정된 전라북도(김제시)에도 고려인마을을 조성하고 고려인동포의 한국 정착을 돕고 싶다는 내용이었다.

한편, 광주에서의 토론회는 광주고려인마을에 들어온 우크라이나 피난 고려인동포의 한국 정착을 위한 지역사회의 역할과 과제가 그 내 용이었다.

김제시 김지영 박사의 '희망'을 듣고 생각했다. 어차피 김제의 고려 인동포마을 조성은 같은 호남권인 광주고려인마을의 지원·협력이 절대

10월 27일 광주시의회 예산결산특별위원회 회의실에서 열린 광주고려인마을 우크라이나 난민보고서 토론회 참석자들 (사진 광주고려인마을 고려방송)

2. 전북 김제시 고려인마을

적이다. 우선 김제에는 고려인동포 가족이 없다. 광주 등 다른 지역에서 이주해야 한다. 실제로 현재 인구감소지역 지역특화형 비자 사업에 선정된 경상북도 영천시와 충청남도 예산군은 각기 인접한 경주고려인마을과 당진(합덕)고려인마을이 협력하려고 노력 중이다.

경주와 당진의 고려인동포가족 가운데 비자 혜택을 얻기 위해 영천과 예산에서 일자리를 찾아 정착하는 방안이다. 따라서 차제에 광주고려인마을의 우크라이나 피난 동포의 한국 정착지원을 지역특화형 비자 사업을 시행하려는 김제와 나눈다면 서로 좋은 일일 것이다. 특히, 김제에 정착하는 우크라이나 피난 고려인동포는 법적 지위가 재외동포(F-4) 비자를 받게 된다. 비동포 배우자의 방문동거(F-1) 비자도 일할 수 있다.

필자는 우크라이나 고려인동포 관련, 조사와 학술발표로 2002년부터 2016년까지 총 다섯 차례 방문한 바 있다. 2014년 전쟁에서 러시아가 병합한 크름(크림) 반도의 중북부인 장코이 지방(이곳의 고려인동포 상당수가 이미 한국 귀환)과 이번 전쟁의 격전지인 헤르손(러시아가 전쟁 발발 3일 만에 병합), 고려인 주지사가 영웅적으로 방어 중인 미콜라이우도 방문해 고려인동포를 만난 바 있다.

우크라이나에서 전쟁을 피해 들어온 고려인동포는 사실상 '난민'이다. 한국사회에서 난민 수용에 대한 국민적 반감이 있다. 그러나 우크라이나 피난 고려인동포는 특별하게 접근해야 한다. 더구나 인구감소지역인 김제시가 진행 중인 지역특화형 비자 유형2(동포가족) 사업의 바로 해당자이다. 다행히 전라북도는 이미 '고려인주민 지원 조례'도 제정한 상태이니 긴급 지원대책을 세울 수 있을 것이다.

김제와 남부 우크라이나를 생각해보니 중요한 공통분모가 있다. 김제는 한국에서 유일하게 지평선을 느낄 수 있는 호남평야의 중심이고, 고려인동포가 떠나온 지역은 유럽의 빵공장인 우크라이나 흑토지대이

III. 지역특화형 비자 사업과 고려인마을

다. 고려인동포 중에는 바로 흑토지대에서 농사를 짓다가 온 분들도 있을 것이다.

지금 한국농촌은 이미 5개월 계약으로 들어오는 동남아 계절노동자가 없다면 고구마와 양파 등 밭작물 농사를 지을 수 없는 상태이다. 농사의 천재 고려인동포도 근래에는 많은 수가 도시민이 되었으나, 농사를 잘 짓는 DNA를 다시 김제에서 발휘할 수도 있을 것이다.

또 생각해보니 김제는 피난 동포와 인연이 깊다. 용지면에는 1950년 한국전쟁 후인 1954년 4월 29일 황해도 은율·송화·해주 등지에서 피난 내려온 황해도민들이 군용천막을 지으면서 총 450세대, 5천여 명이 정착한 곳이다. 현재 170여 가구에 300여 명이 생활하고 있으며 1세대도 100여 명이 생존해 있다. 1860년대 이후 두만강을 넘어 러시아 연해주로, 다시 1937년 중앙아시아 강제이주, 다시 비옥한 남부 우크라이나로 이주한 고려인동포가 현재 '귀환' 동포로 한국에 들어오고 있다.

이미 9만이 넘고 곧 10만에 이를 예정이다. 카자흐스탄에 영면해 있던 홍범도 장군이 2021년 8월 15일 대전현충원으로 '귀환'했다. 광주고려인마을은 다모아어린이공원을 홍범도공원으로 이름을 바꾸고 홍범도장군 동상도 세웠다. 광주고려인마을은 전국의 20개가 넘는 고려인마을 가운데 으뜸이다. 다른 고려인마을의 롤모델이다. 김제 고려인마을의 형성과 발전에 광주가 적극적으로 지원할 것을 기대하는 이유이기도 하다. (〈아시아엔〉 2022-11-3)

● 김관영 지사·정성주 시장께 드리는 세 가지 질문

전라북도는 지역특화형 비자 사업 선정이 나오기도 전부터 사업 추진을 준비했다. 김관영 도지사 주도로 '외국인 우수인재 지역유입 및 정착을 위한 지역특화형 비자사업 산학관 업무협약'(2022.8.10)을 체결하고, 사업 개시 이후 가장 먼저 김제시에서 외국인 우수인재를 대상으로 한 취업박람회(2022.11.29)를 성황리에 개최했다. 그런데도 기대한 만큼, 성과가 나오지 못했다.

사실 전북의 유형1 사업은 '20~39세 외국인'으로 도내 전문학사(전문대) 이상의 학위취득 또는 졸업예정자를 자격요건으로 정했다. 경북과 달리, 전북은 비전문취업(E-9)과 전문취업(E-7) 비자로 일하는 외국인 근로자를 제외했다. 모집 대상자의 폭이 좁았다. 결국, 전북도 2023년 1월에 모집 요건을 완화했다. 2023년 1월(김제)과 3월(고창·부안)에 이어 지난 4월에는 6개 시군 합동 지역특화형 비자 취업박람회를 전북대에서 개최했다.

300여 명이 참가한 전북대 개최 취업박람회 참석자의 80% 정도가

전주MBC 2022년 11월 29일 방송화면 캡처

III. 지역특화형 비자 사업과 고려인마을

전라북도 지역특화형 비자 사업 신청유형

구분	유형 ①	유형 ②	〈가족동반〉 유형 ③	유형 ④	〈창업〉 유형 ⑤
거주	정읍, 남원, 김제, 순창, 고창, 부안	정읍, 남원, 김제, 순창, 고창, 부안	정읍, 남원, 김제, 순창, 고창, 부안	14개 시·군	14개 시·군
취업	정읍, 남원, 김제, 순창, 고창, 부안	14개 시·군	14개 시·군	정읍, 남원, 김제, 순창, 고창, 부안	정읍, 남원, 김제, 순창, 고창, 부안
쿼터	사업시행지역(정읍, 남원, 김제, 순창, 고창, 부안) 쿼터 소모				

타 시도에서 왔다. 이제 유형1 우수인재 모집도 탄력을 받을 것으로 보인다. 전북은 종전의 국내 대학 전문학사 이상 자격에서 전년도 소득이 2,955만 원 이상인 외국인도 지원할 수 있도록 했다. 법무부의 유형1 사업을 완화 및 세분한 '전북형 유형1' 사업의 노력이 돋보이는 대목이다.

특히 '가족동반' 유형③이다. 가족을 동반한 외국인 근로자가 6개 인구감소지역 시군에서 거주하고 14개 시군에서 취업할 수 있게 한 점이다. '창업' 유형⑤ 또한 관심 가질 만하다. 14개 시군 어디에 살든지 취업(창업)을 6개 사업대상 지역에서 하면 된다.

전북의 지역특화형 비자 사업 신청유형 중의 '가족동반' 유형③은 인원 제한이 없는 유형2(동포가족) 사업과 크게 다를 것이 없다. 이미 유형2 사업으로 경북 영천으로 이주하고 있는 고려인동포 가족들이 보여주고 있기 때문이다.

경북 영천에 영천시고려인통합지원센터가 개소하고 주말 한국어수업이 시작되자 수도권(경기도) 안성 거주 고려인동포 가족들의 영천 이주가 이어지고 있다. 인근 경산에 사는 고려인 동포가족들도 참여하고 있다. 영천시도 고려인동포의 주거와 일자리, 자녀교육 문제에 적극적이다. 또한, 경북은 지난 4월 3일 「2023년 고려인주민 정착 특화사업 보조사업자」 공고를 냈다. 경북이 마침내 유형2 사업에서도 첫 성과를 올리고 있다.

한편, 지난 3월 29일 전북연구원은 외국인 농업근로자의 장기체류를 위한 '전라북도 지역특화형 농업비자 도입 방안'을 제시했다. (《이슈브리핑》 Vol. 279) 외국인 우수인재와 동포가족에게 지역정착 체류 특례를 부여하는 지역특화형 비자는 전북 도시의 인구감소 문제해결에 좀 더 초점이 맞춰져 있어, 전북 농촌지역의 과소화 대응에 한계가 있다는 지적이다.

그런데 필자는 먼저 전북이 지역특화형 비자 유형 2(동포가족) 사업부터 시작하기를 권하고 싶다. 물론 유형2(동포가족) 사업으로 경북 영천에 정착하려는 고려인 동포가족은 농촌에서 일하기 위해 이주한 것은 아니다. 이미 공장에서 일해왔으나, 공장보다는 농촌에서 일할 수 있다면 오히려 '농촌일자리'를 희망할 수 있다. 다만, 소득이 보장되는가에 달려있다.

━ 김제시민과 김제시, 전라북도가 고려인동포 맞이해야

2023년 5월 2일 필자는 김제를 세 번째 방문했다. 김제 고려인마을이 언제 가능할까? 김제시 동서로 115번지(교월동)에 세워지는 고려인동포를 위한 온·오프라인 한국어 수업과 각종 상담을 맡을 전북이주민통합센터(센터장 김지영)와 주변 상황을 살펴보았다. 이곳은 김제 향교와 김제 동헌, 김제 전통시장 등 김제의 교육문화와 상업 중심지다.

'김제 고려인마을' 소식을 듣고 현재 안산 등 수도권에 사는 고려인동포 가족 몇몇이 일자리만 있다면, 김제로 이주할 마음을 정한 상태다.

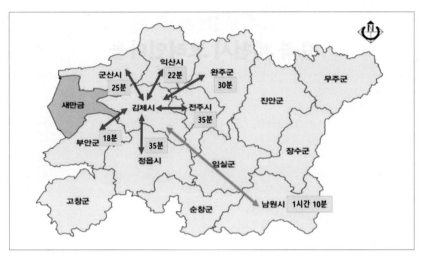

전주-익산-군산과 인접한 새만금 도시 김제와 일자리가 많은 김제시 백산면을 중심으로
지역 간 접근성을 보여주는 지도 (제작 김지영)

이제 김제시민과 김제시, 전라북도 관계자들이 다음과 같은 질문을 할
차례다. "고려인은 누구인가?" "구소련에서 어떻게 살았기에 한국어를
상실했나?" "왜, 대한민국으로 '귀환'하고 있나?" 우리가 먼저 고려인을
이해해야 한다.

　　김제 고려인마을의 최적지는 지평선산단이 있는 백산면이다. 그러
나 우선은 주거와 일자리, 자녀교육과 병원 등을 고려해서 김제 시내가
좋을 것으로 판단했다. 이제 전북의 지역특화형 사업도 유형1 사업뿐만
아니라 유형2(동포가족) 사업도 나서야 할 때이다. 특히 전북이 세분화한
'가족동반' 유형③이 법무부가 제시한 유형2 사업과 유사하다. '지역특
화형 농업비자'도 결국은 필요하다. 다만, 공장과 농촌에서 일할 수 있는
고려인동포 가족을 적극적으로 유치해야 할 때다. 고려인동포와 가족은
'외국인 우수인재'로 공장에서, 또 현재의 '외국인 계절근로자' 못지않게
농촌에서도 일할 수 있다. 《아시아엔》 2023-5-6)

3
충북 제천시 고려인마을

● **중앙아시아 대사 출신 김창규 시장의 '열정' 마침내···**

마침내 2023년 10월 24일 제천시 재외동포지원센터가 문을 열었다. 2022년 10월 27일 아시아발전재단(이사장 김준일)이 국회의원 엄태영, 〈아시아엔〉과 함께 국회에서 긴급 토론회, "지역특화형 비자 사업(유형2)과 '고려인 콜호즈' 토론회"를 개최한 지 꼭 1년 만이다.

2022년 9월 5일 1차 공모사업에 선정된 지자체나 언론 모두 '인구위기에 대응하고 지역균형발전에 효과적인 방안'으로 외국인 유학생을 선발하는 유형1(우수인재) 사업에만 관심을 기울이고 있었다. 지금 당장 지역의 공장과 농어촌에서 필요한 인력(개인)에 초점을 맞춘 탓이다. 그러나 유형2(동포가족) 사업은 처음부터 가족동반 상태로 이주·정착하기 때문에 즉각적으로 지역의 경제·생활인구에 영향을 끼친다. 국내 최대 고려인 집거지인 안산시의 선일초등학교가 고려인 아동의 증가로 폐교 위험을 극복하고 국제혁신학교로 살아난 것이 좋은 사례이다.

중국동포는 말할 것도 없고 고려인동포 사회도 2세 자녀교육을 위

대원대학교 생활관을 개조한 제천시 재외동포지원센터 전경

해 수도권을 선호한다. 그러나 현재 고려인동포는 광주와 경주, 김해, 아
산과 청주 등 지방에 고려인마을을 이루어 살고 있으므로 인근의 인구
감소지역 중소도시로 이주해 정착하면 한국사회도 고려인동포도 서로
좋을 것으로 생각했다. 필자가 생각한 '고려인 콜호즈'는 소련 시대 명칭
이지만, 사실은 고려인마을이다.

국회 '고려인 콜호즈' 토론회에 지방의 고려인마을 활동가를 먼저
초청한 이유다. 대한고려인협회, 그리고 법무부와 행안부, 교육부 등 관
계부처와 지역특화형 비자 사업 2차 공모를 준비 중인 제천시도 초청했
고, 김창규 시장이 바쁜 일정에도 직접 토론회에 참가했다.

2022년 12월 5일 제2차 선정까지 전체 28개의 기초자치단체가 지
역특화형 비자 사업 수행자로 시범사업(2022.9.4~2023.10.3)을 마쳤다.
유형1(외국인 우수인재) 사업은 경북, 전북, 충북 등의 경우, 법무부가 배
정한 인원을 전원 추천했고, 법무부도 외국인 우수인재에게 가족초청도
가능한 체류비자(F-2)를 부여했다. 지역에 새로운 (외국인)주민이 늘었
으니 반가운 일일 수밖에 없다.

그런데 법무부에 보고된 유형2 사업의 성과는 사실상 경북 영천시가 유일하다. 경주 고려인마을 활동가인 장성우 씨가 영천시 고려인통합지원센터를 설립(2022. 3), 수도권과 경주에서 이주한 400여 명의 고려인 동포가족이 대구 출입국·외

'일할 수 있는 허가증'이 부착된 F-1 비자

국인사무소에 등록하는 것을 도왔다. 영천시에 이주·정착한 방문동거(F-1) 비자 동포가족도 '일할 수 있는' 허가증이 부착된 여권을 소지하고 합법적으로 일하고 있다.

영천시의 경우, 민간단체인 영천시 고려인통합지원센터가 고려인 가족의 이주·정착을 돕고 있다. 그런 만큼 센터 설립과 운영비 등을 모두 개인이 부담해왔고, 사실상 영천시와 지역사회의 협력은 제한적이었다. 주거와 직장을 찾는 일부터 어려움이 많았고, 일부는 다시 이전 거주지로 돌아가거나 방문동거(F-1) 비자로 불법 취업한 것이 드러나 범칙금을 물었다.

SNS를 통해 영천 소식이 알려졌다. 유형2(동포가족) 사업이 계속 진행되기 위해서는 방문동거(F-1) 비자 소지자에 대한 '비자 특례' 조치가 더 확대되어야 한다는 것이 동포가족의 입장이다. 배우자의 질병 등으로 일할 수밖에 없는 경우 등에는 범칙금을 크게 감면하고 사회통합교육 등을 받게 하면서 일할 수 있게 해주는 방식이다.

28개 사업 수행 지자체 중에는 원래의 사업제안과는 달리 유형2 사업은 시행하지 않은 곳이 많다. 아니 유형1 사업 시행도 버거웠고, 유형2

사업은 동포가족 스스로 서류를 작성해 지방의 출입국·외국인사무소에 등록하게 되어있다. 굳이 비자 사업 담당자가 나설 이유도 없었다. 그래서 영천시도 시민단체가 나선 것이다.

그런데 제천시는 달랐다. '고려인 콜호즈' 토론회에 참가한 지자체답게 '예산과 전담인력, 지역사회 협력'을 갖춰나가면서 고려인동포의 유치와 정책을 수립하고 진행해왔다. 다른 지자체가 벤치마킹할 만한 노력을 기울인 끝에 마침내 2023년 10월 24일 제천시 재외동포지원센터의 문을 열었다. 이제 출발이지만, 단순히 필요한 인력으로서 고려인동포(가족)의 '유치'가 아니라 제천시민으로 함께 살자는 '초청'이었다.

먼저, 제천시는 '제천시 고려인 등 재외동포 주민 지원조례'를 제정하고(2023.4) 중앙아시아 3개국(우즈베키스탄, 카자흐스탄, 키르기스스탄) 협력관 위촉 및 고려인단체와 협력 체제를 구축했다. 또한, 인구감소시대 고려인동포의 이주정착 지원사업의 의의와 종합계획을 설명하는 시민설명회를 개최하고, 관내 9개 협력 기관·단체(제천시청, 제천교육지원청, 제천경찰서, 충청북도국제교육원, 제천단양 상공회의소, 세명대학교, 대원대학교, 제천

고려인 이주정착 지원사업 시민설명회 (사진 제천시)

고려인 이주정착 지원사업 다자간 협약 (사진 제천시)

서울병원, 세명대학교 한방병원) 다자간 업무협약도 맺었다. 또 이주정착 지원사업 홍보, 이주자 발굴 및 추천, 각종 행사 협력 등을 위해 대한고려인협회와도 협약을 체결했다(2023.6).

이어서 제천시는 대한고려인협회와 함께 고려인 청소년 여름 캠프를 개최하고(2023.7) 제천시 공인중개사협회와 고려인동포 주택 연계 지원 업무, 관내 병원과는 고려인동포 의료비 할인 업무협약을 체결했다(2023.8). 이처럼, 고려인 초청 관련 인프라를 갖춘 후에 제천시는 이주·정착 희망하는 고려인동포를 모집하면서 재외동포지원센터 민간위탁 사업자로 세명대학교·대원대학교를 선정했다(2023.10). 제천시는 대원대학교의 생활관을 102명이 체류할 수 있는 숙소와 각종 편의시설을 갖춘 재외동포지원센터로 개조했다. 고려인 전문가인 전직 러시아 외교관을 센터장으로 초빙하고 고려인동포와의 의사소통을 도울 수 있는 사할린 한인동포 등을 직원으로 채용했다. (〈아시아엔〉 2023-10-31)

● '고려인동포 주민증'의 효용과 위력을 아십니까?

두만강을 건너 러시아 연해주로 '자진' 이주한 한인들이 처음 삶터를 이룬 곳이 지신허 마을이다. 바로 그곳에 지난 2004년 한인 러시아 이주 140주년을 맞아 블라디보스토크에서 공연한 가수 서태지가 헌정한 '지신허 마을 옛터' 비석이 있다.

한국 땅인 '제천시 시민'으로 가는 첫 단계인 제천시 고려인동포 주민증

비문에 '1863년 함경도 농민 13세대가 두만강을 건너와 정착한 극동 러시아 최초의 한인 마을'이란 설명이 붙어 있다. 지신허와 이웃한 연추(크라스키노)를 중심으로 '시베리아의 페치카' 최재형이 창립한 동의회가 세운 연추의병(참모중장 안중근)이

지신허 마을 140주년 기념비 (사진 김동훈)

1908년 홍범도와 연합해 국내 진공을 시도했다.

최재형은 충북 제천에서 의병항전을 전개하다 연해주로 망명한 류인석과도 긴밀히 협력했다. 연해주가 해외 의병에 이어 독립운동 주축이 되었다. 또한, 1920~30년대 '연해주 고려인'은 당시 한반도보다 한글 교육을 잘 받았다. 그들은 한글신문 〈선봉〉의 창간(1923)에 이어 진천 출신 조명희가 망명해 고려인 한글문학을 일으켰고, 고려극장 창단(1933) 등 공연예술도 발전시켰다. 지금 대한민국으로 귀환하는 고려인은 바로 연해주 고려인의 후예이다.

2023년 10월 현재 10만 명 이상의 고려인이 한국에 살고 있다. 앞으로도 더 늘어날 것으로 보인다. 근래 한국에 오는 고려인은 인천공항에서 곧바로 연고가 있는 지역의 고려인마을로 가서 비자 문제를 해결하고 휴대전화를 구매한 후 다시 일자리를 찾아 이동하기도 한다. 이번에 1차 제천에 들어온 19가구 50명의 고려인가족 중에서도 벌써 1~2차례 이동한 예도 있다.

가족 전체가 삶터를 옮기는 일은 절대 쉽지 않다. 따라서 고려인 동포들도 새로운 정착지를 정할 때 아래와 같은 내용을 사전 체크한 후 이동한다.

첫째, 일자리가 있는가? 둘째, 어린이집 보육비를 지원하는가? 셋째, 의료서비스를 받을 수 있는가? 넷째, (최소한 일요일) 쉼의 시간을 가질 수 있는가? 다섯째, 평일 야간과 휴일에 부족한 한국어를 지속해서 배울 수 있는가? 등이다.

그래서 생활 인프라가 잘 형성된 기존의 고려인마을에 정착하기를 원한다. 그러면, 제천시 당국이 설립하고 대원대(세명대 참여)가 위탁 운영하는 재외동포(고려인)지원센터를 운영하는 제천시 상황은 어떤가? 제천 고려인마을이 성공적으로 형성되고, 나아가 '고려인의 고향'으로 발전할 수 있을까?

━ 제천시-고려인마을 상생으로 더 많은 동포 유입되길

10월 24일 제천시 재외동포지원센터 개소식에 참석한 고려인 모두 제천시의 환대와 지원정책에 감사했을 것이다. 제천시는 출입국 민원대

재외동포지원센터 개소식 후, 아이를 안고 있는 여성을 포함한 아랫줄의 고려인동포들.
김창규 제천시장(뒷줄 가운데)과 오성환 센터장(뒷줄 왼쪽 끝) 등 내빈들과 함께
기념사진을 찍었다.

행 서비스부터 일자리를 찾고 집을 구하는 일, 미취학 어린이에 월 30만
원 지급, 의료비 할인 및 치료비 지원, 한국생활 정착에 필요한 한국어
및 다양한 교육 등을 서비스하고 있다.

　게다가 한국 땅인 제천시의 시민으로 가는 첫 단계인 '제천시 고려
인동포 주민증'까지 발급했다. 고려인동포들은 이전에 살던 곳과 자연
스럽게 비교했을 것이다. 특히 고려인동포 주민증은 관내 시설 이용과
병원 치료 등에서 할인 혜택을 주고 있다. 벌써 SNS를 통해 고려인사회
에 널리 알려졌다.

　그런데도 왜, 지난 9월 모집에서 19가정 50명만 신청했을까? 대
한고려인협회가 각종 SNS를 통해 홍보했는데도 말이다. 이제 상시 모
집할 예정이라 2023년 목표인 80명 달성은 어려움이 없어 보이지만,
2024년과 2025년까지 1,000명의 국내외 고려인동포를 제천으로 이
주·정착시킬 수 있을까?

제천시 재외동포지원센터 입소 환영식에 참석한 고려인 가족 표정이 마냥 행복해 보인다.

　2023년 제천시의 노력은 한국사회에서 처음이다. 고려인동포 이주·정착 지원에 들어가는 예산도 적지 않다. 그래서 반드시 성공해야 한다. 다른 인구감소 중소도시들이 지금 제천시를 주목하고 있다. 개소식 행사 후에 고려인동포들의 제천 이주 문의가 쏟아지고 있다.

　필자는 지난 2년 넘게 전국의 고려인마을을 방문했다. 고려인동포가 모이는 것은 우선 일자리다. 대부분 산업단지 공장에서 일하는 단순노동이다. 한국어 소통능력이 부족해 직급이 올라가기도 어렵다. 앞으로 중고등학교 과정부터 진로·취업 교육이 필요하고 대원대학교와 세명대학교가 고려인 청소년의 대학진학도 도와야 하겠지만, 우선 고려인동포 가족의 일자리 연결이 필요하다.

　이제까지 중국동포가 주로 해온 식당 종업원과 숙박업소 일을 하는 고려인동포가 늘어나고 있다. 자주 사용하는 생활 한국어를 집중적으로 공부하면 취업할 수 있기 때문이다. 다행히 제천시는 사철 관광여행업도 발달해 있다. 또한, 고령화 시대 간병인의 수요가 늘어나고 있는데, 어느 정도 한국어 소통이 가능한 고려인동포도 취업하고 있다. 나아가 240시간 교육을 받고 자격시험에 합격해야 하는 요양보호사 양성도 고려할 필요가 있다. 한국인이 하지 않는 일을 고려인동포들이 기꺼이 한다면, 지역민도 고려인동포를 새롭게 볼 것이다.

이제 고려인 이주·정착 사업은 재외동포지원센터가 주체가 되어야 한다. 무엇보다도 고려인동포의 한국어 실력 향상이다. 제천의 상공인들이 한국어 실력을 갖춘 고려인동포를 원하는 것은 너무나 당연하다. 따라서 센터는 고려인에게 한국어를 가르치고 상담도 가능한 고려인 리더 '초청'을 서둘러야 할 것이다. 국내외 다양한 NGO와의 협력 사업도 필요할 것이다.

━ '의병의 고장' 제천에서 '고려인의 고향' 제천으로

이제 제천시 재외동포지원센터는 센터의 숙소와 교육장을 이용해 전국의 고려인 청소년과 고려인마을 리더가 모이는 행사 등을 개최할 수 있게 되었다. 재외동포청이 시행하는 각종 대규모 재외동포 연수행사도 대원대·세명대의 협력을 받아 유치할 수도 있을 것이다.

이를 위해 제천시 재외동포지원센터(고려인마을)는 광주와 안산, 인천, 경주와 김해, 청주 등 전국의 고려인마을을 아우를 수 있어야 한다. 의병의 고장 제천은 해외 의병을 시작한 연해주 고려인의 역사와 문화를 체험할 수 있는 콘텐츠를 개발할 수 있다.

우선, 제천 의병전시관·의병도서관에 러시아 연해주 의병을 이끈 최재형, 안중근, 홍범도, 류인석 등의 스토리를 포함하고, 전국의 고려인 청소년들의 순례코스로 만들 수 있을 것이다. 또한, 이웃 도시로 이미 1천 명의 고려인이 사는 진천과 긴밀하게 협력해 충북을 '고려인의 고향'으로 함께 만들어가는 것도 제천 고려인마을의 목표로 삼을 수 있을 것이다. 진천의 조명희문학관은 연해주 고려인의 정신세계에 큰 영향을 끼친 조명희를 잘 소개하고 있다. (《아시아엔》 2023-10-31)

제천시 재외동포지원센터 시설 (사진 제천시)

III. 지역특화형 비자 사업과 고려인마을

서평

고려인 동포에 대한 사명과 사랑의 결정체
김창규 제천시장

지역특화형 비자 사업과 고려인 동포
조남철 아시아발전재단 상임이사

임영상 교수와 함께 다닌 '한아찾' 탐방
김홍록 전 강남중학교 교감

고려인 동포를 대한민국 속으로
소학섭 로뎀나무국제대안학교 이사장

직접 발로 뛴 고려인 동포의 이주·정착 역사 기록
임영언 재외한인학회 회장

고려인 동포에 대한 사명과 사랑의 결정체

고려인은 1860년 무렵부터 일제강점기를 거쳐 해방 전후까지 농업 이민, 항일운동, 강제동원 등으로 구소련 지역으로 이주한 한민족이다.

고려인 동포들은 고향을 떠나 그야말로 혹한의 황무지에 버려지다시피 이주하였어도 우리 민족 특유의 강인함과 성실함, 그리고 가족애를 바탕으로 민족의 문화와 전통을 지켜낸 우리 민족이다. 또한, 일제강점기를 전후하여 국가와 민족을 위해 의병운동에 이어 독립운동에 헌신한 한민족의 후손이다.

개인적으로는 키르키스스탄 대사로 재임할 당시 고려인 동포들의 생활을 목격하고 고려인 동포들의 지난 역사와 애환에 대해 깊이 있게 고민할 기회가 있었다.

현재 고려인 동포들은 주로 러시아, 우즈베키스탄, 카자흐스탄, 키르키스스탄, 우크라이나 등에 살고 있고, 이제는 이주 1세대를 넘어 4세대, 5세대까지도 자신이 속한 사회의 당당한 구성원으로 살고 있다. 또 나라마다 고려인 동포 단체들이 생겨 동포 간 교류와 화합 그리고 서로를 지키고 위하는 일들이 안정적으로 자리를 잡고 있다. 한민족문화예술축제, 코레야다를 도시/지역별로 번갈아 개최하다 우크라이나 전쟁으로 중단된 우크라이나 고려인 동포들이 안타깝다.

아울러, 중앙아시아 전역의 고려인 동포들이 우리의 전통과 문화를 오롯이 보존하고 고국을 그리워하고 있는 것에 반해, 한국에서는 고려인 동포들의 존재가 점점 더 잊혀 가고 있다는 것 또한 안타까운 일이다. 이미, 10만 명 이상의 동포들이 한국으로 돌아왔지만, 여전히 그들은 일반 외국인과 다르지 않은 처우를 받고 있다.

이번에 임영상 교수께서 출간하신 『한국에서 고려인 마을을 찾다』는 저자가 20여 년 넘게 한길로 이어온 고려인 동포에 대한 사명과 사랑의 결정체다. 또한, 이 책은 모국으로 돌아온 고려인 동포들에 대한 따스한 환대와 다시 돌아옴에 대한 감사한 마음을 오롯이 전달하고 있다.

'고려인 동포의 한국살이'에 대한 생생한 기록을 통해 우리가 응당 가져야 할 동포들에 대한 자세에 대해 무겁고 진지한 질문을 던지고 있다. 한편, 고려인 동포의 안정적 정착을 위해 서둘러 고민해야 할 과제들에 대해 실무적, 현실적 대안도 제시하고 있다.

나아가, 국내외 고려인들이 서로의 상황을 이해하고, 위로받으며, 새 힘으로 자립할 수 있는 길과 구심점 또한 담담히 전하고 있다. 『한국에서 고려인 마을을 찾다』 책을 통해 동포사회가 지닌 아픔의 역사를 함께 치유하고 다가올 희망을 향해 한 발 더 걸을 수 있게 되리라 믿어 의심치 않는다.

구한말 의병의 중심지인 제천시가 이제 고려인 동포에게 빛이 되고자 한다. 제천시와 관내 8개 기관은 고려인의 안정적인 정착을 위한 다자간 협력을 체결했다. 또한, 최근 대원대학교에 제천시 재외동포지원센터를 개소했다. 중앙아시아 고려인단체뿐만 아니라 국내 고려인마을 지도자와도 협력할 것이다.

'고려인 동포와 상생 발전하는 제천'의 시민들도 새롭고 역동적이고 역사적인 이 길에 늘 감사한 마음으로 함께 있을 것이다.

김창규 제천시장

지역특화형 비자 사업과 고려인 동포

2022년 7월 법무부는 지역특화형 비자 사업 시행을 공고했고, 9월 5일 1차 사업 수행 지자체를 선정했다. 생각보다 관심을 보인 지자체가 적었다. 그나마 유형1(우수인재) 사업에만 관심을 보였다. 9월 아시아발전재단 자문위원회에서 11월로 예정된 추가공모 사업이 지방의 고려인사회에 널리 알려져야 한다고 생각했다. 그래서 10월 27일 긴급하게 '지역특화형 비자 유형2(동포가족) 사업과 고려인 콜호즈' 국회 토론회를 개최했다.

법무부나 지자체 모두 쿼터(인원)가 정해진 외국인 우수인재를 선발하는 유형1 사업에만 관심을 두었다. 유형2 사업은 인원 제한도 없는데도 결과적으로 충북 제천시만 2023년 10월 24일 '제천시 재외동포지원센터'를 열었다. 2024년부터 시행될 지역특화형 비자 본사업에 우리 모두 관심을 가져야겠다. 특히 유형2 사업이 잘 진행될 수 있도록 개선안이 마련되어야 하겠다.

그동안 아시아발전재단은 중국동포와 고려인동포 사회에 관심을 기울여왔다. 중국동포 학생은 연변대를 통해, 고려인동포 학생은 독립운동가 최재형기념사업회를 통해 장학금을 지급했다. 또, 안산 상록구 사동의 고려인지원단체 미르의 고려인동포 사업을 지원해왔다. 재단의 김준일 이사장이 최재형기념사업회로부터 2022년 최재형상을 수상한 것은 이러한 사업에 대한 격려로 생각한다.

　아시아발전재단은 10만 '귀환' 고려인동포 사회가 안정적으로 한국사회에 정착하는 데에도 관심을 기울일 예정이다. 특히, 한국학교 적응이 어려운 고려인 청소년이 대안학교를 통해 한국어를 익히고 직업교육을 받을 수 있는 교육사업에 더 많은 관심을 기울일 것이다.

　임영상 교수의 고려인마을 탐방기, 『한국에서 고려인마을을 찾다』에는 다양한 고려인들의 삶의 모습이 담겨있다. 작년 국회 토론회에 직접 나와 제천시의 의지를 밝힌 김창규 시장님의 의지의 결실인 제천시 재외동포지원센터 기사를 보니 고려인의 기대가 클 것으로 보인다.

　다만 한 가지 덧붙인다면, 우리 사회가 고려인동포에 대해 가지는 관심이 저출산·고령화 사회의 타개책으로만 생각해서는 안 될 것이다. 1860년대 가난하고 무능력한 조국 조선을 떠나 낯선 이국땅에서 새로운 삶의 터전을 일궈낸 강인함, 일제강점기 독립운동의 주요한 거점인 연해주 고려인의 애국심, 1937년 강제이주의 민족적 상처 등을 뜨겁게 공감할 때 지금 한국사회가 고려인과 어떻게 만날 것인가에 대한 해답을 얻을 수 있을 것이다.

　인구감소지역 중소도시에 고려인동포가 새 삶터를 이루면, 고려인동포에게는 비자 혜택이 주어지고 지역은 경제·생활인구의 증대를 가져온다. 우리 민족사의 큰 상처의 증인이기도 한 고려인동포의 한국 정착을 위해 한국사회 전체가 관심과 지원이 필요한 시기이다. 이런 측면에서 임영상 교수의 『한국에서 고려인마을을 찾다』의 출판은 더 큰 의미로 우리에게 다가온다. 그간의 노력과 헌신에 깊은 경의를 표한다.

조남철 아시아발전재단 상임이사

임영상 교수와 함께 다닌 '한아찾' 탐방

칠십 고희(古稀)를 넘긴 나이에도 청년처럼 지칠 줄 모르는 임영상 교수의 고려인 동포에 관한 관심과 열정에 먼저, 깊은 존경과 감명을 보낸다. 한국사회의 최대 현안인 인구문제와 관련, 임 교수의 발걸음이 100세 시대 제2막 인생 설계를 준비하는 이들에게도 모범이 아닐까 생각된다. 아울러 아침 6시에 일어나 매일 8,000보 걷기로 빈틈없는 일과를 시작하는 부지런함 또한 본받아야 할 노후 생활로 여겨진다.

2021년 9월과 10월 '한국에서 아시아를 찾다'(약칭 '한아찾') 회원들과 함께 인천시 연수동 함박마을과 안산시 선부동 뗏골마을, 그리고 2022년 5월 화성시 병점동의 더큰이웃아시아와 향남읍의 문화공간더함 '서로'를 방문했던 기억이 새롭다. 함께 걸으며, 고려인의 음식을 직접 맛보고, 또 한국인 활동가와 고려인의 한국생활 이야기를 들었던 시간이었다. 특히 안산의 다문화 거리를 걸으며 한국인지 외국인지 혼돈되는 현상을 직접 체험하면서 빠르게 변해 가는 한국사회의 다문화·다인종 모습을 실감했다.

안산 뗏골 고려인들의 정착 역사를 알고 그 마을에서 고려인 젊은 부모와 아이들의 대화에서 다른 곳에서는 듣기 쉽지 않은 생소한 러시아어를 듣는 것은 참 새롭고 인상적인 체험이었다. 고려인 동포들이 초기 어려운 여건 속에서도 그들 나름대로 정착 방향을 실행하고 적응해 왔다는 것을 알았다. 특히, 고려인사회도 고령화로 인한 노인복지 문제가 심각해지고 있었다.

2024년에 한국사회는 이주민의 인구가 5%가 넘을 것이라는 전망이 나오고 있다. 선주민과 이주민이 긴밀하게 소통하고 협력할 수 있도록 우리 정부와 지자체의 더 적극적인 역할이 절실한 때이다.

현재 우리나라의 저출산과 도시 집중으로 지방 중소도시와 농촌 지역의 인구감소가 심각한 상황으로 진행되고 있다. 우리 사회의 장래를 어둡게 하는 문제다. 이러한 인구감소지역의 중소도시에 고려인 동포 정착을 제안하는 저자의 해결방안은 뚜렷한 인구감소 대책이 어려운 현 상황에서 적절한 방안이 아닌가 생각된다.

『한국에서 고려인마을을 찾다』는 결코 책상에 앉아 쓴 글이 아니다. 매번 〈아시아엔〉에 보도될 때마다 감동으로 읽었다. 저자가 편집한 파일을 보내주어 다시 읽으면서 정말 소중한 우리 현대사의 기록이라고 생각했다. 여러 페이지에 나오는 한아찾 탐방 사진을 다시 보니 기회가 되면 다시 가고 싶은 곳들이다.

앞으로 고려인 동포를 비롯한 이주민들이 이 땅에서 편안하게 정착하기를 바란다. 또한, 다문화를 넘어 상호문화사회를 이루어 러시아권 및 기타 문화와 한국 전통문화의 조화로운 융합이 창출되고 이를 바탕으로 우리의 국력이 더욱 향상하는 계기가 되기를 기원한다.

김홍록 전 강남중학교 교감

고려인 동포를 대한민국 속으로

안성에 작은 시골 마을 논 한가운데 교회를 개조하여 설립한 로뎀나무국제대안학교는 고려인 청소년 70여 명의 대안 교육을 하는 기관이다. 경기도교육청에서 위탁인가를 받아 정규학교 과정을 밟는 고려인 청소년, 학적이 없어 공교육의 진입이 어려운 고려인 청소년들에게 소정의 교육을 마치고 학력심의를 통해 공교육 편입을 도울 수 있는 역할을 하고 있다. 또한, 제도권 교육에 벗어나 있는 학교 밖 고려인 청소년들을 위한 진로·진학을 위한 검정고시 등 고려인 청소년들에게 '꿈터' 역할을 하고 있다.

2020년 겨울 전화 한 통을 받았다. 저녁이 되면 가로등도 몇 개 되지 않아 캄캄한 시골 저녁에 임영상 교수의 제자인 정막래 교수가 찾아와서 인터뷰를 하였다. 그날을 계기로 얼마 후 임영상 교수께서 용산고 21회 동창분들과 은사님을 모시고 로뎀나무국제대안학교를 방문했다. 저는 고려인 청소년의 학교생활에 대하여 말씀을 드렸고 임영상 교수는 고려인 청소년들이 가야 할 방향에 대해 격려와 함께 조언해 주셨다.

전국에 있는 고려인 동포를 찾아다니신다는 말씀을 듣고 왜 칠순을 넘긴 노(老)교수가 편하게 은퇴의 시간을 마다하고 이렇게 힘든 여정을 가는 걸까? 임영상 교수께 고려인 동포는 무엇일까? 한국에 거주하는 고려인 동포의 유형과 세대별 어려움 등을 다양하게 찾아 쓴 〈아시아엔〉 칼럼을 매번 꼼꼼하게 읽었다.

임영상 교수의 여정은 대한민국의 더 큰 미래를 위한 비전을 보여주는 큰 그림이다. 귀환 고려인 동포들이 대한민국의 구성원으로 또 한국 산업에 필요한 인재로의 성장을 격려하고 방안을 제시하고 있다. 특히, 고려인 청소년들이 어떻게 대한민국 미래가 될 것인가? 로드맵을 만들고 있는 듯했다.

'고려인 동포를 대한민국 속으로' 로드맵. 고려인 동포 청소년들의 미래를 만들어 가는 로템나무국제대안학교의 교육목표는 차세대 고려인 동포가 단순한 한국 정착이 대한민국의 당당한 구성원으로 세계 시민으로 자리 잡게 하는 데 있다.

고려인 청소년들은 자신의 의지와 상관없이 본국에서 한국으로 이주하여 정체성의 어려움을 겪고 결국 자존감의 상처를 받는 경우가 많다. 이에 임영상 교수의 칼럼 기사는 한국에서 생활해야 하는 고려인 청소년들에게 고려인의 실태를 알게 되고 또 비슷한 또래의 고려인 청소년들이 열심히 한국생활을 하는 모습을 간접적으로 봄으로써 로템나무국제대안학교 고려인 청소년들에게 큰 힘과 위안이 되고 있다.

오랜 시간 전국을 직접 찾아 다니면서 고려인 동포들의 실상을 적은 『한국에서 고려인마을을 찾다』 덕분에 전국에 퍼져 있는 고려인마을과의 교류가 가능하게 되었고, 서로 함께할 수 있는 계기가 마련되었다.

임영상 교수님! 고맙습니다.

소학섭 로템나무국제대안학교 이사장

직접 발로 뛴 고려인 동포의 이주·정착 역사 기록

고려인들의 국내 이주 시기는 대략 1990년대 한·소 국교수립 이후 결혼이주여성, 그리고 한국 정부가 방문취업제를 도입하기 시작한 2007년 이후 '코리안드림'이 본격화되기 시작했다.

법무부 통계에 따르면, 2023년 현재 국내 체류 외국인 230만 명 중 외국국적동포가 81만 명, 그중 고려인은 약 10만 명에 육박하고 있다. 초기 고려인 1세들의 국내 이주 동기는 경제적인 이유로 돈을 벌기 위해 모국으로 귀환했기 때문에 전국의 주요 공단이나 산업단지에 집거지를 이루기 시작했다.

고려인 모국 귀환 30년이 지난 지금 고려인 2세~3세의 국내 정착이 가시화되면서 저출산 고령화시대 및 지방소멸론과 맞물려 고려인의 이주와 정착, 정체성은 또 다른 이슈로 부상하고 있다.

고려인들이 전국 주요 산업단지에 집거지를 형성하게 된 배경에는 다음과 같은 두 가지 요인을 들 수 있다. 첫째, 러시아어를 모어로 하는 고려인들이 한국어가 서툴고 문화 적응이 더디므로 집거지를 형성하여 살아갈 수밖에 없는 상황이었다. 둘째, 사회적 구조적 측면에서 이민 초기의 공동체 형성기에는 동질적인 언어와 문화권 출신자의 네트워크와 도움이 절실하다.

초기 고려인들은 조상의 나라, 한국인 이민자 후손의 특혜이기도 한 재외동포 비자(F-4)로 기대를 안고 모국으로 이주하였으나 모국의 현실은 전혀 달랐다. 모국 귀환 이후 새로운 정착과 정체성 문제에 부딪히면서 그들 스스로 삶을 개척해 나가야 했다.

이러한 고려인의 이주와 정착 과정에서 임영상 교수가 쓴 이 책은 2023년 11월 현재까지 한국에 존재하는 28개 고려인마을을 방문하여 직접 발로 뛴 고려인 귀환동포의 역사 기록이다. 지금까지 고려인의 역사를 대개 1937년 강제이주 전후로 나누었다면, 이제 2007년 모국 귀환 전후 고려인의 역사를 구분할 수 있게 되었다.

임영상 교수의 『한국에서 고려인마을을 찾다』는 2021년 이후 2년 4개월간 가족과 개인의 희생, 그리고 각고의 노력 없이는 탄생하기 어려웠다. 그리고 이 책의 내용은 단순히 전국에 있는 고려인마을을 소개하고 있는 것이 아니다. 전국에서 미등록 취업과 생계유지를 위해 각고 분투하는 그들의 절박한 삶에 마주하면서 '안정적인 한국살이'의 기대가 한껏 담겨있다.

한국 정부가 1990년대 이후 노동력의 수요에 의해 재외동포인 고려인들을 초청했지만, 정책적인 미비로 제대로 정착하지 못하고 있는 현실적 상황에서 고려인들을 어떻게든 포용하여 그들의 모국을 되찾아 주고자 하는 기대와 희망이 새겨있다. '고려인 동포의 주민증'이 대한민국 주민증으로 바뀌기를 고대하고 있다.

교수님과의 인연은 2010년 미국 뉴욕 퀸즈칼리지 재외동포 학술 행사에서 우연히 같은 방을 쓰는 가운데 단추를 달아드리면서 시작되었다. 교수님과 가족 희생으로 탄생한 이 책이 가족에게는 작은 위로이자 고려인에게는 희망의 등불이요, 국내외 재외동포를 연구하는 후학들에게는 고려인 연구의 등대가 되어줄 것으로 믿는다.

임영언 재외한인학회 회장

임영상의 〈아시아엔〉 칼럼 기사 목록

수도권 (서울, 경기, 인천)

〔서울 광희동 고려인마을①〕 고려인동포 첫 삶터, 몽골타운도 형성
  http://kor.theasian.asia/archives/348520 〈아시아엔〉 2023-10-19
〔서울 광희동 고려인타운②〕 한국 도착 고려인이 가장 먼저 찾는 곳
  http://kor.theasian.asia/archives/348528 〈아시아엔〉 2023-10-20

〔고려인마을 안산 선부동①〕 "그곳에 또 가고 싶다"
  http://kor.theasian.asia/archives/301051 〈아시아엔〉 2021-10-29
〔고려인마을 안산 선부동②〕 '상전벽해'… 땟골마을 도시재생 10년새 이렇게
  http://kor.theasian.asia/archives/301488 〈아시아엔〉 2021-11-4
〔안산 선부동 고려인마을③〕 심훈 소설 '상록수'의 최용신 선생이 지금 안산에 오신다면
  http://kor.theasian.asia/archives/324717 〈아시아엔〉 2022-10-14
〔안산 선부동 고려인마을④〕 국내 거주 고려인도 '노인복지' 시급
  http://kor.theasian.asia/archives/345776 〈아시아엔〉 2023-9-10

〔안산 선부동 노아네러시아학원①〕 학생·교사·학부모 100여 명 공동체 생활
  http://kor.theasian.asia/archives/347389 〈아시아엔〉 2023-10-2
〔안산 선부동 노아네러시아학원②〕 고려인 청소년 진로·취업이 '핵심 과제'
  http://kor.theasian.asia/archives/347611 〈아시아엔〉 2023-10-7

〔안성 대덕면 고려인마을①〕 "그곳에 행복이 싹트고 있다"
  http://kor.theasian.asia/archives/293064 〈아시아엔〉 2021-6-23
〔안성 대덕면 고려인마을②〕 행복마을 6월26일 다문화가족축제
  http://kor.theasian.asia/archives/293062 〈아시아엔〉 2021-6-23

안성시 내리 고려인마을 돌봄센터, 4일 어린이날 행사
　　　http://kor.theasian.asia/archives/314342 〈아시아엔〉 2022-5-3
안성 고려인마을 로뎀나무학교 27일 '2021 송년 한글놀이 한마당'
　　　http://kor.theasian.asia/archives/303022 〈아시아엔〉 2021-11-25
고려인 청소년의 숨터·꿈터 '안성 로뎀나무학교'
　　　http://kor.theasian.asia/archives/314789 〈아시아엔〉 2022-5-10
안성에 울려퍼진 고려인의 함성… 세계인의날 맞이 로뎀학교 체육대회
　　　http://kor.theasian.asia/archives/315358 〈아시아엔〉 2022-5-20
안성 로뎀나무대안학교의 잔잔한 울림 '고려인 토크콘서트'
　　　http://kor.theasian.asia/archives/322219 〈아시아엔〉 2022-9-5
〔안성 로뎀나무대안학교④〕 '2022 고려인청소년의 밤' 대성황
　　　http://kor.theasian.asia/archives/327101 〈아시아엔〉 2022-12-5
〔안성 로뎀나무대안학교⑤〕 고려인 청소년의 한국살이 어떻게?
　　　http://kor.theasian.asia/archives/345669 〈아시아엔〉 2023-9-7

〔화성 고려인마을①〕 '더큰이웃아시아'를 향한 치밀한 열정
　　　http://kor.theasian.asia/archives/338300 〈아시아엔〉 2023-5-28
〔화성 고려인마을②〕 "'아시아 언니들 TV'를 보니 각국 풍습이 한눈에"
　　　http://kor.theasian.asia/archives/338485 〈아시아엔〉 2023-5-30
〔화성 고려인마을③〕 3.1운동 터전 '향남'에서 한·중·러 만세 기념행사 개최를
　　　http://kor.theasian.asia/archives/338492 〈아시아엔〉 2023-5-30
〔화성 고려인마을④〕 "그곳에 다시 가고 싶다" … 발안 '문화더함공간 서로'
　　　http://kor.theasian.asia/archives/338496 〈아시아엔〉 2023-5-31
〔화성 고려인마을⑤〕 '살인의 추억'에서 '최고의 행복도시'로
　　　http://kor.theasian.asia/archives/341689 〈아시아엔〉 2023-7-23
〔화성 고려인마을⑥〕 타지키스탄 출신 스베틀라나·스텔라 모녀가 섬기는 고려인공동체
　　　http://kor.theasian.asia/archives/341866 〈아시아엔〉 2023-7-25

〔평택 고려인마을①〕 포승읍 자율방범대, 마을봉사단 활동으로 치안 많이 개선돼
　　　http://kor.theasian.asia/archives/337539 〈아시아엔〉 2023-5-17
〔평택 고려인마을②〕 포승읍 도곡리, 중국·러시아·CIS유라시아 잇는 '동포마을'로
　　　http://kor.theasian.asia/archives/337627 〈아시아엔〉 2023-5-18

〔김포 대곶 고려인마을〕 "김병수 시장님, 대곶에 고려인지원센터 절실합니다"
　　http://kor.theasian.asia/archives/346530 〈아시아엔〉 2023-9-22
〔광주 곤지암 고려인마을〕 은퇴 김홍배 선교사의 눈물과 기도의 '선물'
　　http://kor.theasian.asia/archives/345635 〈아시아엔〉 2023-9-29

〔인천 함박마을①〕 '귀환' 고려인 동포 집단 거주
　　http://kor.theasian.asia/archives/295186 〈아시아엔〉 2021-6-27
〔인천 함박마을②〕 고려인 할머니와 용산고 '삼이회' 합동 칠순잔치
　　http://kor.theasian.asia/archives/295740 〈아시아엔〉 2021-8-3
〔인천 고려인마을③〕 월미도 '한국이민사박물관'에서 연수동 '함박마을'까지
　　http://kor.theasian.asia/archives/326963 〈아시아엔〉 2022-12-3
〔인천 고려인마을④〕 함박마을 사람들의 삶과 이야기
　　http://kor.theasian.asia/archives/327649 〈아시아엔〉 2022-12-12
〔인천 고려인마을⑤〕 선주민과 외국인주민의 상호존중과 포용 '롤모델' 되길…
　　http://kor.theasian.asia/archives/346098 〈아시아엔〉 2023-9-15

지역 (광주, 경상, 충청)

〔광주광역시 고려인마을①〕 중앙아시아 고려인 문화예술 횃불 '고려극장' 창립 90돌
　　기획전
　　http://kor.theasian.asia/archives/315752 〈아시아엔〉 2022-5-26
〔광주광역시 고려인마을②〕 광주 월곡동 고려인마을의 작은 학교들
　　http://kor.theasian.asia/archives/317955 〈아시아엔〉 2022-6-11
〔광주광역시 고려인마을③〕 '재외동포 이해교육'과 광주고려인마을
　　http://kor.theasian.asia/archives/326052 〈아시아엔〉 2022-11-17
〔광주광역시 고려인마을④〕 왜 그곳에 가봐야 하나?
　　http://kor.theasian.asia/archives/326119 〈아시아엔〉 2022-11-19
'고려일보' 100주년 기획전의 특별한 '감회'와 광주 고려인마을의 새로운 '시도'
　　http://kor.theasian.asia/archives/332466 〈아시아엔〉 2023-3-6

〔경주 성건동 고려인마을①〕 유라시아 고려인이 '국제도시 경주' 되살려내
　　http://kor.theasian.asia/archives/293932 〈아시아엔〉 2021-6-10

〔경주 성건동 고려인마을②〕 경주시, 보다 섬세한 정책으로 '고려인정착' 보듬길
　　http://kor.theasian.asia/archives/293930 〈아시아엔〉 2021-7-17
〔경주 고려인마을③〕 이철우 경북지사가 이 글을 읽는다면…
　　http://kor.theasian.asia/archives/328330 〈아시아엔〉 2022-12-20
〔경주·영천 고려인마을④〕 "경북고려인통합지원센터가 경주·영천 통합운영하면 좋을 듯"
　　http://kor.theasian.asia/archives/330204 〈아시아엔〉 2023-1-21

〔달성 고려인마을①〕 "여기 한국 맞아? 중앙아시아 아님 동남아?"
　　http://kor.theasian.asia/archives/340413 〈아시아엔〉 2023-7-3
〔달성 고려인마을②〕 대구논공초등학교에서 만난 이태윤 교사
　　http://kor.theasian.asia/archives/340847 〈아시아엔〉 2023-7-11

〔김해 고려인마을①〕 여기 한국 맞아요? … 우즈벡거리·구소련친구들…
　　http://kor.theasian.asia/archives/321888 〈아시아엔〉 2022-9-1
〔김해 고려인마을②〕 동포지원 단체, '글로벌드림다문화연구소'를 롤모델 삼길
　　http://kor.theasian.asia/archives/321886 〈아시아엔〉 2022-9-2
〔김해 고려인마을③〕 '구소련친구들' 황원선 대표 "김해에도 통합지원센터 필요"
　　http://kor.theasian.asia/archives/321874 〈아시아엔〉 2022-9-3
〔김해 고려인마을④〕 '한국속의 아시아' 김해, 동포역사문화관 개관
　　http://kor.theasian.asia/archives/334770 〈아시아엔〉 2023-4-10

〔김해 진영 고려인마을①〕 진영으로 고려인들이 몰려드는 이유는?
　　http://kor.theasian.asia/archives/340108 〈아시아엔〉 2023-6-29
〔김해 진영 고려인마을②〕 청소년 진로·취업교육, 어떻게 할 것인가?
　　http://kor.theasian.asia/archives/340106 〈아시아엔〉 2023-6-29

〔창녕 고려인마을①〕 경남도가 '창녕고려인마을' 지원해야 할 이유
　　http://kor.theasian.asia/archives/328547 〈아시아엔〉 2022-12-24

〔양산 고려인마을①〕 "그곳에도 고려인들이 살고 있었네"
　　http://kor.theasian.asia/archives/338921 〈아시아엔〉 2023-6-10
〔양산 고려인마을②〕 구심체 역할, 하나인교회와 고려인마을학원
　　http://kor.theasian.asia/archives/338930 〈아시아엔〉 2023-6-10

〔부산 고려인마을①〕초량 TCK 하우스 가면, 고려인삶이 온전히 보인다
　　　http://kor.theasian.asia/archives/339239 〈아시아엔〉 2023-6-14
〔부산 고려인마을②〕2030부산엑스포와 초량 외국인거리
　　　http://kor.theasian.asia/archives/339331 〈아시아엔〉 2023-6-16

천안 신부동에 '고려인센터'가 필요한 까닭
　　　http://kor.theasian.asia/archives/314858 〈아시아엔〉 2022-5-15
〔아산 신창 고려인마을①〕"우리도 함께 하고 싶어요!"
　　　http://kor.theasian.asia/archives/344569 〈아시아엔〉 2023-8-26
〔아산시 신창면 고려인마을②〕다문화 지역사회에서 대학의 역할은?
　　　http://kor.theasian.asia/archives/346494 〈아시아엔〉 2023-9-21
〔아산 둔포 고려인마을〕"아산 둔포를 수도권 관문도시로"
　　　http://kor.theasian.asia/archives/343927 〈아시아엔〉 2023-8-19
〔당진 합덕 고려인마을〕"러시아어 능통 한국인 교사를 찾습니다"
　　　http://kor.theasian.asia/archives/344167 〈아시아엔〉 2023-8-22

〔청주 고려인마을①〕충청북도도 '고려인주민지원조례' 제정 서둘길
　　　http://kor.theasian.asia/archives/323532 〈아시아엔〉 2022-9-23
〔청주 고려인마을②〕러시아어 현수막·간판 내건 거리 … "이젠 홍보도 신경써야"
　　　http://kor.theasian.asia/archives/323585 〈아시아엔〉 2022-9-24
〔청주 고려인마을③〕'귀환' 고려인동포의 한국 정착에 누가 함께 하나?
　　　http://kor.theasian.asia/archives/323600 〈아시아엔〉 2022-9-25
〔청주 고려인마을④〕외국인주민 3.4%, 충청북도가 변하고 있다
　　　http://kor.theasian.asia/archives/332804 〈아시아엔〉 2023-3-11

〔진천 고려인마을①〕'블라디보스토크'의 조명희를 '진천'에서 만나다
　　　http://kor.theasian.asia/archives/342283 〈아시아엔〉 2023-7-31
〔진천 고려인마을②〕나그네 대접 잘했더니 100개월 연속 인구증가
　　　http://kor.theasian.asia/archives/342755 〈아시아엔〉 2023-8-5
〔음성 고려인마을①〕외국인주민 비율 15%, 전국 1위
　　　http://kor.theasian.asia/archives/343241 〈아시아엔〉 2023-8-11
〔음성 고려인마을②〕강동대-소피아외국인센터의 협력을 주목한다
　　　http://kor.theasian.asia/archives/343376 〈아시아엔〉 2023-8-13

지역특화형 비자 사업

'고려인 콜호즈'로 한국 농촌이 살아날 수 있다면…
　　　http://kor.theasian.asia/archives/325169 〈아시아엔〉 2022-10-24
〔토론회 후기〕 인구감소지역에 '고려인 콜호즈'가 조성된다면
　　　http://kor.theasian.asia/archives/325348 〈아시아엔〉 2022-10-29
전북 김제시에 '우크라이나 피난 고려인동포마을'이 조성된다면
　　　http://kor.theasian.asia/archives/325552 〈아시아엔〉 2022-11-3
2023년 경북 영천과 충북 제천에 '고려인마을'이 생길 수 있을까?
　　　http://kor.theasian.asia/archives/327873 〈아시아엔〉 2022-12-14
'지역특화형 비자' 사업과 경주·영천 고려인동포
　　　http://kor.theasian.asia/archives/333330 〈아시아엔〉 2023-3-19

〔영천 고려인마을①〕 고려인은 '비자 혜택', 영천시는 '인구 증가'
　　　http://kor.theasian.asia/archives/335054 〈아시아엔〉 2023-4-12
〔영천 고려인마을②〕 지역특화형 비자 유형2 사업, 이대로 좋은가?
　　　http://kor.theasian.asia/archives/343616 〈아시아엔〉 2023-8-16

〔김제 고려인마을①〕 정말로 가능하고 필요한가?…
　　　http://kor.theasian.asia/archives/334452 〈아시아엔〉 2023-4-4
〔김제 고려인마을②〕 전북도와 김제시의 의지만 있으면…
　　　http://kor.theasian.asia/archives/334454 〈아시아엔〉 2023-4-6
〔김제 고려인마을③〕 김관영 지사·정성주 시장께 드리는 세가지 질문
　　　http://kor.theasian.asia/archives/336816 〈아시아엔〉 2023-5-6

〔제천 고려인마을①〕 중앙아시아 대사 출신 김창규 시장의 '열정' 마침내…
　　　http://kor.theasian.asia/archives/349129 〈아시아엔〉 2023-10-31
〔제천 고려인마을②〕 '고려인동포 주민증'의 효용과 위력을 아십니까?
　　　http://kor.theasian.asia/archives/349177 〈아시아엔〉 2023-10-31